Rousseau über Rousseau

Herausgegeben von

Paul Geyer
Volker Ladenthin
Anke Redecker

BIBLIOTHECA ACADEMICA

Reihe

Pädagogik

Band 10

ERGON VERLAG

Rousseau über Rousseau

Beiträge zum 300. Geburtstag

Herausgegeben von

Paul Geyer
Volker Ladenthin
Anke Redecker

ERGON VERLAG

Bibliografische Information der Deutschen Nationalbibliothek
Die Deutsche Nationalbibliothek verzeichnet diese Publikation in der Deutschen Nationalbibliografie; detaillierte bibliografische Daten sind im Internet über http://dnb.d-nb.de abrufbar.

Gedruckt auf alterungsbeständigem Papier.
Satz: Matthias Wies, Ergon-Verlag GmbH
Umschlaggestaltung: Jan von Hugo

www.ergon-verlag.de

ISBN 978-3-95650-151-7
ISSN 1866-5063

Inhalt

Spracherwerb und Mehrsprachigkeit bei Rousseau

Claudia Wich-Reif

1. Mehrsprachigkeit und Mehrsprachigkeitsforschung

Mehrsprachigkeit im engeren Sinn ist als Sprachvermögen eines Individuums zu verstehen, das aus dem natürlichen Erwerb von zwei oder mehr Sprachen als Muttersprachen im Kleinkindalter resultiert. Häufig ist von Bilingualismus, also dem natürlichen Erwerb von zwei Sprachen, auszugehen. Zwei- und Mehrsprachigkeit betrifft weit über die Hälfte der Weltbevölkerung und ist demzufolge nach Manfred Raupach als „Normalzustand“ zu betrachten.[1]

Ab wann ein Individuum als mehrsprachig gilt und wie der Einzelne die Sprachen erworben haben sollte, ist viel und kontrovers diskutiert worden.[2] Strittig ist etwa, ob der Erwerb der Sprachen simultan erfolgen muss und ob nur Quasi-Muttersprachler zu der Gruppe der Mehrsprachigen gehören oder aber alle die, die in mindestens einer der vier Domänen, also Sprechen, Hören, Schreiben und Lesen, Kompetenzen haben. Unterschiedliche Kompetenzen bewusst machend, wird beim Beherrschen aller vier Domänen auch von einer ‚ausgewogenen Mehrsprachigkeit‘ gesprochen.

Els Oksaar, die sich schon früh mit Fragen der Mehrsprachigkeit auseinandergesetzt hat, geht von einer funktionalen und sehr weit gefassten Definition aus:

> „[Mehrsprachigkeit] setzt voraus, dass der Mehrsprachige in den meisten Situationen ohne weiteres von der einen Sprache zur anderen umschalten kann, wenn es nötig ist. Das Verhältnis der Sprachen kann dabei durchaus verschieden sein – in der einen kann, je nach der Struktur des kommunikativen Aktes, u.a. Situationen und Themen, ein wenig eloquenter Kode, in der anderen ein mehr eloquenter verwendet werden.“[3]

Nach dieser Definition ist das Erwerbsalter nicht maßgeblich. In jüngeren Studien ist es zentral: Mehrsprachig, was in den allermeisten Fällen mit bilingual gleichzusetzen ist, ist ein Individuum erst und nur dann, wenn es zwei oder mehr Spra-

---

1 Raupach, Manfred 1995: Zwei- und Mehrsprachigkeit. In: Bausch, Karl-Richard/Christ, Herbert/Krumm, Hans-Jürgen (Hrsg.): Handbuch Fremdsprachenunterricht. 3., überarb. und erw. Aufl. Tübingen/Basel, 470-475, hier 470.

2 Vgl. Appel, René; Muysken Pieter 1987: Language Contact and Bilingualism. London/New York/Melbourne/Auckland, hier 2f.; Földes, Csabas 1999: Zur Begrifflichkeit von „Sprachenkontakt“ und „Sprachenmischung“. In: Lasatowicz, Maria Katarzyna/Joachimsthaler, Jürgen (Hrsg.) 1999: Assimilation – Abgrenzung –Austausch. Interkulturalität in Sprache und Literatur. Frankfurt/M. u.a. (Oppelner Beiträge zur Germanistik 1), 33-54, hier 34f.; Oksaar, Els 2003: Zweitsprache. Wege zur Mehrsprachigkeit und zur interkulturellen Verständigung. Stuttgart, hier 27f.

3 Oksaar, Els 1980: Mehrsprachigkeit, Sprachkontakt, Sprachkonflikt. In: Nelde, Peter Hans (Hrsg.) 1980: Sprachkontakt und Sprachkonflikt. (Zeitschrift für Dialektologie und Linguistik. Beiheft 32), 43-52, hier 43.

chen simultan erworben oder die zweite Sprache spätestens im Vorschulalter neben der Erstsprache in einer natürlichen Erwerbssituation erlernt hat. Es ist davon auszugehen, dass die Sprecher ab einem Alter von drei Jahren die Sprachen auch unterscheiden und benennen können. Heute schließt man den älteren Lerner in die Definition mit ein, differenziert dann aber folgendermaßen: Wird die zweite Sprache zusammen mit der Erstsprache erworben, also der Fall, der zentral für Els Oksaars Definition ist, so spricht man von bilingualen Erstspracherwerb, etwa bis zum Alter von drei Jahren, in allen anderen Fällen von Bi- bzw. Multilingualismus. Die Theorie suggeriert, dass es eine klare Trennung zwischen den Erwerbsformen gäbe: Der natürliche Spracherwerb (*aquisition*) geschieht durch die Eltern oder einen Elternteil, zudem durch den Umgang mit Gleichaltrigen und der Umwelt, wenn die Sprache der Umgebung die Zweitsprache ist. Das Sprachlernen, das Formulieren von Regeln, also Lehren und Lernen (*learning*), gehört aber zu diesem Erwerbsprozess dazu, im Elternhaus, im Kindergarten oder im Umgang mit Menschen, die die Sprache in Regeln fassen können.

2. *Spracherwerb bei Rousseau*

Das Thema Mehrsprachigkeit wird im Folgenden insbesondere mit Bezug auf Rousseaus im 1781 posthum veröffentlichten *Essai sur l'origine des langues où il est parlé de la mélodie et de l'imitation musicale* (dt. *Versuch über den Ursprung der Sprachen, worin auch über Melodie und musikalische Nachahmung gesprochen wird = Versuch*),[4] verfasst zwischen 1756 und 1761 und in dem Werk *Émile ou de l'éducation* (*Emile oder Von der Erziehung = Emile*),[5] dessen Endfassung 1760 vorliegt, betrachtet; der *Discours sur l'origine et les fondements de l'inégalité parmi les hommes* (dt. *Abhandlung über den Ursprung und die Grundlagen der Ungleichheit unter den Menschen = Abhandlung*)[6] von 1755 spielt insofern eine Rolle, als auch in ihm Sprache thematisiert wird. Für den *Versuch* ist es zentral, dass Rousseau nicht nach einer Ursprungssprache sucht, sondern darüber philosophiert, worin der Ursprung der Verschiedenartigkeit der Sprachen liegt. Im *Emile* geht es um eine optimale Erziehung, wobei Spracherziehung ein unverzichtbarer Bestandteil derselben ist.

---

4 *Versuch* = Rousseau, Jean-Jacques 1981b: Versuch über den Ursprung der Sprachen, in dem von der Melodie und der musikalischen Nachahmung die Rede ist. In: Rousseau, Jean-Jacques 1981: Sozialphilosophische und Politische Schriften. München, 163-221.

5 *Emile* = Rousseau, Jean-Jacques 1979: Emile oder Von der Erziehung, 2. Auflage, Winkler, München.

6 *Abhandlung* = Rousseau, Jean-Jacques 1981a: Abhandlung über den Ursprung und die Grundlagen der Ungleichheit unter den Menschen. In: Rousseau, Jean-Jacques 1981: Sozialphilosophische und Politische Schriften. München, 37-161.

2.1 *Sprecher und Sprache(n):* Versuch über den Ursprung der Sprachen *und* Abhandlung über den Ursprung

Wesentlich im *Versuch* für das Thema Mehrsprachigkeit ist, dass Rousseau Sprachen grundsätzlich als defizitär beschreibt, woraus folgt, dass eine Übersetzung von der einen in eine andere Sprache schwierig erscheinen muss. Relevant ist außerdem, dass von Beginn an zwischen den beiden Realisierungsmöglichkeiten „gesprochene Sprache" und „Gebärdensprache" im Sinne von Gestensprache unterschieden wird; die gesprochene Sprache ist für das Ohr, die Gestensprache ist für das Auge.[7] Rousseau nimmt als Ursprache für das Ohr den *cri de la nature* ‚Schrei der Natur' an, der für das Auge durch Gesten unterstützt wird.[8] Das gilt generell für den Ursprung der Sprache, aber auch für den Ursprung der Sprache jedes Einzelnen, wie im *Emile* formuliert:

> „Alle unsere Sprachen sind künstliche Schöpfungen. Man hat lange gesucht, ob es eine natürliche und allen Menschen gemeine Sprache gibt. Ohne Zweifel gibt es eine, und das ist die, welche die Kinder sprechen, ehe sie sprechen können."[9]

Rousseau greift die allen Menschen gemeinsame Ursprache auf, die der der Kinder vor dem Sprechen(lernen) entspreche, und auch die Dichotomie der Arbitrarität und Konventionalität sprachlicher Zeichen. Den ‚Schrei der Natur' charakterisiert Rousseau als eine Art Instinkt. Gesten sieht er als verdeutlichende Ergänzung, denen dann eine elaboriertere Form von Sprache, die über eine reine Dingsprache hinausgeht, folgt.[10]

Michael Tomasello, einer der heute maßgeblichen Entwicklungspsychologen, greift die beiden Komponenten „gesprochene Sprache" und „Gebärdensprache" auf, ordnet und gewichtet sie aber anders. Er sieht die Ursprünge der Sprache, genauer: die Ursprünge der Kommunikation, nicht in einer Sprache, in der gesprochene Sprache und Gestensprache eine Einheit bilden, sondern allein in der Geste. Anleihen aus der Philosophie nimmt er bei Wittgenstein. Das Motto seiner Studie über die Ursprünge der Kommunikation lautet: „Zeig auf ein Stück Papier! – Und nun zeig auf seine Form, – nun auf seine Farbe, nun auf seine Anzahl ... – Nun, wie hast du es gemacht?"[11] und einleitend zum ersten Kapitel: „Was wir Bedeutung nennen, muß mit der primitiven Gebärdensprache (Zeichensprache) zusammenhängen."[12] Ergänzend zu oder vielleicht sogar entgegen Rousseau weist Michael Tomasello mehrfach dezidiert darauf hin, dass die Geste alleine nur wenig bis nichts bedeutet. Die Bedeutung wird dadurch erzeugt, dass

---

7 Vgl. Rousseau 1981b, 165.

8 Vgl. Rousseau 1981a, 77; ders. 1981b, 186.

9 Rousseau 1979, 50.

10 Vgl. Rousseau 1981a, 77.

11 Tomasello, Michael 2009: Die Ursprünge der menschlichen Kommunikation. Aus dem Amerikanischen von Jürgen Schröder. Frankfurt/M., hier 5.

12 Ebd., 12.

die Kommunikationspartner über ein gemeinsames Wissen als Schlüssel für das Verständnis der Geste verfügen:

> „[N]atürliche Gesten [scheinen] im Vergleich zu konventionellen menschlichen Sprachen (einschließlich konventionalisierter Zeichensprachen) sehr schwache Kommunikationsmittel zu sein [...]. Nehmen wir an, Sie und ich seien auf dem Weg zur Bibliothek, und aus heiterem Himmel zeige ich in die Richtung einiger Fahrräder, die an der Mauer der Bibliothek lehnen. Ihre Reaktion wird sehr wahrscheinlich „Häh?“ sein, weil Sie keine Ahnung davon haben, auf welchen Aspekt der Situation ich hinweise oder warum ich das tue, da das Zeigen an sich nichts bedeutet. Aber wenn Sie sich einige Tage zuvor auf besonders üble Weise von Ihrem Freund getrennt haben, und wir beide wissen, daß der andere das weiß, und eines der Fahrräder ihm gehört, wovon wir ebenfalls wissen, daß der andere das weiß, dann könnte genau dieselbe Zeigegeste in genau derselben Situation etwas sehr Komplexes bedeuten wie zum Beispiel „Ihr Exfreund ist schon in der Bibliothek (wir sollten sie deshalb vielleicht meiden).“ Wenn andererseits eines der Fahrräder dasjenige ist, von dem wir beide wissen, daß der andere weiß, daß es Ihnen vor kurzem gestohlen wurde, dann wird genau dieselbe Zeigegeste etwas völlig anderes bedeuten. [...] Man könnte sagen, daß das, was die Bedeutung in diesem verschiedenen Beispielen trägt, der „Kontext“ ist, aber das ist nicht sehr hilfreich, da alle physischen Merkmale des unmittelbaren kommunikativen Kontextes in den verschiedenen Szenarien (per Festsetzung) identisch sind. Unterschiedlich waren jeweils und einzig unsere vorgängigen gemeinsamen Erfahrungen, und diese waren nicht der eigentliche Inhalt der Kommunikation, sondern nur ihr Hintergrund.“[13]

Das Zitat ist ein Beispiel für die Anleihen aus der Alltagskommunikation, die mit philosophischen Theorien und empirischen Daten aus der Primaten- und Kleinkindforschung verknüpft werden. Die mit dem Zitat demonstrierte, für gelungene Kommunikationsprozesse unabdingbare Kooperation der Gesprächspartner ist auch für Rousseau eine maßgebliche Komponente für die Erklärung von Sprachlichkeit, allerdings mit anderen Perspektivierungen. Was bei Rousseau (noch) fehlt, ist die Einbettung von Sprache und Gesten in Kommunikationszusammenhänge.

Die Sprachursprungsfrage ist insofern für Belange der Mehrsprachigkeit relevant, als Rousseau davon ausgeht, dass die Kinder diejenigen gewesen seien, für die Sprache Bedürfnis war.[14] Die Vorfahren hingegen, Mann und Frau im Naturzustand, hätten diese Kinder ohne sprachlich miteinander zu kommunizieren gezeugt und sich danach wieder getrennt, die Mütter wären nur so lange mit den Kindern zusammengeblieben, bis diese sich alleine hätten zurechtfinden können.[15] Die Idee hat Rousseau von Condillac übernommen, die Kritik, insbeson-

---

13 Ebd., 13f.

14 Vgl. Rousseau 1981a, 76.

15 Vgl. ebd. Der Rousseau'sche Naturzustand liegt diesseits des Beginns der Geschichte, die Entstehung der Sprache ist in eine geschichtliche Zeit hinein verlagert, vgl. Droixhe, Daniel; Haßler, Gerda 1989: Aspekte der Sprachursprungsproblematik in Frankreich in der zweiten Hälfte des 18. Jahrhunderts, in: Gessinger, Joachim; v. Rahden, Wolfert (Hrsg.): Theorien vom Ursprung der Sprache. Bd. 1. Berlin/New York, 312-358, hier 319.

dere an der Vermischung von Ontogenese und Phylogenese, an der Übertragung des individuellen Spracherwerbs auf den Sprachursprung, erfahren beide.[16]

Tomasello sieht, wie schon angedeutet, Gesten als die ursprünglichen Elemente der Kommunikation an. In konventionalisierter Form wurden sie zur Zeichensprache: „Auf dem Rücken dieser bereits verstandenen Gesten [entstanden stimmliche Sprachen] und ersetzten die Natürlichkeit des Zeigens und Gebärdenspiels durch eine gemeinsame Geschichte des sozialen Lernens."[17] Das erscheint, gestützt durch Tomasellos Experimente mit Primaten, als eine Lösung, die die Rousseau'schen Elemente aufgreift, simpler im Ablauf und auch schlüssiger ist. Bezogen auf Mehrsprachigkeit ließe sich das insofern weiterspinnen, als sich an verschiedenen Orten mehr oder weniger gleichende Zeichensprachen zu stimmlichen Sprachen entwickeln. Individuen begegnen ihnen bei der Bewegung in Raum und Zeit, passen sich sprachlich einer Mehrheit an oder loten mit dem Kommunikationspartner eine neue, aus mehr oder weniger Elementen der einzelnen Ausgangssprache bestehende Sprache aus.

2.2 Der Sprecher als Zögling – Rousseau als Erzieher: Emile

2.2.1 Prämissen

Tomasello erscheint insofern als guter Link, und zwar von Rousseau zu Rousseau, vom *Emile* zum „Versuch" und umgekehrt, als es auch Tomasello um Erlernen und somit in gewisser Weise um Erziehen geht. Tomasello interessiert sich für Gemeinsamkeiten von und für Unterschiede zwischen Primaten und Menschen, Rousseau interessiert sich nur für Menschen, in Bezug auf Fragen der Erziehung für einen idealen Zögling.

In seinem Erziehungsmodell, in dem es wohlgemerkt um einen idealen Erzieher und einen idealen Zögling gehen soll, werden diatopisch und diastratisch Prämissen gesetzt:

> „Das Land ist bei der Erziehung der Menschen nicht gleichgültig; […] Es scheint auch, daß in den beiden äußersten Extremen die Ausbildung des Gehirnes nicht so vollkommen ist. Weder die Neger noch die Lappen haben den Verstand der Europäer. Wenn ich also will, daß mein Zögling ein Einwohner der Erde sei, so werde ich ihn aus einem gemäßigten Erdgürtel nehmen, aus Frankreich zum Beispiel eher als anderswoher."[18]

Arme bräuchten keine Erziehung, da ihnen ihr Stand diese aufzwinge, Reiche hingegen müssten unbedingt erzogen werden, da die vom Stand vorgegebene Erziehung weder für das Individuum noch für die Gesellschaft wünschenswert

---

16 S. auch Neis, Cordula 2009: Spracherwerb. In: Haßler, Gerda/Neis, Cordula: Lexikon sprachtheoretischer Grundbegriffe des 17. und 18. Jahrhunderts. Bd. 1. Berlin/New York, 298-342, hier 317f.

17 Tomasello 2009, 20.

18 Rousseau 1979, 31.

sei. Der durchschnittlich gebildete, reiche Zögling aus einer gemäßigten Zone soll durch eine „natürliche Erziehung […] zu allen menschlichen Lebensformen fähig“ gemacht werden.[19] Zu verschiedenen Varietäten einer einzigen Sprache – wie Dialekt, Standard, Substandard – äußert sich Rousseau nicht. Das Verfügen über die Sprache geht der kindlichen Entwicklung voraus, sie gehört zur Natur des Menschen.[20] Sobald der Mensch dann diesen Naturzustand verlässt und zum Kulturwesen wird, gibt es diese gemeinsame Sprache nicht mehr.[21] Modern formuliert bedeutet das, dass aus einem biologischen menschlichen Wesen ein soziales menschliches Wesen wird.[22]

2.2.2 Sprachlehr- und -lernkonzept

Zum Schutz des Menschen entwirft Rousseau ein Konzept, das Bedeutungsvielfalt vermeiden möchte. Die Kinder sollen „in der bloßen Abhängigkeit von den Dingen“ gehalten werden,[23] womit bei der Erziehung „der Ordnung der Natur“ gefolgt würde.[24] Auch die jungen Leute, zu denen sich die Kinder entwickeln, lernen nach Rousseau „mehr in Taten als in Worten. Sie lernen nichts von dem aus Büchern, was die Erfahrung sie lehren kann.“[25]

Ein Grundsatz der Erziehung ist es, die natürlichen Bedürfnisse des Kindes zu berücksichtigen: „Sie müssen springen, laufen, schreien dürfen, wenn sie Lust dazu haben“,[26] immer vor dem Spiegel der vier „Alter“ (1. das Alter der Natur, 2. das Alter der Vernunft, 3. das Alter der Stärke und 4. das Alter der Weisheit). Einzugreifen ist, wenn das Kind Bedürfnisse zeigt, die keine natürlichen sind, sondern aus der Phantasie oder dem Überfluss heraus entstehen[27] oder es die Bedürfnisse nicht in der altersangemessenen Form äußert. Wenn sich das Kind von der Natur weg und zur Kultur hin bewegt, muss der Erzieher steuernd eingreifen. So soll er dem Kind, das zu sprechen beginnt, keine Wünsche bzw. Bedürfnisse mehr erfüllen, wenn es weint und gestikuliert anstelle zu verbalisieren, was es benötigt. Was Rousseau als Gleichgewichtsmodell vorlegt, wird im 20. Jahrhundert in Jean Piagets Gleichgewichtstheorie[28] aufgegriffen.

Alle Phasen der Entwicklung und somit auch die Phasen in der Sprachentwicklung lassen sich klar voneinander abgrenzen. Ziel jeder Entwicklungsphase ist das

---

19 Ebd., 32.

20 S. auch Abschnitt 2.1.

21 Vgl. Schäfer, Alfred 2002: Jean-Jacques Rousseau. Ein pädagogisches Porträt. Weinheim/Basel (UTB 2287), hier 68.

22 Vgl. Oksaar 2003, 16.

23 Rousseau 1979, 31.

24 Ebd.

25 Ebd., 315.

26 Ebd., 76.

27 Vgl. ebd.

28 S. dazu Piaget, Jean 1923: Le langage et la pensée chez l'enfant. Avec la collaboration de A. Deslex et al. Préface d'Edmond Claparède. Neuchâtel.

Gleichgewicht von Wollen und Können, also von Wünschen und Fähigkeiten. In der ersten Phase spielt die Sprache der Natur keine Rolle mehr, die Kultursprache spielt noch keine Rolle. Der Übergang zeigt sich dadurch, dass die Kinder zu sprechen anfangen und damit einhergehend weniger weinen.[29] Auf die ursprüngliche Sprache darf dann, und nur dann, zurückgegriffen werden, wenn das „Leiden" zu groß ist. Das Kind kann und soll die Wein- und Gestensprache also gar nicht komplett ersetzen. Es verwendet beide Sprachen nebeneinander, und beide Sprachen haben eine unterschiedliche Funktion. Die Erstsprache, die Sprache der Natur, wird in Verbindung mit starken Emotionen verwendet, die Zweitsprache für alles andere. Das erinnert in gewisser Weise an den Gebrauch von Dialekt bzw. Regiolekt und Standardsprache. Der Dialekt/Regiolekt ist die Erstsprache, die spätestens bei Schuleintritt für die allgemeine Kommunikation durch eine standardnähere Varietät ersetzt wird. Kommen allerdings Emotionen ins Spiel, seien es Freude, Schmerz oder Zorn, wird mit der Sprache Nähe ausgedrückt, so kommt die Erstsprache zum Zug. Genauso wie sich die Sprachproduktion im Laufe des Lebens entwickelt, entwickelt sich auch die Sprachrezeption: Vor dem Alter der Vernunft – also im Alter der Natur und im Übergang zum Alter der Vernunft – „empfängt das Kind keine Ideen, sondern Bilder."[30] Die Ideen entstehen mit der Ausbildung der Phantasie. Rousseau gesteht den Kindern eine kindliche Eigenlogik, „die nicht vorab aus dem Blickwinkel des möglichst rationalen und effizienten Typus des selbstgesteuerten Erwachsenenlernens abgewertet werden sollte",[31] zu, indem er geltend macht, dass die Kinder „urteilen" können, allerdings nur bei dem, „was sie kennen und was sich auf ihren gegenwärtigen und greifbaren Vorteil bezieht."[32]

In Phase 2 kann Jean-Jacques' Zögling die Sprache in ihrer ganzen Vielfalt noch nicht beherrschen. Er ist nicht in der Lage, jeweils die Bedeutung auszudrücken, die etwas für ihn selbst hat. Kennt er nur die ursprüngliche Bedeutung, ist das unproblematisch, denn er kann sich nicht in der Bedeutungsvielfalt verlieren.[33] Auch in der Kommunikation mit anderen sieht es Rousseau als vorteilhaft an, wenn der Zögling nur um die ursprüngliche, die einzig adäquate Bedeutung weiß. Allerdings: Das Funktionieren des Modells würde ein hohes Maß an Kontrolle erfordern, in Kommunikationsprozessen zwischen Erzieher und Zögling, aber auch im Kontakt mit anderen, abgesehen davon, dass der Zögling stets in der Lage sein soll Äußerungen daraufhin zu beurteilen. Urteile sind aber in dieser Phase im Rousseau'schen Modell nicht vorgesehen, und auch generell werden Urteile sehr kritisch bewertet:

> „Weil alle unsere Irrtümer von unseren Urteilen herkommen, ist es klar, daß, wenn wir niemals nötig hätten zu urteilen, wir auch nicht nötig haben würden zu lernen. Wir wür-

[29] Vgl. Rousseau 1979, 64.
[30] Vgl. ebd. 108. Vgl. auch Ladenthin, Volker 1996: Sprachkritische Pädagogik. 1. Rousseau – mit Ausblick auf Thomasius, Sailer und Humboldt. Weinheim, 150, 153 u.ö.
[31] Göhlich, Michael/Zirfas, Jörg 2007: Lernen. Ein pädagogischer Grundbegriff. Stuttgart, 47.
[32] Rousseau 1979, 109.
[33] Vgl. ebd., 331.

den niemals in die Lage kommen, uns zu täuschen; wir würden viel glücklicher in unserer Unwissenheit sein, als wir in unserem Wissen sein können."[34]

Die dritte Phase der Sprachentwicklung beginnt, wenn die Vernunft entwickelt ist, sobald das Kind Urteile fällen kann. Der die Sprache Lernende kann zwischen einer Sprache der Sittsamkeit und einer Sprache der Sittlichkeit unterscheiden.[35] Es geht Rousseau nicht um kindgemäßes Sprechen, das in einer vereinfachten Sprache realisiert wird, sondern um Inhalte, darum, dass dem Kind thematisch immer das geboten wird, worauf es in einem bestimmten Alter und in einer bestimmten Situation auch angemessen reagieren kann.[36] Es geht um das Gemeinsame, das gemeinsame Sprachhandeln beim Kommunizieren und die Unterordnung unter das Prinzip der Vernunft.[37] Der Zögling kommt schließlich da an, wo er aufhört zu imitieren, wo er in der Lage ist, Analogien zu erkennen. Rein auf das grammatische System bezogen sind Kinder recht früh in der Lage, analoge Strukturen zu bilden. Was sie noch lernen müssen, und was wir eigentlich lebenslang lernen, ist, das richtige Vorbild zu finden. Auf das Sprachhandeln bezogen, ist das die Ausbildung der Fähigkeit, sich situationsadäquat zu verhalten. Das ist hochkomplex, da es um Handeln auf allen sprachlichen Ebenen bis hin zum Texthandeln geht, immer auch verknüpft mit Fragen des Stils.

Die Rousseau'schen Lehr- und Lernformen, die hier mit dem Akzent auf dem Sprachlehren und -lernen thematisiert sind, lassen sich mit interaktionistischen Spracherwerbsmodellen vereinbaren,[38] denen zufolge kindliches Handeln nicht auf Reflexe reduzierbar ist. Die Entwicklungsprozesse erfolgen durch den Austausch mit der Umwelt. Sie sind bidirektional, d.h. im Falle der sprachlichen Kommunikation und bezogen auf Erzieher/Erwachsene und Zöglinge/Kinder, dass von einer gegenseitigen Beeinflussung des (Sprach-)Handelns auszugehen ist. Ein Vergleich des kleinkindlichen Sprechens mit den Vokalisierungen von Primaten zeigt deutliche Unterschiede. Das Weinen der Kinder ist zielgerichtet. Die Laute der Primaten werden an alle in der unmittelbaren Umgebung gerichtet, die Zielgerichtetheit fehlt. Die Vokalisierungen der Primaten sind beinahe vollständig genetisch festgelegt und eng mit spezifischen Emotionen verknüpft.[39]

34 Ebd., 249.

35 Vgl. Ladenthin 1996, 146.

36 Vgl. Rousseau 1979, 197.

37 S. auch Ladenthin 1996, 175-179.

38 Als prominente Vertreter sind Jerome S. Bruner sowie Mechthild Papoušek und Hanuš Papoušek genannt, im 21. Jahrhundert Michael Tomasello, s. auch Bruner, Jerome 1987: Wie das Kind sprechen lernt. Unter Mitarbeit von Rita Watson. Mit einem Geleitwort zur deutschsprachigen Ausgabe von Theo Herrmann. Aus dem Englischen übersetzt von Urs Aeschbacher. Bern/Stuttgart/Toronto; Papoušek, Mechthild/Papoušek, Hanuš 1989: Stimmliche Kommunikation im frühen Säuglingsalter als Wegbereiter der Sprachentwicklung. In: Keller, Heidi (Hrsg.): Handbuch der Kleinkindforschung. Berlin/New York, 465-489, Tomasello 2009; ders. 2011: Human culture in evolutionary perspective. In: Gelfand, M. (Ed.): Advances in Culture and Psychology. Oxford.

39 Vgl. Tomasello 2009, 19.

Gemeinsamkeiten zwischen Kindern und Primaten zeigen sich bei den Gesten. Kinder imitieren Gesten in Verbindung mit Mimik schon vor den ersten sprachlichen Äußerungen.[40] Auch bei Primaten sind Gesten erlernt. Sie werden in verschiedenen Situationen flexibel zu verschiedenen sozialen Zwecken eingesetzt.[41]

Von einem generativen Ansatz aus betrachtet bedeutet Sprach(en)lernen, genauer das Erlernen der ersten Sprache, auch Verlernen:

> „Die angeborenen universalen Möglichkeiten, Laute und Lautverbindungen zu produzieren und aneinanderzureihen, werden in ganz bestimmter einzelsprachlicher Weise parametrisiert, d.h. auf die von den einzelsprachlichen Grammatiken zulässigen Varianten reduziert.“[42]

In gewisser Weise erscheint das mit der Rousseau'schen Vorstellung vereinbar, dass die Kinder zuerst über eine in sich konsistente regelhafte Sprache verfügen,[43] wobei Rousseau anders als die Generative Grammatik keine Universalsprache annimmt, sondern eine universale Sprachlichkeit.[44] Die Sprache der Kinder zeichnet sich zunächst durch eine hohe Regelhaftigkeit aus. Diese Beobachtung Rousseaus wird durch den kindlichen Sprachgebrauch gestützt wie er in *diary studies*[45] und später experimentellen Studien nachgewiesen ist. Kinder erkennen schon früh Regeln und wenden diese mit einer Konsequenz an, die im Erwachsenenalter aufgrund vielfältiger Spracherfahrungen nicht mehr möglich ist. Um mit Coseriu zu sprechen, bewegen sich die Kinder in einem Sprachsystem, sie sind aber nicht immer in der Lage, die gültigen Normen und Regeln zu erkennen. Zwei einfache Beispiele aus dem Deutschen:

1. Die Verbalform *gang*, wie in *Das gang nicht.*, wird von Kindern recht lange verwendet, und zwar ohne regionale Beschränkung. Die Form *gang* ist als Präteritum Singular-Form eines starken Verbs zu interpretieren und lässt sich in Analogie zu *sang* oder *klang* erklären. Das System ermöglicht die Bildung der Form *gang*, der Norm entspricht sie nicht.[46]

---

40 Vgl. Bruner 1987, 113.

41 Vgl. Tomasello 2009, 19.

42 Berthele, Raphael 2000: Sprache in der Klasse. Eine dialektologisch-soziolinguistische Untersuchung von Primarschulkindern in multilingualem Umfeld. Tübingen (Reihe Germanistische Linguistik 212), 19.

43 Vgl. Ladenthin 1996, 146.

44 Vgl. ebd., 174f.

45 Diese Studien beruhen auf Aufzeichnungen von Sprachmaterial der eigenen Kinder, Verwandten und Freunden. Als Pionier auf diesem Gebiet wird häufig William Preyer mit dem Werk „Die Seele des Kindes“ von 1882 genannt; Preyer, William 1882: Die Seele des Kindes. Beobachtungen über die geistige Entwicklung des Menschen in den ersten Lebensjahren. Leipzig.

46 H. Andresen nennt im Rahmen eines Beitrags zur Entstehung von Sprachbewusstheit die Variante *gangte*, die starke Flexion (Stammvokalwechsel) mit schwacher Flexion (Dentalsuffix) verbindet; Andresen, Helga 2011: Entstehung von Sprachbewusstheit in der frühen Kindheit – Spracherwerbstheoretische und didaktische Perspektiven. In: Köpcke, Klaus-Michael; Noack, Christina (Hrsg.) 2011: Sprachliche Strukturen thematisieren. Sprachunterricht in Zeiten der Bildungsstandards. Baltmannsweiler, 15-26 (Diskussionsforum Deutsch 28).

2. Ausgehend von dem Wissen darum, dass das Präfix *ge-* für das Partizip Präteritum charakteristisch ist und in den anderen Formen des Verbalparadigmas nicht erscheint, ist die Äußerung *Das hört mir.* völlig korrekt. Erst die Existenz und das Wissen darum, dass neben *hören* ein mit *ge-* präfigiertes Verb *gehören* existiert, das im Gegensatz zu *hören* ein Dativobjekt fordert, das den Besitzer nennt, macht die Form in *Das hört mir.* zu einer falschen. Auch hier folgt das Kind dem System.

3. Mehrsprachigkeit bei Rousseau

Wie schon der vollständige Titel *Émile ou de l'éducation* (*Emile oder Von der Erziehung*) verrät, geht es Rousseau um individuelle Mehrsprachigkeit in Abgrenzung zur kollektiven Mehrsprachigkeit, den Sprachkontakt zwischen und innerhalb von Sprachgemeinschaften.

3.1 Grundhaltung zum Fremdsprachenlernen

Zum Sprachenlernen äußert sich Rousseau an mehreren Stellen im *Emile*. Grundsätzliches zur Mehrsprachigkeit formuliert er für die zweite Phase der Sprachentwicklung:

> „Man wird erstaunt sein, daß ich die Erlernung der Sprachen unter die unnützen Dinge der Erziehung rechne; man wird sich aber erinnern, daß ich hier nur vom Lernen im ersten Lebensjahr rede, und was man auch immer sagen mag, so glaube ich doch nicht, daß jemals ein Kind bis zum zwölften oder fünfzehnten Jahr, die Wunderkinder ausgenommen, wirklich zwei Sprachen gelernt hat. Ich gebe zu, wenn die Erlernung der Sprachen nur die Erlernung der Wörter wäre, also der Formen und Laute, die sich ausdrücken, so könnte sich dieses Studium für die Kinder schicken. Allein, die Sprachen verändern bei Veränderung der Zeichen auch die Ideen, die sie ausdrücken. Der Geist bildet sich nach der Sprache, die Gedanken nehmen die Färbung der Sprachformen an. [...] Von diesen verschiedenen Formen vermittelt der Gebrauch dem Kinde nur eine, und die ist die einzige, welche es bis in das Alter der Vernunft behält. Wenn es sich zwei aneignen sollte, müßte es Ideen zu vergleichen wissen; und wie sollte es sie vergleichen, wenn es kaum imstande ist, sie zu begreifen? Eine jede Sache kann für das Kind tausend verschiedene Zeichen haben, ein jeder Begriff aber kann nur eine Form haben; es kann also auch nur eine Sprache reden lernen. Aber es lernt doch viele, sagt man mir; ich leugne es. Ich habe solche kleinen Wunderkinder gesehen, welche fünf bis sechs Sprachen zu reden glaubten. Ich habe sie hintereinander deutsch mit lateinischen, mit französischen, mit italienischen Worten reden hören. Sie benutzten zwar fünf bis sechs Wörterbücher, doch sie redeten immer nur deutsch. Mit einem Worte, man bringe den Kindern so viele Synonyma bei, wie man will: Man wird die Wörter, nicht die Sprache, ändern; sie werden niemals mehr als eine beherrschen."[47]

[47] Rousseau 1979, 110f.

Was der Sprachenlerner, der meint, er beherrsche zwei, drei, vier und mehr Sprachen, nach Rousseau kann, ist das Erwerben von Synonymen. Die Sprache, der die Synonyme zugeordnet werden, spielt keine Rolle. Rousseau formuliert das basierend auf den Unterrichtsangeboten der Zeit. Im 18. und auch noch im 19. Jahrhundert war der Fremdsprachenunterricht vor allem auf Lesen und Übersetzen ausgerichtet. Das Lernen moderner Fremdsprachen entsprach methodisch dem Erlernen des Lateinischen und Griechischen. Es ging um das Erlernen grammatischer Strukturen zum Verstehen geschriebener Texte. Gegebenenfalls setzte man sich noch mit Formular- und auch Konversationsbüchern auseinander. Hervorzuheben ist an dieser Stelle, dass sich Rousseau zum frühesten Spracherwerb äußert, in Bezug auf Fremdsprachen, dass er nicht den Erwerb an sich als unnütz erachtet, sondern einen zu frühen Fremdsprachenerwerb. Schließlich berührt er mit dem zitierten Textausschnitt in der Zwei- und Mehrsprachigkeitsforschung immer noch zentrale Fragen, nämlich nach dem Verhältnis zwischen Erst- und Zweitsprachenerwerb und nach dem Verhältnis zwischen natürlichem (ungesteuertem) und (unterrichts-)gesteuertem Zweitspracherwerb.

3.2 Das Erlernen von Bedeutungen

Für ein frühes Lernstadium ist Rousseaus Beobachtungen zum Unvermögen, zwischen mehreren Sprachen differenzieren zu können, gerade vor diesem Hintergrund uneingeschränkt zuzustimmen: Kinder, die zwei Sprachen gleichzeitig erwerben, haben zunächst ein gemischtes Vokabular.[48] Wie auch im monolingualen Erstspracherwerb werden die Begriffe nicht nur im ungesteuerten, sondern oft auch im gesteuerten Erwerb in Situationen gelernt. Die Lerner erwerben Synonyme und wenden sie in unterschiedlichen Kontexten an. Das Synonym in der Erstsprache und das Synonym in der Zweitsprache wird so verwendet, wie auch innerhalb einer Sprache Synonyme in bestimmten pragmatisch-semantischen Bereichen gebraucht und schließlich generalisiert werden. Während es dem monolingualen Sprecher an Bewusstheit für die Differenz zwischen Dialekt und Standard oder Lehnwort und indigenem Wort fehlen mag und er prinzipiell diese Bewusstheit auch nicht braucht, weil er als Kenner von Beginn an in spezifischen Situationen im Kontakt mit bestimmten Personen automatisch die richtigen Formen verwendet, ist es für Bi- und Multilinguale notwendig zu erkennen, dass sie in unterschiedlichen Sprachen kommunizieren. Was der Sprachenlerner anfangs also nicht kann, ist das Switchen, das Eintauchen in eine zweite Sprache. Phonologisch wäre er vielleicht noch auf der sicheren Seite, morphologische, syntaktische und textuelle Strukturen kennt er nur in einer, seiner Muttersprache. Womit er folglich auch nicht umgehen kann, sind sogenannte lexikalische Solidaritäten.

---

48 Vgl. Romaine, Suzanne 1995: Bilingualism. 2nd ed. Oxford, 190.

Auf die Sprachbenutzer, die Veränderungen in der Sprache initiieren, geht Rousseau nicht ein. Sie gebrauchen konventionalisierte Sprachzeichen und verändern sie auch, sowohl in ihrer Bedeutung und auch in ihrer Form. Hinsichtlich der Semantik seien hier die Stichwörter Bedeutungserweiterung und -verengung, Metaphernbildung und Metonymie genannt. Selbst das Festhalten an sprachlichen Mustern in ikonischen Formen, den Phraseologismen, bedeutet nicht, dass auch die Bedeutung stabil bleibt. Es sei nur an die Neigung zu volksetymologischen Uminterpretationen, zu Reanalysen erinnert, wenn das Ursprüngliche nicht mehr ohne Weiteres entschlüsselbar ist. Den Sprachwandel an sich stellt Rousseau dabei gar nicht in Frage. Im *Versuch* macht er im Kapitel über das Verhältnis der Sprachen zu den Staatsformen gleich eingangs deutlich, dass die Sprachen unbeständig sind, dass sie sich ganz natürlich nach den Bedürfnissen der Menschen bilden und sie sich entsprechend dem Wechsel dieser Bedürfnisse auch ändern.[49]

Zurück zur Dingsprache: Auf Mehrsprachigkeit bezogen kann nicht mehr wie beim Erlernen einer einzigen Sprache davon ausgegangen werden, dass die Sprache eine Dingsprache ist. Der Lernende hat zu überlegen, ob er auf ein Ding verweist oder auf die Sprachlichkeit der Dinge, mit der Konsequenz, dass die Dinge Zeichen werden: „Die Sache ist ein Zeichen, weil sie etwas anderes oder sich (als das an ihr Gemeinte) bezeichnet."[50] Unter Einbezug der Überlegungen Tomasellos zum Sprach- und Weltwissen der Kommunikationspartner ist zu fragen, ob Sachen überhaupt nur Zeichen sein können. Das Zeigen auf eine Tür kann bedeuten ‚Da ist eine Tür.', aber auch ‚Die Tür ist offen.', ‚Gehe durch die Tür', ‚Da kommt jemand durch die Tür.' usw.[51] Worauf es Rousseau beim Sprachenlernen ankommt, ist – bildlich gesprochen –, genau wie beim Lernen generell, Begreifen durch Greifen. Ob es Rousseau allerdings schon genügen würde, in fiktiven Situationen zu lernen, ist fraglich.

3.3 Sprache und Kultur

Bei Rousseau ist das Lernen neuer Sprachen nur in Verbindung mit dem Kennenlernen der Sprecher und deren Kultur möglich. Das ist im Grunde ein moderner Ansatz, allerdings bezogen auf nur eine Sprache. Letztlich sind die schulischen Institutionen, zumindest in Deutschland, hier nicht viel weiter gekommen. Wie Rousseau einen idealen europäischen einsprachigen Zögling als besonders geeigneten Lerner ansieht, so geht man in den Bildungsinstitutionen heute immer noch vielfach von monolingualen Kindern aus:

> „Die deutsche Sprache ist das einzig anerkannte und zugelassene Kommunikations- und Denkmittel. Auf ihrer Kenntnis beruht der gesamte Bildungsprozeß. Mit Eintritt in die

49 Vgl. Rousseau 1981b, 219.

50 Ladenthin 1996, 389.

51 S. auch Starobinski, Jean 1988: Rousseau. Eine Welt von Widerständen. Aus dem Französischen von Ulrich Raulff. München/Wien, 230-247.

Schule wird eine sprachliche Kompetenz erwartet, die sich am Sprachstand eines durchschnittlichen, einsprachig deutsch aufwachsenden Kindes orientiert."[52]

Sobald die Kinder in den Kindergarten oder später in die Grundschule kommen, werden sie aus dem für sie normalen mehrsprachigen Alltag herausgerissen und häufig in eine neue Welt eingeführt, in der Mehrsprachigkeit erst oder nur dann Thema ist, wenn es um den Vergleich mit der bzw. einer Amtssprache geht, die die dominante Kindergarten- bzw. die Schulsprache ist, die Sprache, in der Lerninhalte vermittelt werden. Damit verbunden werden dann auch bestimmte Einstellungen und Haltungen im Allgemeinen und im Besonderen zur Mehrsprachigkeit vermittelt. Es ist nachgewiesen, dass etwa das Französische oder Englische als Zweitsprache in der Mehrheitsgesellschaft in Deutschland ein hohes Ansehen haben, das Türkische und Polnische ein eher geringes. Damit verbunden sind die (Nicht-)Bereitschaft zur Identifikation und affektive Faktoren.[53]

Basis für Lehren, Lernen und Erziehung ist eine Amtssprache. Auf das Deutsche in Deutschland bezogen bedeutet das: Wenn Kinder in den Kindergarten oder in die Grundschule kommen, besitzen sie in der Regel so viele Sprachkenntnisse, dass sie alle wichtigen neuen Situationen sprachlich bewältigen können.[54] Der Zusammenhang von Sprache und Kultur wird von Rousseau sowohl im *Emile* als auch im *Ursprung* immer wieder herausgestellt. Durch die Identifizierung eines idealen Zöglings im *Emile* muss sich Rousseau mit Herausforderungen, die Mehrsprachigkeit bedingen, nur am Rande auseinandersetzen.

4. Rousseau heute

Rousseaus Konzepte zum Spracherwerb werden auch heute noch fruchtbar im Kontext von Ein-, Zwei- und Mehrsprachigkeit genutzt, ohne dass in den meisten der Studien sein Name fiele/fällt. Gegenwärtig besonders relevant ist das Konzept der ausgewogenen Mehrsprachigkeit als optimale Form der Mehrsprachigkeit, das durchaus als Weiterentwicklung der Rousseau'schen Ideen verstanden werden kann, das hier kurz erläutert werden soll. Als Modell dienen zweisprachige Schulen oder Schulen mit Immersionsunterricht nach Josiane F. Hamers und Michel H. A. Blanc.[55] Entsprechend Rousseaus Idealkonzeption werden optimale Lernwelten konzipiert und Schüler identifiziert, die für eine spezi-

52 Jampert, Karin 1999: Schlüsselsituation Sprache – Ergebnisse aus der Spracherwerbsforschung und ihr Beitrag zum Verständnis des Sprachentwicklungsprozesses bei mehrsprachigen Kindern. In: Multikulturelles Kinderleben (Hrsg.) 1999: Berg, Ulrike/Jampert, Karin/Zehnbauer, Anne: Mehrsprachigkeit im multikulturellen Kinderleben. Eine Tagungsdokumentation. Projektheft 2, 37-49, hier 39.

53 Vgl. Butzkamm, Wolfgang 2002: Psycholinguistik des Fremdsprachenunterrichts. Von der Muttersprache zur Fremdsprache. 3. neubearb. Aufl. Tübingen/Basel, 51f.

54 Vgl. Jampert 1999, 41.

55 S. dazu Hamers, Josiane F.; Blanc, Michel H. A. 2000: Bilinguality And Bilingualism. 2nd ed. Cambridge.

fische Form von Spracherziehung besonders gut geeignet sind. Dass man in den ersten Schuljahren nicht nur Unterricht in der Zweitsprache bekommt, sondern auch in der Muttersprache, erscheint insofern wichtig, als man in der Festigung der Kompetenzen in der L1 (Erstsprache) die Grundlage für den Erwerb der L2 (Zweitsprache) sieht. Damit verbunden ist der Schrifterwerb in der Muttersprache. Ist diese Voraussetzung erfüllt, gehen Hamers und Blanc davon aus, dass die Option Mehrsprachigkeit nicht schon im Vorschulalter endet. Das steht nun Rousseaus Modell entgegen. Ein praktisches Problem des Konzepts der ausgewogenen Mehrsprachigkeit ist für viele Sprachen der Welt eine schriftliche Fixierung, damit verbunden Grammatiken und Lehrbücher. Gerade Kontexte, in denen Mehrsprachigkeit nicht erst initiiert durch Unterricht im weitesten Sinn existiert, sind instruktiv. Beispielhaft sei hier eine Studie von Cornelia Khamis genannt, in der die Mehrsprachigkeit eines afrikanischen Stammes, der ugandischen Nubier, differenziert untersucht wird. Khamis betrachtet das Sprachverhalten von viersprachig aufwachsenden Vorschul- und Schulkindern und weist nach, dass das aus europäischer Perspektive problematisierte Code-Switching bzw. Code-Mixing von den Kindern funktionalisiert wird. Damit kann die Verfasserin nachweisen, dass die Kinder in der Lage sind, schon sehr bewusst sprachlich differenziert zu handeln. Auf den ersten Blick als Ausdruck kindlichen Unvermögens Interpretiertes erweist sich als durchdrungen. Sowohl Code-Switching als auch spezifische Ad-hoc-Entlehnungen können als Zeichen multilingualer Kompetenz bewertet werden.[56]

Rousseau hat wesentliche Herausforderungen für die Mehrsprachigkeitsforschung erkannt und sich mit ausgewählten Aspekten beschäftigt, die in Zusammenhang mit der Zwei- und Mehrsprachigkeit stehen. Dazu gehört der Sprachursprung und die Diversifikation in Sprachfamilien und Einzelsprachen, Arbitrarität und Konventionalität von Sprache, der Erstspracherwerb und der Erwerb weiterer Sprachen und die auf Interaktion basierende Erziehung auf der Basis entwicklungsbezogener Phasen. Nicht zuletzt hat Rousseau auf den Zusammenhang zwischen Sprache und sprachbegleitenden bzw. die Sprache ersetzenden Gesten hingewiesen und damit verbunden Sprache und Emotion thematisiert. Jeweils einen Idealzustand vor Augen habend (im Fall des Sprachursprungs den Naturzustand, im Fall des Erziehungsmodells einen idealen Erzieher und einen idealen Zögling), bleiben allerdings ganze Sprach- und Bevölkerungsgruppen unberücksichtigt, und zwar gerade solche, die für die Mehrsprachigkeitsforschung besonders relevant sind.

56 Vgl. Khamis, Cornelia 1994: Mehrsprachigkeit bei den Nubi: Das Sprachverhalten viersprachig aufwachsender Vorschul- und Schulkinder in Bombo/Uganda. Münster, 269f.

Perfektibilität oder Perfektion?

Rousseaus spekulative Anthropologie im Horizont einer Theorie des bürgerlichen Rechtsstaats

Ursula Reitemeyer

Im allgemeinen gilt Rousseau als der „Erfinder“ des Begriffs der *perfectibilité*,[1] auch wenn es Hinweise gibt, dass er vor dem Erscheinen von Rousseaus berühmtem Diskurs über die Ungleichheit der Menschen im Jahr 1754 schon in Gebrauch war.[2] Im Unterschied zur Definition der französischen Aufklärer im Umfeld der Enzyklopädisten interpretiert Rousseau die unbestimmte oder allgemeine Fähigkeit des Menschen, bestimmte Fähigkeiten zu entwickeln oder zu vervollkommnen, aber nicht als ein von der Vorsehung in die Wiege gelegtes Instrument gattungsgeschichtlicher Höherentwicklung, welcher der einzelne Mensch wohl hinterherhinken kann, nicht aber die Menschheit als fortschreitendes Kulturganzes. Vielmehr versteht Rousseau den in der *perfectibilité* des Menschen angelegten Vorrat der „schlummernden Kräfte“[3] ausgesprochen a-teleologisch, denn deren Entfaltung ist keine Richtung vorgeschrieben, nicht einmal, dass sie sich überhaupt entfalten, welches bekanntlich davon abhängt, dass die „schlummernden Kräfte“ aktiviert werden, also tätig werden. Ob die „schlummernden Kräfte“ reine Potenz bleiben oder tätig werden und in welcher Weise sie sich entfalten und genutzt werden, hängt daher von äußeren Umständen ab, die zufälliger Natur sein können wie die Einflüsse der kulturell vorgeprägten Lebenswelt, in die der Mensch hineingeboren wird, oder aber absichtsvoll herbeigeführt werden etwa durch pädagogische Aufforderung.

Perfektibilität im Rousseau'schen Sinne, also die Grundfähigkeit des Menschen, allgemeine, der menschlichen Natur zugehörige Fähigkeiten wie Sprachgebrauch, Vergesellschaftung und zwecksetzendes Handeln zu entwickeln, ist wohl eine bloße Potenz, eine Potenz, der die Richtung nicht eingeschrieben ist und die daher unbestimmt ist. Aber sie ist keine leere Potenz, denn zugleich ist

---

1 Vgl. Rousseau, J.-J. 1988: Abhandlung über den Ursprung und die Grundlagen der Ungleichheit (1754). In: Schriften, Bd. I. Hrsg. von H. Ritter. Frankfurt/M. 1988, 204. – In der Ritter-Ausgabe wird der Begriff der perfectibilité als das „Vermögen, sich vollkommener zu machen" übersetzt.

2 Im Umfeld der französischen Enzyklopädisten war der Begriff der perfectibilité etwa seit 1750 in Gebrauch. Vgl. Baum, R. & Neumeister 1989: Perfektibilität. In: Historisches Wörterbuch der Philosophie, Bd. VII. Hrsg. von J. Ritter & K. Gründer. Darmstadt 1989, 239. Vgl. zur Nachfolgediskussion des Perfektibilitätsbegriffs innerhalb der zweiten Generation der französischen Aufklärer auch: Gillis, Ph. & Billard, J.-P. 1991: Économie, Histoire et genèse d' l'économie politique. Quesnay, Turgot et Condorcet, Say, Sismondi. In: Revue économique. Bd. 42. Paris 1991, 373.

3 Rousseau, J.-J. 1985: Émile oder Über die Erziehung (1762). Paderborn 1985 (7. Aufl.), 57.

sie der Hort aller Spontaneität, vermittelst derer die bloße Verknüpfung von Sinnesdaten wie sie auch in der Tierwelt vorkommt, zu einem *actus* der Freiheit wird,[4] denn der Mensch hat nur wenig Instinkt, der ihm diese Verknüpfung abnehmen würde. Instinktarm wie der Mensch ist, bleibt ihm gar nichts anderes übrig, als aus Erfahrungen zu lernen und damit Fähigkeiten zu generieren (heute würde man sagen: Kompetenzen zu entwickeln), die sein Überleben sichern. Diese Fähigkeit, einerseits Instinktarmut zu kompensieren und andererseits sich verändernden, ja, den von ihm selbst geänderten Lebensumständen anzupassen, ist also nichts anderes als eine in der menschlichen Natur beheimatete Spontaneität des Geistes, die Rousseau auch mit dem Begriff der „Geistigkeit" der menschlichen Seele (*la spiritualité de son âme*) umschreibt.

Ohne Metaphysik kommt daher auch Rousseaus Begriff der Perfektibilität als Inbegriff der Selbsttätigkeit oder des Geistigen und damit als Quelle der Vernunft nicht aus. Zwar existiert kein übernatürlicher Mechanismus, der Perfektibilität in Vernunfttätigkeit, Wahlfreiheit in Autonomie und Empfindsamkeit in Moralität automatisch überführt. Doch müssen die Vernunft, der freie Wille und das moralische Gesetz als Bestimmungsmerkmale der menschlichen Existenzweise gesetzt werden und damit als Bestimmungsmerkmale der menschlichen Natur, wenn an der Unterscheidung von Mensch und Tier bzw. an der Unterscheidung von Menschheitsgeschichte und Evolutionsprozess festgehalten werden soll. Wenn in die menschliche Natur eingeschrieben ist, dass sie sich selbst erst hervorbringen muss und dadurch der Mensch notwendigerweise zum Subjekt seines Entfaltungsprozesses wird, dann wird dieser Entfaltungsprozess nicht evolutionär vorprogrammiert sowenig wie die Menschheitsgeschichte ein bloßer Anpassungsreflex auf permanent sich verändernde Lebensumstände ist.

Mit dem Begriff der Perfektibilität bringt Rousseau daher nicht eine materialistische Anthropologie bzw. eine den Menschen einbeziehende Evolutionstheorie in Anschlag. Vielmehr argumentiert er spekulativ, wenn auch nicht im Sinne der zeitgenössischen Metaphysik, die die Besonderheit des Menschen gegenüber allen anderen Lebewesen als Resultat eines göttlichen Entschlusses begriff. Daher entfällt für Rousseau die Frage nach der Absicht des überweltlichen Entschlusses, den Menschen imperfekt, empfindsam[5] und frei zu erschaffen. Stattdessen fragt er nach den praktischen Konsequenzen für die Existenzweise eines um seine Selbsterhaltung besorgten Naturwesens, dessen natürliche Ausstattung allein nicht ausreicht, weder sich, noch die Gattung zu erhalten. Übereinstimmend mit der traditionellen Metaphysik schreibt Rousseau der menschlichen Natur die Besonderheit der Individualität (Seele) und der Willensfreiheit zu. Im Gegenzug bestreitet er aber die teleologische Ausrichtung dieser Besonderheit, denn dies würde zu der

4 Vgl. Rousseau 1988, 203-204.

5 Zur Bedeutung des „natürlichen Mitleids" als Regulativ gegenüber dem Selbsterhaltungstrieb und als Vorbote des „moralischen Gefühls" bei Kant vgl. Reitemeyer, U. 2013[2]: Perfektibilität gegen Perfektion. Rousseaus Theorie gesellschaftlicher Praxis. Münster 1996, 22 ff.

Schlussfolgerung führen, dass die *potentia* sich immer selbst genug sei, schon als bloße Fähigkeit in sich vollendet und daher auch ihrer Entfaltung enthoben wäre.[6] Was schon vollkommen ist, kann nicht noch vollkommener gemacht werden, was seine Bestimmung schon in sich trägt, ist vollends bestimmt. Vollzugsformen bilden vom Standpunkt der alten Metaphysik daher nur vorgestanzte Seinsformen ab, welches mit Blick auf die Natur oder das Wesen des Menschen bedeutete, dass es eigentlich keinen qualitativen Unterschied machen dürfte, ob der Nachwuchs bloß versorgt oder darüber hinaus erzogen wird, denn seiner Bestimmung kann das Individuum in seinem vorgeordneten Diesseits nicht entgehen.

Nun waren die für die Aufklärungsphilosophie maßgeblichen Erkenntnis- und Wissenschaftstheoretiker aus der Schule des Rationalismus nicht so naiv, die Potenz als selbständige anzunehmen und die Lernbedürftigkeit des Menschen zu negieren.[7] Doch der individuelle Lernbedarf war durch die Standeszugehörigkeit und damit durch die von Gott erlassene gesellschaftliche Ordnung prädeterminiert, sodass streng genommen ein individueller Lernbedarf gar nicht existierte, allenfalls ein standesgemäßer. Auch die Empiristen, Materialisten und Sensualisten, die wie Locke davon ausgingen, dass jeder Mensch als unbeschriebenes Blatt auf die Welt komme und durch Erfahrungen dieses Blatt beschrifte,[8] also seinen Charakter erst hervorbringe, hatten keinen Zweifel an der Notwendigkeit einer standesspezifischen Erziehung, um die Ständegesellschaft funktionstüchtig zu halten.[9] Von Natur aus waren zwar alle Menschen gleichermaßen „unbeschriftet", zugleich stand aber außer Frage, dass gesellschaftliche Hierarchien infolge der „natürlichen" Ungleichverteilung der Talente und der daraus resultierenden Ungleichverteilung des Eigentums genauso natürlich waren wie Hackordnungen im Tierreich, die über den Beuteanteil bestimmen. Hielten die Rationalisten, noch verbunden mit der traditionellen Metaphysik, an der menschlichen Bildsamkeit in Form einer unhintergehbar auf Vervollkommnung geeichten Bestimmung fest,[10] so hielten die Empiristen an der Unhintergehbarkeit der gesell-

---

6 Daher stimme ich mit Dietrich Benners Interpretation der Perfektibilität als „teleologische Unbestimmtheit" nicht überein, auch nicht unter Berücksichtigung der dialektischen Neutralisierung des *τέλος* durch die Unmöglichkeit, die Zielrichtung sicher bestimmen zu können. Vgl. Benner, D. 1987: Allgemeine Pädagogik. Weinheim/München 1987, 294.

7 Vgl. hierzu exemplarisch: Descartes, R. 1960: Discours de la Methode (1637). Hrsg. von L. Gäbe. Hamburg 1960 [II. 1].

8 Vgl. Locke, J. 1962: Über den menschlichen Verstand (1690). Hrsg. von C. Winckler. Hamburg 1962, 31-36.

9 Vgl. mit Blick auf die Annahme der Notwendigkeit der Standeserziehung Lockes Überlegungen zur Erziehung des *gentleman* (Some Thoughts About Education von 1693), der vielleicht einflussreichsten Schrift über Erziehung innerhalb der europäischen Aufklärung vor Rousseaus *Emile*.

10 Eine Idee, die bis in die Geschichtsphilosophie Hegels nachwirkt und ihm bei seinen Hörern den Vorwurf einträgt, die alte Metaphysik/Logik fortzusetzen. Vgl. hier insbesondere Feuerbach, L. 1975: Grundsätze der Philosophie der Zukunft (1843). In: Werke in sechs Bänden, Bd. III. Hrsg. von E. Thies. Frankfurt 1975 [§ 27], 288 ff.

schaftlichen Ungleichheit bzw. der Ständegesellschaft fest. Auch wenn es Theoretikern wie Locke um die seinem ökonomischen Einfluss angemessene politische Partizipation des dritten Standes (*Gentry*) geht, steht die Ständegesellschaft als Abbild einer entweder natürlichen oder göttlichen Sozialordnung nicht in Frage. Möglich ist wohl die Abschaffung des Absolutismus, also einer vom gesellschaftlichen Allgemeinwillen abgelösten und daher verfassungslosen Regierungs- und Staatsform. Die Ständegesellschaft selbst, und damit das Prinzip gesellschaftlicher Ungleichheit stehen durch die Abschaffung des Absolutismus allerdings nicht zur Disposition. Allenfalls wird der Austausch der Führungseliten in den Blick genommen entsprechend dem Gang der Historie.

Es war Rousseau, der mit seiner a-teleologischen und dennoch metaphysischen Definition der Perfektibilität als „Vorrat schlummernder Kräfte" diese zum Prinzip der Menschwerdung unter Maßgabe eines selbsttätigen, freien Willens erhob und dadurch die Diskussion um das Naturrecht mit der Diskussion um ein naturrechtlich, heute würden wir sagen: verfassungsrechtlich, abgesichertes Legitimationsverfahren politischer Herrschaft zusammenführte. Wenn richtig ist, dass Perfektibilität ebenso eine zentrale Programmidee der Aufklärung ist wie das Selbstdenken bzw. die Mündigkeit,[11] weil Perfektibilität anthropologisch betrachtet die Bedingung möglichen Selbstdenkens, möglicher Selbst- und Mitverantwortung ist, dann steht und fällt das Diktum der Aufklärung, sich von den Leitseilen der „selbstverschuldeten Unmündigkeit" loszumachen, mit der Anerkennung der menschlichen Perfektibilität als eine Besonderheit im Reich der Natur. Inmitten der zweckmäßig, ja perfekt, angeordneten Natur erhebt sich aus ihr der Mensch und dies nicht kraft „eingeborener Ideen" bzw. einer angeborenen Rationalität, sondern kraft einer eingeborenen Imperfektheit, die ihn mangels kompensierender Instinkte gewissermaßen dazu zwingt, seinen Verstand zu gebrauchen, also unter Optionen zu wählen, eine eigene Entscheidung treffen und sich selbst einen Handlungszweck setzen zu können. So wie die imperfekte, instinktarme Natur des Menschen diesen zwingt, einen Handlungswillen zu generieren, zwingt der Rechtsstaat den Staatsbürger in den Stand der Freiheit. Der Mensch, so heißt es in Rousseaus *Contrat Social*, darf vom Staat zu nichts gezwungen werden, außer zu seiner (bürgerlichen) Freiheit,[12] d. h. dazu, von seinem freien Willen Gebrauch zu machen, der sich natürlich auch gegen die bestehende Staatsform, richten kann. Die natürliche Freiheit, verankert in der imperfekten menschlichen Natur, wird zur politischen Freiheit, verankert im bürgerlichen Rechtsstaat. Im vollkommen geordneten bürgerlichen Rechtsstaat wäre, wie Kant sagen würde, die Kunst wieder zur Natur geworden,[13] wäre die natürli-

11 Vgl. Hinske, H. 1990: Die tragenden Grundideen der deutschen Aufklärung. Versuch einer Typologie. In: Die Philosophie der deutschen Aufklärung. Hrsg. von R. Ciafardone. Stuttgart 1990, 78 ff.

12 Vgl. Rousseau, J.-J. 1988: Der Gesellschaftsvertrag (1762). 2. Auflage. Hrsg. von W. Bahner. Köln 1988. [Erstes Buch. Kap. VII], 52.

13 Vgl. Kant, I. 1977a: Mutmaßlicher Anfang der Menschheitsgeschichte (1786). In: Werkausgabe, Bd. XI. Hrsg. von W. Weischedel. Frankfurt 1977, 95.

che Willensfreiheit in freie Selbstverpflichtung umgeschlagen, hätte der Mensch seine natürliche Bestimmung realisiert. Nur, „aus so krummem Holze, als woraus der Mensch gemacht ist, kann nichts ganz Gerades gezimmert werden",[14] weshalb der vollkommene bürgerliche Rechtsstaat als Vereinigung freier, gleicher und mitfühlender Bürger eher als Aufgabe, als permanente Anstrengung, und nicht als ein je zu realisierender Zustand zu begreifen ist. Trotz allen menschlichen Bestrebens, Fähigkeiten und Handlungsvollzüge zu verbessern, Wissen zu erweitern und sich zu humanisieren - Kant würde von „moralisieren" sprechen - ist und bleibt der Mensch auch als erzogener und um seine Vervollkommnung sich bemühender immer imperfekt.

So eröffnet die Perfektibilität dem Menschen, im Unterschied zu allen anderen Lebewesen, einen unvergleichlich großen Handlungsraum. Zugleich begrenzt sie ihn als ein nach seiner Vervollkommnung strebendes, aber die Vollkommenheit nie realisierendes Wesen. Das eigentliche Problem des perfektiblen Menschen besteht daher nicht allein in dem Risiko, sich auf Grund seines freien Willens gegen Vernunft, Moral, ja sogar gegen seine Freiheit, entscheiden zu können.[15] Das eigentliche Problem der Perfektibilität besteht darin, dass sie den individuellen Menschen zur lebenslangen Unvollkommenheit verdammt und keine Generation den vollkommenen bürgerlichen Rechtsstaat je hervorbringen wird. Doch ohne all diese Anstrengungen, ohne die der menschlichen Natur innewohnende Bestrebung, sich selbst, die Gesellschaft, den Staat und die Umwelt zu vervollkommnen, also besser zu machen, wäre alles noch viel schlimmer geworden, wie Rousseau eingangs seines Erziehungsromans *Émile* schreibt.[16] Dann müsste der Mensch sich nämlich den Verhältnissen, so wie sie sind, überlassen, d. h. obgleich die Verhältnisse Produkt seiner Gestaltungskraft bzw. seiner Naturbearbeitung sind, wären sie nur zufällig, planlos entstanden und könnten mangels einer Bestrebung, sie zu verbessern, auch in keine Richtung gelenkt werden. Übrig bliebe eigentlich nur ein animalischer Überlebenswille, der inmitten der bürgerlichen Konkurrenzgesellschaft und unter Maßgabe eines abstrakten Rechtssystems zum Realitätsprinzip jenes *bellum omnium contra omnes* mutiert, den Hobbes, der gewissermaßen als Zeitzeuge des innergesellschaftlichen Vielfrontenkriegs spricht, aus guten Gründen in die Urzeit verlegte.[17] Die in dem Konstrukt des kriegerischen Naturzustands mitgelieferte Zukunftsperspektive einer rechtsstaatlich geordneten bürgerlichen Gesellschaft ist aus Rousseau'scher Sicht aber so lange wirkungslos, solange der Krieg aller gegen alle nicht als Strukturmerkmal

---

14 Kant, I. 1977b: Idee zu einer allgemeinen Geschichte in weltbürgerlicher Absicht. In: Werkausgabe, Bd. XI. Hrsg. von W. Weischedel. Frankfurt 1977, 41.

15 Auf die Doppelfunktion der Perfektibilität, sowohl gute als auch schlechte Eigenschaften herauszubilden, hat insbesondere Günther Buck aufmerksam gemacht. Vgl. Buck, G. 1984: Rückwege aus der Entfremdung. München/Paderborn 1984, 140 ff.

16 Rousseau 1985, 9.

17 Vgl. Hobbes, Th. 1970: Leviathan (1651). Hrsg. von M. Disselhorst. Stuttgart 1970 [Kap. XIII].

eben dieser bürgerlichen Stände- bzw. Klassengesellschaft diagnostiziert wird, dem sich der Rechtsstaat unterordnet. In Wirklichkeit, so das Rousseau'sche Verdikt, müsse sich die bürgerliche Gesellschaft als Sammelbecken sämtlicher konkurrierender oder fraktioneller Einzelinteressen dem Rechtsstaat, dem öffentlich festzustellenden Allgemeinwillen, unterstellen, weil anders Geltungsansprüche nicht legitimiert, allenfalls durchgesetzt werden können. Um die bürgerliche Gesellschaft zu befrieden, bedarf es also des bürgerlichen Rechtsstaats, weshalb er – mit Blick auf das Selbsterhaltungsinteresse eines jeden Einzelnen und damit der Gesellschaft als ganzer – keine Option unter anderen ist, sondern blanke Notwendigkeit. Nur der bürgerliche Rechtsstaat kann die bürgerliche Gesellschaft im Zaum halten, kann dem Faustrecht Einhalt gebieten und an dessen Stelle ein dem Allgemeinwillen unterworfenes, legitimes und Legitimität stiftendes Rechtsverfahren setzen. Die bürgerliche Gesellschaft zerbricht nur dann nicht an ihren Klassengegensätzen, wenn ein jeder unabhängig von seiner Standes- oder Klassenzugehörigkeit sich im Stand des *citoyen* befindet, also im Stand der Rechtsgleichheit und der gleichberechtigten politischen Teilhabe. So entsteht durch die Zugehörigkeit aller zum gleichen Stand der *citoyens* neben Parlament und bürgerlicher Öffentlichkeit, den Foren des Meinungsaustausches zur Feststellung des Allgemeinwillens, die Verbundenheit der Staatsbürger untereinander und damit die Verbundenheit des Bürgers mit seinem Staat.[18] Dadurch können bürgerliche Gesellschaft und bürgerlicher Rechtsstaat zwar nicht deckungsgleich gemacht werden, doch es könnte verhindert werden, dass der Gegensatz zwischen beiden so groß wird, dass selbst moralisch praktische Vernunft nicht mehr gerade rücken kann, was die technisch praktische Vernunft, ausgeliefert einer „unmoralischen Klugheitslehre" wie Kant sagt, angerichtet hat.

Der funktionierende Rechtsstaat als ein aus freiem Vernunftbeschluss zustande gekommener Zusammenschluss der *citoyens* ist daher die Voraussetzung dafür, dass politisches Handeln seine Zwecksetzungen im Horizont des Allgemeinwillens abwägt, sich dadurch legitimiert und so die moralische Reflexionsebene indirekt in formalen Entscheidungsverfahren zum Ausdruck bringt. Nun fällt ein

---

18 Interessant ist im Hinblick auf die Aktualität der politischen Philosophie Rousseaus, dass das Bundesverfassungsgericht mit seinem Urteil zur Beteiligung des Parlaments in Fragen der Europapolitik im Juni 2012 die Rechte des Parlaments mit den Argumenten des *Contrat Social* stärkte. Im Zusammenhang mit der Staatsschuldenkrise weist der vorsitzende Richter Voßkuhle das Argument der Regierung zurück. „daß die Regierung schnell und effizient handeln können muß", weil „parlamentarische Beteiligungsrechte" in Zeiten des Handlungszwangs „oft kontraproduktiv wirken". Das Gericht nehme dieses Argument zwar ernst, und könne erkennen, dass demokratische und rechtsstaatliche Sicherungen sich „im Alltag der Regierungen" zuweilen „auf den ersten Blick als hinderlich" erwiesen. Auf längere Sicht bildeten diese Elemente aber „das Fundament eines leistungsfähigen, stabilen und ausgewogenen Gemeinwesens, das von den Bürgerinnen und Bürgern wirklich mitgetragen" werde, so Voßkuhle. Vgl. Jahn, J. 2012: Verfassungsrichter stärken Rechte des Bundestags. Zitiert unter: http://m.faz.net/;s=ESg93EvUb9zYYib75krfg06/aktuell/wirtschaft/euro-krise-verfassungsrichter-staerken-rechte-des-bundestags-11791337.html (Stand: 13.07.2013).

funktionierender Rechtsstaat nicht als Geschenk vom Himmel, auch kann der freie Zusammenschluss der Bürger zu einem Rechtsstaat, der ja kein Zustand, sondern ein Prozess ist, nicht verordnet werden. Vielmehr bedarf es eines in den Stand der Rechtsgleichheit versetzten und von seinem Recht bzw. von seiner Freiheit Gebrauch machenden *citoyen*, um ein am Allgemeinwillen sich ausrichtendes Regierungshandeln zu realisieren. Hier nun kommt die Erziehung ins Spiel, und zwar eine Erziehung zum freien Gebrauch der eigenen Vernunft, ohne welche der Mensch weder in den Stand des *citoyen*, noch in den Stand der moralischen Reflexion gelangen würde.

Rousseau beschreibt die dazu erforderliche Erziehung als negative Erziehung. Sie ist deshalb negativ, weil sie – und hier argumentiert Rousseau als emphatischer Aufklärer – verhindert, dass die heranwachsende Generation zufälligen Leitbildern, selbsternannten Vormündern und Prinzipien einer Vorteilsethik folgt. Negative Erziehung verhindert, dass der Heranwachsende Vorurteilen folgt, bevor er sich ein eigenes Urteil bilden kann, dass sich also Unverstandenes im Bewusstsein und Denken als Halbverstandenes festsetzt, wodurch alles Selbstdenken im Keim erstickt wird.[19] Das Halbverstandene, das sich für das Ganze hält und sich deshalb seiner Defizite nicht bewusst ist, ist daher der Endpunkt der „Verbildung“ und nicht eine Zwischenstation im individuellen Bildungsprozess im Sinne der Vervollkommnung von Wissen. Wenn erst einmal ein falscher Begriff von einem Gegenstand gebildet wurde, welches etwa der Fall ist, wenn Kinder mit abstrakten Gegenständen wie Gott, Sünde oder Freiheit konfrontiert werden, bevor sie überhaupt abstrakt denken können, bevor sie also nicht nur in der Lage sind, von sinnlichen Gegenständen zu abstrahieren, sondern auch in Begriffen jenseits einer sinnlich erfahrbaren Gegenstandswelt zu denken, dann, so Rousseau, bleibt dieser falsche Begriff von einer Sache für immer bestehen, denn es fehlen die Mittel – wie das selbständige Urteilen – um aus der Sackgasse herauszukommen.[20] So ist das Halbverstandene, die Halbbildung nicht nur, um ein Wort Adornos zu gebrauchen, der „Todfeind“ der Bildung.[21] Darüber hinaus verfestigt es den Zustand untertäniger Unmündigkeit, denn der Halbgebildete, der sich im Stand des ganzen Wissens wähnt, wird seine Unmündigkeit mangels der Außenperspektive auf seinen Wissensausschnitt nicht erkennen und sich daher weder von den Vormündern, noch Vorurteilen befreien können.

Vom Ende aus, d. h. vom Standpunkt des bürgerlichen Rechtsstaats aus betrachtet, der seiner Realisierung bzw. seiner von der Vernunft vorgeschriebenen praktischen Vervollkommnung noch harrt, erklärt sich, warum der Aufklärer Rousseau erstens eine nicht-affirmative Theorie von Erziehung und Bildung ent-

19 Vgl. Rousseau 1985, 72 ff.

20 Vgl. Rousseau 1985, 67-68.

21 Vgl. Adorno, Th. W. 1992: Theorie der Halbbildung (1959). In: Gesammelte Schriften, Bd. VIII. Hrsg. von R. Tiedemann. Frankfurt/M. 1992, 111.

faltet,[22] die statt auf die sozialisationstechnische Anpassung an die bestehende Untertanengesellschaft auf staatsbürgerliche Selbständigkeit zielt. Zweitens erklärt sich, warum mit Blick auf den noch zu konstituierenden und immer wieder sich neu zu bewährenden bürgerlichen Rechtsstaats der Mensch unbedingt als perfektibel und damit als fähig beschrieben werden muss, diesen Rechtsstaat zu wollen und ihn tagtäglich zu vollziehen trotz des unhintergehbaren Umstands, dass der Rechtsstaat nie fertig, nie perfekt ist, genauso wenig wie die Individuen, die ihn konstituieren und schließlich tragen. Drittens wird deutlich, dass der Entwurf einer nicht festgelegten, perfektiblen menschlichen Natur dem metaphysischen Konstrukt des bürgerlichen Rechtsstaats geschuldet ist, dass also die Annahme eines mit der Perfektibilität korrespondierenden freien Willens des Menschen im Naturzustand auf die Verpflichtung des Staats zielt, diesen von der menschlichen Natur nicht abzutrennenden freien Willen zu schützen.

So wird die Metaphysik als Begründungsverfahren für die Freiheit des Menschen wohl in Anschlag gebracht, aber in umgekehrter Weise verglichen mit der alten Metaphysik, welche die menschliche Freiheit als Produkt göttlicher Schöpfungskraft und nicht als ein von der menschlichen Vernunft erschlossenes Postulat versteht. Nur mit Blick auf den zukünftigen Rechtsstaat unter Maßgabe der sogenannten natürlichen Grundrechte kommt überhaupt der Naturzustand als Ursprung des freien Willens in Betracht. Der Naturzustand des Menschen ist ebenso wie der in ihm verortete freie Wille ein Konstrukt aus der Perspektive des noch herzustellenden Rechtsstaats, dessen Realisation davon abhängt, dass das Konstrukt nicht der menschlichen Natur widerspricht. Wer *qua* Triebdetermination zur Abhängigkeit von seinen Trieben verdammt ist, kann den Rechtsstaat, das System der freien Unterwerfung unter den Allgemeinwillen, gar nicht antizipieren. Aus dem Faktum des Konstrukts des Rechtsstaates erschließt sich so betrachtet der naturrechtlich verbriefte freie Wille, anders gesagt, aus dem Faktum, politische Freiheit im Sinne der Selbst- und Mitverantwortung denken zu können, erschließt sich die natürliche Bestimmung des Menschen zur Freiheit.

Eine aus der Notwendigkeit des bürgerlichen Rechtsstaates deduzierte natürliche Freiheit setzt also die Freiheit nicht an den Anfang einer imaginären Menschheitsgeschichte, sondern begreift sich als Prinzip einer möglichen Menschheitsgeschichte bzw. eines Humanisierungs-, Bildungs- und Aufklärungsprojekts. Unter Berücksichtigung des Doppelcharakters der Perfektibilität, der sich auf den freien Willen ausdehnt, denn der Mensch kann sich auch gegen Vernunft und Moral, ja, sogar gegen die Freiheit entscheiden, ist der Verlauf der Menschheitsgeschichte im Sinne einer steten Höherbildung völlig ungesichert. Sah die Wolffschule im „*quaere perfectionem*“[23] die Höherbildung der Menschheit noch angelegt, welches der Grund da-

[22] Der Begriff einer „nicht-affirmativen“ Theorie von Erziehung und Bildung stammt von Dietrich Benner. Vgl. z.B. seinen Aufsatz Benner, D. 1982: Bruchstücke einer nicht-affirmativen Theorie der Bildung. In: Zeitschrift für Pädagogik. Weinheim/Basel 1982. Nr. 6.

[23] Vgl. Wolff, Ch. 1738: *Theologia naturalis*. Verona 1738. [§ 702], 358.

für sein dürfte, dass der Wolffschüler Mendelssohn Rousseaus Begriff der *perfectibilité* mit Vervollkommnungsfähigkeit übersetzt und auch der aus der Wolffschule kommende Kant an einem in der zweckmäßigen Anordnung der Natur aufgehobenem *τέλος* der moralischen Höherbildung festhält,[24] richtet Rousseau seinen Blick auch auf die dunkle Seite der menschlichen Perfektibilität, nämlich auf das Risiko des Scheiterns des Aufklärungs- und Humanisierungsprojekts. Dieses Risiko erkennt Kant zwar auch, doch dann, so argumentiert er spitzfindig, würde der Mensch seiner natürlichen Bestimmung zuwider handeln, welches schlechterdings nicht möglich ist, da der Mensch ja immer auch Naturwesen ist und bleibt.

Aus Rousseau'scher Sicht ist der Mensch von Natur aus nicht unbedingt zum selbständigen Urteil und moralischem Handeln bestimmt, denn seine Perfektibilität und der mit ihr verbundene freie Wille sind auf sich allein gestellt völlig unbestimmt, weshalb eben eine darauf Rücksicht nehmende Erziehung notwendig wird, damit der Mensch seinen Willen darauf richte, sich auf den Weg zur Vernunft, Freiheit und Moral zu begeben. Insofern Rousseau trotz des ihm eigentümlichen Kulturpessimismus an der Möglichkeit einer Menschheitsgeschichte als Freiheitsgeschichte festhält, enthält seine aus staatstheoretischer Perspektive zu lesende Anthropologie einen metaphysischen Kern, der in einer Art Neigung des freien Willens besteht, sich für das Gute zu entscheiden, sofern er nicht gegängelt und dadurch der natürliche Reifungsprozess des heranwachsenden Menschen unter- oder abgebrochen wird. Der bürgerliche Rechtsstaat, getragen von vorurteilsfreien, selbständig urteilenden und auf Konsens bedachten *citoyens* ist daher nicht – wie bei Hobbes – das Gegenmodell zum Naturzustand des Menschen. Vielmehr hätte sich im bürgerlichen Rechtsstaat die politische Kultivierung des Menschen soweit erhoben, dass aus der „Kunst" wieder „Natur", nämlich eine zweite Natur, geworden wäre.

Um also ein nur seiner Freiheit und dem Allgemeinwillen verpflichteter *citoyen* zu werden, muss Rousseaus Émile seiner Natur gemäß, also negativ, erzogen werden, denn nur auf der Grundlage einer naturgemäßen Erziehung, die zugleich und notwendigerweise eine vernunftgemäße Erziehung ist, vermag Émile jenen Staat zu formen und jene politische Existenzweise herauszubilden, die zu seiner Natur am besten passt.[25] Zeichnet sich die menschliche Natur gegenüber allen anderen Lebewesen dadurch aus, dass sie mit einem freien Willen ausgestattet ist, dann passt jene Erziehung am besten zur Natur des Menschen, die diesen freien Willen erhält und in der freien Selbstunterwerfung unter das moralische Gesetz aufhebt, so wie jener Staat der menschlichen Natur am nächsten kommt, in dem die Freiheits- oder auch Grundrechte des Menschen gesichert sind.

Weil es um die Sicherung dieser Grundrechte geht, deren Geltungsanspruch nicht empirisch ermittelt, sondern nur naturrechtlich, also metaphysisch, begründet werden kann, ist Rousseau genötigt, von hinten, d. h. vom Standpunkt

24 Vgl. Kant 1977b, 35.
25 Vgl. Rousseau 1988, 217.

eines Rechtsstaates, in dem die Grundrechte schon gesichert wären, die Freiheit, wenigstens als Möglichkeit in Gestalt des freien Willens, im Naturzustand zu verorten. Methodisch betrachtet argumentiert er durchaus spekulativ, aber nicht im Stil der alten Metaphysik, die untrennbar – bis hin zu Leibniz und Wolff – mit dem Schöpfungsglauben verbunden war, sondern eher in Form eines „Gedankenexperiments", das, ähnlich wie ein naturwissenschaftliches Experiment sich an die Gesetze der Natur halten muss, den Gesetzen der Logik unterworfen ist. Darum handelt es sich bei Rousseaus spekulativer Rekonstruktion des Naturzustands auch nicht um ein romantisierendes und rückwärtsgerichtetes Phantasieprodukt. Ebenso wenig sind seine Theorie des bürgerlichen Rechtsstaates und die darin eingebettete Theorie einer nicht-affirmativen Bildung und Erziehung im schlechten Sinne utopisch, also jenseits eines die historischen und gesellschaftlichen Vermittlungen aufnehmenden Reflexionsstandpunktes. Rousseau war mit Blick auf eine rechtsstaatliche Neuordnung Europas und die Erneuerung bzw. Humanisierung der bürgerlichen Gesellschaft der vielleicht skeptischste Vertreter der europäischen Aufklärungsphilosophie, weshalb er auch nicht so ganz in ihr Konzept des politischen, wissenschaftlichen und literarischen Aufbruchs hineinpasst. Von heute aus betrachtet, also etwa 250 Jahre nach der Veröffentlichung des *Contrat Social* und des *Émile*, erscheinen die in Rousseaus bedeutendsten Schriften zusammentreffende theoretische Strenge und literarische Qualität als eine unnachahmliche Besonderheit. Der von seinen aufgeklärten Zeitgenossen mehr oder weniger geschmähte Rousseau – eine Ausnahme machte bekanntlich Kant – überstrahlt wirkungsgeschichtlich – und hier wieder mit Ausnahme von Kant – seine gesamte philosophische und literarische Konkurrenz.

Deshalb: Herzlichen Glückwunsch zum dreihundertsten Geburtstag, Jean-Jacques!

Rousseau und Kant über Gemeinwille und Gesellschaftsvertrag

Christoph Horn

Staaten sind Herrschaftsagenturen, die in Bezug auf ein bestimmtes Volk und ein bestimmtes Territorium ein legitimes Gewaltmonopol innehaben. Rousseau würde dieser bekannten Definition Max Webers zweifellos zustimmen, und dasselbe gilt für Kant. Aber wie lautet ihre jeweilige Begründung dafür? Was legitimiert den beiden Philosophen zufolge staatliche Herrschaft, Zwang und Gewalt mit Blick auf einen staatlich organisierten Sozialverband? Die übereinstimmende Antwort beider lautet, dass die staatliche Ordnung die Freiheit des Individuums sichert. In diesem Beitrag geht es mir darum, die beiden Antworten richtig zu interpretieren. Denn trotz der oberflächlichen Übereinstimmung unterscheiden sie sich bei näherem Hinsehen signifikant voneinander.

Zwar steht Kant unter dem starken Einfluss Rousseaus, aber dennoch fällt seine Lösung markant anders aus. Der wichtigste Punkt, in dem Rousseau auf Kants politische Philosophie gewirkt hat, betrifft zweifellos den Freiheitsbegriff. Kant gelangte durch seine Lektüre Rousseaus zu der Überzeugung, dass der Staat als Ausdruck der individuellen Freiheit zu verstehen ist. Aber noch in zwei weiteren Hinsichten verdankt er dem französischen Philosophen zentrale Anregungen: nämlich beim Begriff des Gemeinwillens und bei der Idee des Gesellschaftsvertrages. Mit beiden Konzepten ist Rousseau außerordentlich innovativ, wenn er sie auch nicht sonderlich klar ausformuliert hat.

Man muss zunächst Rousseaus Ausgangsposition verstehen, um sein Vertragsmodell innerhalb der frühmodernen Geschichte des politischen Kontraktualismus richtig aufzufassen. Eigentlich stellt das Thema der Staatslegitimation kein zentrales Motiv Rousseaus dar; es erhält bei ihm relativ wenig Aufmerksamkeit. Für Rousseau bildet der Staat bekanntlich einen Teil jenes historischen Verhängnisses, das den Menschen vom harmonischen Naturzustand wegführte und den modernen moralischen Dekadenzzustand heraufbeschwor. Erst sekundär rechtfertigt Rousseau den Staat, indem er ihn als unentbehrliches Instrument zur Regulierung dieses modernen Verfallszustandes deutet. Rousseau möchte unter den Verfallsbedingungen der Neuzeit staatliche Institutionen schaffen, welche sich zur Umwandlung des dekadenten, eigensüchtigen *bourgeois* in einen tugendhaften und kooperativen *citoyen* eignen sollen.

Doch bei der Konstitution von Staatlichkeit droht ein fundamentaler Freiheitsverlust. Rousseau bringt das charakteristisch frühneuzeitliche Unbehagen an staatlicher Herrschaft zum Ausdruck, indem er sie mit dem Freiheitsbesitz von Individuen unter Naturzustandsbedingungen kontrastiert. Der Fehler, der zur Etablierung von Unterdrückungsordnungen geführt hat, liegt aber im Menschen selbst: Da Menschen primär auf Selbsterhaltung und eigene Interessenssicherung hin ausgerichtet sind, liegt in ihrem Freiheitsbedürfnis unmittelbar zugleich die gefährliche Tendenz, eine dominante soziale Stellung einnehmen zu wollen. Rousseau legt sich daher die Frage vor, wie das individuelle Freiheitsstreben aller sozialverträglich realisiert werden kann. Seine Antwort liegt in einem bestimmten Vertragsmodell (*Du contrat social* I.6):

> „Wie aber kann der Einzelne, ohne sich zu schaden und ohne die Fürsorge zu vernachlässigen, die er sich schuldet, seine Kraft gemeinschaftlich einsetzen, wenn doch Stärke und Freiheit jedes Menschen die ersten Werkzeuge zu seiner Erhaltung sind? Auf mein Thema bezogen lautet die Schwierigkeit wie folgt: eine Form des Zusammenschlusses zu finden, die mit aller gemeinsamen Kraft die Person und die Güter jedes Teilhabers verteidigt und schützt und durch die ein jeder, der sich allen anderen anschließt, dennoch nur sich selbst gehorcht und ebenso frei bleibt wie zuvor. Das ist die grundsätzliche Schwierigkeit, für die der Gesellschaftsvertrag die Lösung bietet."

Der Gesellschaftsvertrag und die mit ihm verbundene Etablierung von Staatlichkeit führen nach Rousseau zu einem bemerkenswerten Resultat: Der Vertrag gewährt jedem zugleich seine Freiheit und lässt Raum für individuelle Interessenverfolgung. Der Vertragsgedanke bei Rousseau unterscheidet sich darin fundamental von seinem Paradigma in Thomas Hobbes' *Leviathan*, dass sich die Vertragsteilnehmer im Kontrakt wechselseitig begünstigen, so dass alle zugleich als Vorteilsgeber und Vorteilsnehmer auftreten. Bei Hobbes dagegen haben wir es mit einem ‚horizontalen Unterwerfungsvertrag' zu tun, bei dem alle Kontrahenten gleichzeitig einem souveränen Machthaber unterstellt sind. Rousseau dagegen konzipiert seinen Vertrag als symmetrisch-reziproke Ordnung des Gebens und Empfangens von Freiheit (*Du contrat social* I.6):

> „Da schließlich ein jeder sich allen gibt, gibt keiner sich irgendwem, und da man über jedes Mitglied dasselbe Recht erwirbt, das man allen über sich einräumt, gewinnt man dabei ebenso viel, wie man abtritt, und dazu noch ein mehr an Kraft, um zu bewahren, was man hat. Wenn man also vom Gesellschaftsvertrag alles Nicht-Wesentliche abzieht, wird man finden, dass er sich auf folgende Worte reduzieren lässt: „Jeder von uns stellt gemeinsam seine Person und ganze Kraft unter die oberste Richtlinie des allgemeinen Willens; und wir nehmen in die Gemeinschaft jedes Mitglied als untrennbaren Teil des Ganzen auf."

Ein weiterer wichtiger Unterschied zum *Leviathan* besteht darin, dass für Rousseau nicht jede Form von Staatlichkeit *eo ipso* legitim ist. Hobbes stellt vor dem Hintergrund der extremen politischen Instabilität seiner Zeit den herrschaftsfreien Naturzustand gerade nicht als verlorenes Paradies, sondern als so desaströs dar, dass verglichen mit diesem selbst ein autoritärer Staat noch als vorziehenswert erscheint. Für Rousseau hingegen gilt ein Staat nur dann als legitim, wenn er auf dem ‚Gemeinwillen' (*volonté générale*) seiner Mitglieder beruht. Hier stoßen wir auf Rousseaus wichtigste Innovation in der Theoriegeschichte der politischen Philosophie. Der Begriff der *volonté générale* bildet das Zentrum der Staatslegitimation wie auch der Versöhnung individueller Freiheit mit dem Bestehen einer Herrschaftsordnung. Folgende Passage ist besonders relevant (*Du contrat social* II.1):

„Die erste und wichtigste Folgerung der bisher aufgestellten Grundsätze ist es, daß der allgemeine Wille allein die Kräfte des Staates nach dem Zweck seiner Errichtung, die das Gemeinwohl ist, lenken soll: Wenn der Widerstreit von Einzelinteressen die Gründung von Gesellschaften notwendig gemacht hat, dann hat die Harmonie dieser gleichen Interessen sie ermöglicht. Das gesellschaftliche Band erwächst aus dem Gemeinsamen dieser unterschiedlichen Interessen. Wenn es nicht irgendeinen Punkt gäbe, an dem alle Interessen übereinstimmen, würde keine Gesellschaft bestehen können. Nur auf der Grundlage dieses gemeinsamen Interesses darf die Gesellschaft regiert werden. Ich sage daher, daß die Souveränität, die nur die Ausübung des allgemeinen Willens ist, niemals veräußert werden kann, und daß der Souverän, der nichts als ein Gesamtwesen ist, nur durch sich selbst vertreten werden kann; übertragen werden kann freilich die Macht, nicht aber der Wille."

Ob eine Versöhnung von voller Freiheit des Individuums mit dem Bestehen einer staatlichen Herrschaftsordnung gelingt oder nicht, hängt an der Voraussetzung, dass der betreffende Staat durch den Gemeinwillen bestimmt sein muss. Die *volonté générale* ist ein begriffliches Konstrukt in Anlehnung an das traditionelle Konzept des Gemeinwohls. Bereits bei Aristoteles fungiert ‚Gemeinwohl' (*to koinê sympheron*) als Kriterium für die Legitimität einer Polis-Verfassung,[1] und seit Cicero ist der Begriff des *bonum commune* fest in der politischen Theoriegeschichte des lateinischen Westens etabliert. Rousseau nun denkt sich einen kollektiven Willen, der auf das *bien commun* gerichtet sein soll. Von diesem gilt dann, dass ihm legitimerweise absolute Macht über alle Staatsbürger zukommt, da er ja allein deren wohlverstandenes Gut im Blick hat. Der Staat wird auf diese Weise als eine einheitliche moralische Person aufgefasst, wie Rousseau sagt (*Du contrat social* II.4):

„Wenn der Staat oder die Stadt nur eine moralische Person sein soll, die ihr Leben aus der Vereinigung ihrer Mitglieder bezieht, und wenn die eigene Erhaltung ihre wichtigste Aufgabe ist, bedarf es einer universellen und zwingenden Macht, um alle Teile in der für das Ganze günstigsten Weise zu bewegen und zu verwalten. Wie die Natur dem Menschen unumschränkte Macht über seine Gliedmaßen einräumt, gibt der gesellschaftliche Pakt dem Staatswesen absolute Macht über alle seine Bestandteile, und es ist diese gleiche, vom allgemeinen Willen gelenkte Macht, die, wie ich schon ausgeführt habe, den Namen Souveränität trägt."

Für die absolute Macht des Staates über das Individuum verwendet Rousseau den seit Jean Bodin gebräuchlichen Begriff der Souveränität (*souveraineté*). Er denkt dabei allerdings gerade nicht an die Souveränität des absolutistischen Monarchen, sondern an eine ‚Volkssouveränität': Der Gemeinwille bildet eben das Kriterium für die Legitimität staatlicher Herrschaft, und ein Monarch ist als Regent nur dann legitimiert, wenn er den Gemeinwillen zur Basis seiner Regentschaft macht.

Man sieht jedoch sofort, dass der Begriff der *volonté générale* tiefreichende Probleme und Ambiguitäten enthält. Nur zwei davon seien kurz erwähnt. Erstens ist unklar, wie sich der Gemeinwille nach Rousseau (a) zu den faktischen, konkreten Einzelwillen der Bürger verhält und wie er (b) zur aufgeklärten individuellen Inter-

1 Wichtige Belegstellen sind *Nikomachische Ethik* 1160a9-14 und *Politik* 1278b19-24.

essenperspektive steht. Grundlegend für die Idee der *volonté générale* ist zweifellos, dass sie nicht als summiertes Aggregat der konkreten Einzelwillen gelten kann; eine solche *volonté de tous* lehnt Rousseau als inadäquat ab. Doch wäre es andererseits fragwürdig, wenn sie zu kontrafaktisch gemeint sein sollte und mit dem artikulierten Willen eines Individuums nichts zu tun hätte. Problematisch wäre es insbesondere, wenn der Gemeinwille nicht als Ausdruck der miteinander koordinierten Bestrebungen aufzufassen wäre, das aufgeklärte Eigeninteresse, den wohlverstandenen Vorteil jedes Individuums herzustellen. Auch fragt man sich, wie eng Rousseau den Gemeinwillen an die Idee des Parlamentarismus, der repräsentativen Demokratie, anzuknüpfen bereit ist. Hätte er stattdessen eine Variante von Kollektivismus im Auge, so wäre sein gesamtes politisches Modell demokratietheoretisch sicherlich weit weniger attraktiv.[2] Und zweitens bleibt unterbestimmt, wer den Gemeinwillen repräsentiert, ermittelt und ausübt. Hier besteht die Gefahr eines staatlichen Paternalismus und damit verbunden eine erhebliche Ideologiegefahr. Klar ist nur, dass Rousseau Gesetzesgehorsam in dem Sinn verlangt, dass mein eigener Vorteil (im Sinn des Gemeinwillens) auch dort vorliegen kann, wo ich dies individuell nicht einzusehen vermag. Eine der hochgradig interpretationsbedürftigen Passagen bei Rousseau liest sich wie folgt (*Du contrat social* II.4):

> „Man kann daraus ersehen, daß der Wille weniger durch die Anzahl der Stimmen als durch das gemeinschaftliche Interesse, das diese vereint, allgemein gültig wird: Jeder unterwirft sich in dieser Einrichtung notwendigerweise den Bedingungen, die er den anderen auferlegt; es ist eine bewunderungswürdige Übereinstimmung von Vorteil und Gerechtigkeit, die gemeinschaftlichen Entscheidungen ein Gerecht- und Billigsein verleiht, das in der Verhandlung jeglicher Einzelanliegen sofort zerrinnt, weil dort das gemeinsame Interesse fehlt, das die Entscheidungen des Richters mit jener der Parteien vereinen und gleichsetzen könnte."

Worin besteht das ‚gemeinsame Interesse' tatsächlich? Und wann genau kommt es zur Kongruenz zwischen Vorteil und Gerechtigkeit? Wirklich plausibel gelingt Rousseau nur die Bestimmung der dem Vertragsschluss innewohnenden Reziprozität. Die eindeutigen Vorteile liegen dann aber bedenklich nahe einfach bei der Hobbes'schen Betonung der Sicherheit des *status civilis* gegenüber dem *status naturalis*. An einigen Textstellen argumentiert Rousseau denn auch einfach wie Hobbes (*Du contrat social* II.4):

> „Nach Betrachtung aller dieser Einzelheiten ist die Behauptung, daß die Einzelnen durch den Gesellschaftsvertrag wie auch immer gearteten Verzicht auf sich nähmen, um so unrichtiger; sie finden sich im Gegenteil durch diesen Vertrag in einer viel besseren Lage als zuvor, weil sie, anstatt etwas fortzugeben, ein unsicheres und gefährliches Leben in ein besseres und abgesichertes verwandelt haben; sie haben natürlich Unabhängigkeit

2 Zur Diskussion um Rousseaus *volonté générale*s besonders Neuhouser, F. 1993: Freedom, Dependence and the General Will. In: *Philosophical Review*, 102. 363–395., Sreenivasan, G. 2000: What is the General Will? In: *Philosophical Review*, 109. 545–581., Bertram, C. 2004: Rousseau and The Social Contract. London. und Cohen, J. 2010: Rousseau: A Free Community of Equals. Oxford.

gegen Freiheit, und die Macht, andere zu verletzen, zugunsten ihrer eigenen Sicherheit eingetauscht; und ihre Stärke, die von anderen übertroffen werden konnte, wurde zu einem Recht, das die gesellschaftliche Einigung unbesiegbar macht. Sogar ihr Leben, das sie dem Staat gewidmet haben, wird von diesem ständig beschützt, und wenn sie es zu seiner Verteidigung einsetzen, was tun sie dann anderes, als dem Staat zurückzugeben, was sie von ihm erhalten haben? Was tun sie, was sie nicht öfter und unter schlimmerer Gefahr im Naturzustand tun würden, wenn sie in unvermeidbaren Kämpfen unter Lebensgefahr verteidigen müßten, was sie zur Bewahrung ihres Lebens brauchen? Alle müssen für das Vaterland kämpfen, wenn es nötig ist, das ist richtig; aber keiner muß mehr für sich selber kämpfen. Ist es nicht vorteilhafter, uns zu unserer Sicherheit nur noch einem Teil der Gefahren auszusetzen, denen wir allein die Stirn bieten müßten, sobald diese Sicherheit uns entrissen würde?"

Kommen wir damit zu Kant, dessen philosophiehistorische Leistung mit Blick auf den Kontraktualismus und den Begriff des Gemeinwillens hauptsächlich darin liegt, diese vagen Konzeptionen ‚vereindeutigt' und in seine Konzeption des Vernunftrechtes integriert zu haben.

Welche Variante von Vertragstheorie vertritt Kant, und welche Version des normativen Individualismus ist mit diesem verbunden? Politischer Kontraktualismus, wie er in der Neuzeit durch Hobbes eingeführt wurde, kann grundsätzlich eine prudentielle oder eine moralische Basis besitzen. Ein prudentielles Vertragsdenken formuliert die Norm zum Staatseintritt auf der Basis der strategisch-rationalen Vorteile eines solchen Schrittes – oder richtiger: des Rationalitätsdesasters, welches im Naturzustand entsteht (oder gemäß dem spieltheoretischen Gefangenendilemma zu entstehen droht). Ein moralisch gewendeter politischer Kontraktualismus kann, analog zur prudentiellen Variante, so argumentieren, dass es für jeden Akteur moralisch geboten sei, den Naturzustand zu verlassen (*exeundum e statu naturali*) und in einen Staatszustand einzutreten, weil nur eine Rechts- und Staatsordnung aufgrund ihrer Zwangsmittel die moralischen Rechte von Individuen effizient zu schützen vermag. Das ist eben Lockes Ansatz. Wenn Hobbes und Locke als Muster für Kants Modell ausscheiden, wie konstruiert er dann seine Vertragskonzeption? Betrachten wir zunächst fünf grundlegende Momente dieser Konstruktion:[3] [1] Kants Gesellschaftsvertrag rekonstruiert im Unterschied zum Modell John Lockes keine historisch-konkrete Einigung (vgl. *GTP*: VIII.297); sie beruht aber auf bestimmten konkreten empirischen, wenn auch invarianten Prämissen wie der Unvermeidlichkeit der Interaktion von Personen (aufgrund der Kugelgestalt der Erde). Im Unterschied zu Hobbes findet sich bei Kant keine detaillierte Schilderung des Konfliktszenarios im Naturzustand. Zugleich sind die normativen Grundlagen solche der reinen praktischen Vernunft. [2] Dennoch zielt die Kant'sche Vertragskonstruktion auf die Legitimation historisch-kontingenter und partikularer Staaten, nicht auf die Rechtfertigung eines Idealstaates oder eines Universalstaates, wie man aufgrund von [1]

3 Die wichtigsten Belegstellen für Kants Kontraktualismus sind *GTP* VIII.296 f. und 305, *RGV* VI.97, *ZeF* VIII.366 und *RL* §§ 41-43.

vermuten könnte. [3] Gemeint ist mit der Kant'schen Vertragskonzeption keine grundrechtsbasierte und keine grundrechtsetablierende Institutionalisierung, sondern einfach die Schaffung einer staatlichen Ordnung als solcher. Bereits im Naturzustand gibt es neben dem inneren auch ein äußeres Eigentumsrecht, wenn auch ‚provisorisch'; dass der Staat dieses Recht ‚peremtorisch' macht, bedeutet nur, dass er den stabileren und dichteren Rechtszustand mit sich bringt. [4] Das *exeundum* ist „unbedingte und erste Pflicht", ein „Zweck, den man haben soll" (*GTP* VIII.289) und verpflichtet *a priori.* Die den Vertrag stützende Vernunft ist somit einerseits individuell, wird also mithilfe des Zweckbegriffs aus der Perspektive des Individuums formuliert, andererseits aber ‚überindividuell', weil sie für jedes Individuum gleich ist. [5] Ähnlich verfährt Kant mit dem volitionalen Moment: Einerseits entsteht durch den Vertrag eine volitionale Selbstbindung, und so erscheint denn auch die Formel *volenti non fit iniuria* in *RL* VI.313 und in *GTP* VIII.294 f. Andererseits gibt es keinen individuellen Volitions- oder Dezisionsakt, der dem Vertrag zugrunde liegen würde. [6] Was den vertragstypischen Prozeduralismus anlangt, so kommt Kants Vertrag weder durch eine Dynamik von Willensäußerungen noch durch Handlungen interessen- oder normgeleiteter Individuen zustande; vielmehr resultiert eine konkrete Rechtsordnung aus Gewalt und Zwang, zu dem das Erlaubnisgesetz ermächtigt; der Vertrag ist kein individueller Akt, weder ein konkreter noch ein hypothetischer oder gedachter.

Wie kommt nun in Kants Vertragskonzeption Freiheit ins Spiel? Bedeutet es einen Vorteil für das Freiheitsniveau von Individuen, die Regellosigkeit des Naturzustands hinter sich zu lassen und in einen Staat einzutreten? Wäre dies Kants Gedanke, so müssten alle sozialen Einheiten, die die individuelle Freiheit erweitern oder stabilisieren, Inhalte des Vertragsarguments sein. Das ist aber nicht der Fall; das *exeundum* als Pflicht beschränkt sich darauf, einen ‚rechtlichen Zustand' herzustellen. In einer Passage aus § 41 der *Rechtslehre*, die sich kritisch gegen Gottfried Achenwall wendet, wird deutlich, dass es nicht um die mit Sozialverbänden aller Art verbundenen Freiheitsvorteile geht. Achenwall wird von Kant dafür kritisiert, den Naturzustand als Situation der Vereinzelung verstanden und so gegen einen ‚gesellschaftlichen Zustand' (*status socialis*) abgegrenzt zu haben. Achenwalls Antithese von *status naturalis* und *status artificialis* steht für die Unterscheidung zwischen einem vor-sozialen und einem sozialen Zustand. Kants Gegenüberstellung ist hingegen die zwischen einem vorstaatlichen Zustand (*status naturalis*) und einer staatlichen Rechtsordnung (*status civilis*), die er auch als ‚Gerechtigkeit' bezeichnet (dazu Brandt 1996).[4] Im vorstaatlichen Zustand kann es

---

4 *RL* VI.306,17-27: „Der nicht-rechtliche Zustand, d.i. derjenige, in welchem keine austheilende Gerechtigkeit ist, heißt der natürliche Zustand (*status naturalis*). Ihm wird nicht der *gesellschaftliche* Zustand (wie Achenwall meint), und der ein künstlicher (*status artificialis*) heißen könnte, sondern der *bürgerliche* (*status civilis*) einer unter einer distributiven Gerechtigkeit stehenden Gesellschaft entgegen gesetzt; denn es kann auch im Naturzustande rechtmäßige Gesellschaften (z.B. eheliche, väterliche, häusliche überhaupt und andere beliebige mehr) geben, von denen kein Gesetz *a priori* gilt: „Du sollst in diesen Zustand tre-

für Kant durchaus bereits Sozialverbände geben. Entscheidend für Kants *status civilis* ist jedoch, dass für ihn ein „Gesetz *a priori* gilt: ‚Du sollst in diesen Zustand treten'". Kant spricht an dieser Stelle nochmals klar aus, dass das Gebot zum Verlassen des Naturzustands für ihn eine apriorische Norm darstellt. Der Übergang vom *status naturalis* in den *status civilis* bildet eine kategorische Forderung der Vernunft. Auf andere Formen von Sozialverbänden („eheliche, väterliche, häusliche überhaupt und andere beliebige mehr" bezieht sich keine solche Forderung. Das zeigt: Es geht im Rechtszustand nicht um Freiheit als ein zu maximierendes Gut; sonst müsste sich das *exeundum* auch auf andere Sozialverbände, besonders die Familie, beziehen lassen. Kant stellt für diese privatrechtlich organisierten Verbände nicht nur keine freiheitsbezogenen Überlegungen an; sie bleiben für ihn auch völlig unabhängig von öffentlichem Recht bestehen. Es gibt für ihn somit keine durchgreifende Wirkung der staatlichen Rechtsordnung auf die familiäre Ordnung. Was wir bei Kant also nicht erwarten dürfen, ist ein Kontraktualismus in Begriffen von Freiheitssicherung oder Freiheitssteigerung. Das wird aus folgendem instruktiven Text klar (*RL* § 47, VI.315 f.):

> „Der Act, wodurch sich das Volk selbst zu einem Staat constituirt, eigentlich aber nur die Idee desselben, nach der die Rechtmäßigkeit desselben allein gedacht werden kann, ist der ursprüngliche Contract, nach welchem alle (*omnes et singuli*) im Volk ihre äußere Freiheit aufgeben, um sie als Glieder eines gemeinen Wesens, d.i. des Volks als Staat betrachtet (*universi*), sofort wieder aufzunehmen, und man kann nicht sagen: der | Mensch im Staate habe einen Theil seiner angebornen äußeren Freiheit einem Zwecke aufgeopfert, sondern er hat die wilde, gesetzlose Freiheit gänzlich verlassen, um seine Freiheit überhaupt in einer gesetzlichen Abhängigkeit, d.i. in einem rechtlichen Zustande, unvermindert wieder zu finden, weil diese Abhängigkeit aus seinem eigenen gesetzgebenden Willen entspringt."

Wir finden hier bestätigt, dass Kants Vertrag eine normative Idee ist, kein realer Akt und kein zwingendes Gedankenexperiment. Der Vertragsgedanke ist hier zweifelsfrei normativ, aber nicht so, dass er Individuen direkt bindet, sondern so, dass er eine praktische ‚Vernunftidee' formuliert, nach der die Rechtmäßigkeit eines Staats angemessen gedacht werden kann. Der Vertragsidee kommt somit eine legitimierende Funktion zu, durch die der Staat als eine Vernunftforderung erscheint. Die Individuen, so der Text weiter, geben ihre äußere, gesetzlose Freiheit auf und tauschen sie (vgl. die Ausdrücke ‚aufgeben' und ‚sofort wieder aufnehmen') unmittelbar gegen eine äquivalente gesetzliche Freiheit ein. Man beachte, dass es ausdrücklich heißt, die Freiheit sei ihrer Quantität nach ‚unvermindert'. Kant preist den Staat also gerade nicht dafür, dass er ein Mehr an Freiheit generiert, als im Naturzustand verfügbar war, und auch nicht dafür, dass die Freiheitsspielräume nunmehr staatlich garantiert sind. Nüchtern ist allein davon die Rede,

---

ten", wie es wohl vom *rechtlichen* Zustande gesagt werden kann, daß alle Menschen, die mit einander (auch unwillkürlich) in Rechtsverhältnisse kommen können, in diesen Zustand treten *sollen*."

dass man sich mit dem Staat die „Freiheit […] in einer gesetzlichen Abhängigkeit“ einhandelt. Im Staat ist der Zustand der Rechtlosigkeit zwar nach Kant vollständig aufgehoben (vgl. *RL* § 44; VI.312); aber streng anti-konsequentialistisch vermeidet der Text jeden Hinweis auf mögliche Vorteile des Zivilzustandes. Sein Punkt ist vielmehr, dass durch das Auftreten eines ‚kompetenten Richters' das Recht nunmehr nicht mehr kontrovers ist (ebd.).

Weiterhin ist zu beachten, dass der im Text gebrauchte Willensbegriff, aufgrund dessen die Abhängigkeit „aus dem eigenen gesetzgebenden Willen entspringt“, ein idealisierter und intelligibler Wille sein muss. Vom Willen des Menschen ist somit in einer Weise die Rede, die deutlich an die Autonomieformel des Kategorischen Imperativs aus der *Grundlegung* erinnert (vgl. *GMS* IV.434,12-14). Der gemeinte Einzelwille ist jedoch nach Kant immer schon Bestandteil dessen, was er als „ursprünglichen und *a priori* vereinigten Willen“ bezeichnet (*RL* VI.267). Die Selbstgesetzgebung des Einzelwillens im Feld des Politischen erweist sich mithin immer schon als deckungsgleich mit der Gesetzgebung eines Gemeinwillens. Kant greift hier auf Rousseaus *volonté générale* zurück, verleiht diesem Begriff aber eine neuartige apriorische und intelligible Bedeutung: Gemeinwille bezeichnet bei Kant die praktische Vernunft im Bereich des Politischen.[5] Um den Zusammenhang zwischen dem Willen und dem Zweck, den er anzustreben hat, besser zu verstehen, ist folgende Stelle aufschlussreich (*GTP* VIII.289,9-28):

> „Unter allen Verträgen, wodurch eine Menge von Menschen sich zu einer Gesellschaft verbindet (*pactum sociale*), ist der Vertrag der Errichtung einer bürgerlichen Verfassung unter ihnen (*pactum unionis civilis*) von so eigenthümlicher Art, daß, ob er zwar in Ansehung der Ausführung Vieles mit jedem anderen (der eben sowohl auf irgend einen beliebigen gemeinschaftlich zu befördernden Zweck gerichtet ist) gemein hat, er sich doch im Princip seiner Stiftung (*constitutionis civilis*) von allen anderen wesentlich unterscheidet. Verbindung Vieler zu irgend einem (gemeinsamen) Zwecke (den Alle haben) ist in allen Gesellschaftsverträgen anzutreffen; aber Verbindung derselben, die an sich selbst Zweck ist (den ein jeder haben soll), mithin die in einem jeden äußeren Verhältnisse der Menschen überhaupt, welche nicht umhin können in wechselseitigen Einfluß auf einander zu gerathen, unbedingte und erste Pflicht ist: eine solche ist nur in einer Gesellschaft, so fern sie sich im bürgerlichen Zustande befindet, d.i. ein gemeines Wesen ausmacht, anzutreffen. Der Zweck nun, der in solchem äußern Verhältniß an sich selbst Pflicht und selbst die oberste formale Bedingung (*conditio sine qua non*) aller übrigen äußeren Pflicht ist, ist das Recht der Menschen unter öffentlichen Zwangsgesetzen, durch welche jedem das Seine bestimmt und gegen jedes Anderen Eingriff gesichert werden kann.“

Der Text entwickelt den Gedanken einer Sonderstellung jenes Vertrages, der zur „Errichtung einer bürgerlichen Gesellschaft“ führt, im Vergleich zu anderen möglichen Kollektivverträgen, d.h. gemeinschaftlich vereinbarten Zwecksetzungen. In diesem einen Fall ist nämlich die Verbindung „an sich selbst Zweck“, und zwar

---

[5] S. dazu Brandt mit Blick auf Kants Verhältnis zu Rousseaus Gemeinwillen: „Der Kantische Wille ist jedoch praktische Vernunft […]“. Brandt, R. 2000: Der Contrat social bei Kant. In: Reinhard Brandt und Karlfriedrich Herb (Hrsg.): Jean-Jacques Rousseau. Vom Gesellschaftsvertrag oder Prinzipien des Staatsrechts (Klassiker Auslegen). Berlin, 271-294.

so, dass „ihn jeder haben soll". Die Formulierung „einen Zweck haben" klingt hier sogar nach einer Tugendpflicht; das passt gut dazu, dass diese Pflicht äußerlich nicht direkt erfüllbar ist. Menschen, die es nicht vermeiden können, miteinander zu interagieren („in wechselseitigen Einfluß auf einander zu gerathen"), sind demnach verpflichtet, in eine Rechtsordnung einzutreten. Die Rechtsordnung ist die „oberste formale Bedingung (*conditio sine qua non*) aller übrigen äußeren Pflicht"; nach Kant verbindet sich mit dem *exeundum* die Grundforderung an jeden Akteur in Bezug auf das äußere Handlungsfeld. Die These des Texts ist somit: Wer äußeres Handeln aus der Perspektive praktischer Vernunft denkt, muss es sich als Handeln innerhalb einer Rechtsordnung vorstellen.

Die Tatsache, dass das *exeundum* die elementare Forderung einer apriorischen Rechtslehre formuliert, findet sich im „Beschluss" der *Rechtslehre* in einem bemerkenswerten Text, der die moralische Normativität („das moralisch-praktische Gesetz in uns") direkt als Urheber unseres normativen Bewusstseins identifiziert (VI.354,20-25):

> „Nun spricht die moralisch-praktische Vernunft in uns ihr unwiderstehliches *Veto* aus: Es soll kein Krieg sein; weder der, welcher zwischen Mir und Dir im Naturzustande, noch zwischen uns als Staaten, die, obzwar innerlich im gesetzlichen, doch äußerlich (in Verhältniß gegen einander) im gesetzlosen Zustande sind; – denn das ist nicht die Art, wie jedermann sein Recht suchen soll."

Krieg ist ein denkbar unvernünftiger sozialer Zustand, weil er die Aufhebung aller regelförmig geordneten äußeren Handlungsspielräume bedeutet. Derselbe Gedanke erscheint in *Zum ewigen Frieden* angewandt auf den inneren wie den äußeren Friedenzustand (*ZeF* VI.354 f.):

> „Man kann sagen, daß diese allgemeine und fortdauernde Friedensstiftung nicht bloß einen Theil, sondern den ganzen Endzweck der Rechtslehre innerhalb den Grenzen der bloßen Vernunft ausmache; denn der Friedenszustand ist allein der unter Gesetzen gesicherte Zustand des Mein und Dein in einer Menge einander benachbarter Menschen, mithin die in einer Verfassung zusammen sind, deren Regel aber nicht von der Erfahrung derjenigen, die sich bisher am besten dabei befunden haben, als einer Norm für Andere, sondern die durch die Vernunft *a priori* von dem Ideal einer rechtlichen Verbindung der Menschen unter öffentlichen Gesetzen überhaupt hergenommen werden muß, weil alle Beispiele (als die nur erläutern, aber nichts beweisen können) trüglich sind, und so allerdings einer Metaphysik bedürfen, deren Nothwendigkeit diejenigen, die dieser spotten, doch unvorsichtiger Weise selbst zugestehen, wenn sie z.B., wie sie es oft thun, sagen: ‚Die beste Verfassung ist die, wo nicht die Menschen, sondern die Gesetze machthabend sind.'."

Der zugrunde liegende Gedanke ist hier, dass Krieg den vernunftwidrigsten aller sozialen Zustände bildet: nämlich den, in dem der freie Verfügungsbereich keines Akteurs relativ zu dem eines anderen gesetzmäßig gesichert ist. Vernünftig ist es dagegen, dass jedem sein Aktionsradius regelförmig gewährleistet wird. Kants gedanklicher Hintergrund ist hier geprägt von der Antithese des Vernünftigen, Notwendigen, Planvollen und Einheitlichen einerseits und des Empirischen, Kontingenten, Arbiträren, Mannigfaltigen andererseits; in der *Kritik der reinen*

Vernunft ist es diese Antithese, die den Leitfaden für die Unterscheidung der spontanen und der rezeptiven Anteile unseres Erkenntnisvermögens bildet. Eine Konsequenz hiervon ist, dass Kant auch den Bereich der physikalischen Naturgesetze als apriorisch bezeichnet.[6] Angenommen, die mechanischen Fall- oder Bewegungsgesetze Newtons ließen sich nicht auf alle beobachtbaren kinetischen Phänomene der makroskopischen Welt anwenden; vielmehr existierten Ausnahmen, z.B. solche des arbiträren Typs oder aber solche, bei denen sich Objekte nach unterschiedlichen Regeln verhalten, ohne dass sich eine übergeordnete Gesetzmäßigkeit ausmachen ließe. Müsste man die Naturwirklichkeit so beschreiben, so wäre Kants Lehre von der Einheit der Wirklichkeitserfahrung auf der Basis einer einheitlichen Vernunftleistung falsch. Die Möglichkeit einer vernunftförmigen Welterklärung wäre dann nicht mehr gegeben.

Halten wir soweit fest: Kant macht die regelförmige Koordination der äußeren Handlungsfreiheit aller Akteure zur Grundforderung einer apriorischen Rechtstheorie. Umso mehr überrascht es, dass Kant jenen Krieg für gerecht erklärt, der um des Eintritts in den Staatszustand willen geführt wird (*Refl.* 7735: XIX.593):

> „Der Satz: *exeundum est e statu naturali* bedeutet: Man kann ieden zwingen mit uns oder unserer republic in *statum civilem* zu treten. Daher der Krieg in dieser Absicht allein gerecht ist."

Irritierend ist also, dass Kant zwar das *exeundum* als ein apriorisch-objektives Gebot der Vernunft charakterisiert, gleichzeitig aber für den Weg zu seiner Realisierung, also die konkrete Staatserrichtung, an keinerlei normative Bedingungen gebunden ist. Im Gegenteil, paradoxerweise muss der Rechtszustand nach Kant gewaltsam hergestellt werden. In einer Notiz zu Achenwalls Naturrechtskompendium wird dies explizit reflektiert (*Refl.* 7734: XIX.504):

> „Der socialcontract ist nicht das *principium* der Staatserrichtung sondern der Staatsverwaltung und enthält das ideal der Gesetzgebung, Regirung und öffentlichen gerechtigkeit. Frägt man nun, welches ist das *principium obiectivum* der staatserrichtung, so antworte ich: in einer Vereinigung frey handelnder Wesen, die doch alle als den Zwangsgesetzen unterworfen betrachtet werden sollen, ist die zwingende Gewalt nothwendig ausser ihnen und es ist kein *principium obiectivum* der Staatserrichtung möglich. Vor iedem Zwangsgesetze geht die Gewalt vorher. Diese Gewalt, wo sie nicht natürlicher Weise dem beyrechnet, der

6 Gemäß Kants Sprachgebrauch können apriorische Erkenntnisse durchaus auch empirische Anteile enthalten; sie müssen keineswegs ‚rein' (nicht-empirisch) sein. Kants Analogie des moralischen Gesetzes mit Naturgesetzen beruht also darauf, dass auch letztere apriorisch erkannt werden: „Selbst die Regeln einstimmiger Erscheinungen werden nur Naturgesetze (z.B. die mechanischen) genannt, wenn man sie entweder wirklich a priori erkennt oder doch (wie bei den chemischen) annimmt, sie würden a priori aus objektiven Gründen erkannt werden, wenn unsere Einsicht tiefer ginge" (*KpV* V.26). Nach Kant ist die Natur ein Ganzes apriorischer Gesetze. Vgl. *GMS* IV.421: „Weil die Allgemeinheit des Gesetzes, wonach Wirkungen geschehen, dasjenige ausmacht, was eigentlich *Natur* im allgemeinsten Verstande (der Form nach), d.i. das Dasein der Dinge heißt, sofern es nach allgemeinen Gesetzen bestimmt ist [...]." Ähnlich *KpV* V.43: „Nun ist Natur im allgemeinen die Existenz der Dinge unter Gesetzen."

auch das Recht der Gesetzgebung hat, so kann sie gar nicht rechtlich errichtet werden. Denn weil seine Gewalt an die Bedingung gebunden ist, daß sein Wille recht sey und ihm auch nur nach Regeln des rechts solche zu theil werden soll, wer zwingt ihn darnach zu verfahren. Überdem, wer ein an sich zufälliges Recht wozu hat, muß nach einem Zwangsgesetze verbunden werden können, damit er nur durchs Recht und nicht durch willkühr seine Gewalt habe. Nun ist Aber denn keine Gewalt mehr, die ihn zwingen könne. Das recht der Gesetzgebung ist beym Volk *originarie* aber beym monarchen *derivative*. Das der Regirung kann nur derivation seyn, weil die execution zwey opponirte Persohnen voraussetzt, da keiner in Ansehung des andern *ius originarium* hat."

Es existiert nach Kant kein *principium obiectivum* der Staatserrichtung, d.h. es gibt kein Vernunftgebot, das festlegen würde, von wem und wie das *exeundum* vollzogen werden soll. Die Staatserrichtung braucht nicht moralisch korrekt vor sich zu gehen – und kann es auch gar nicht. Vielmehr muss sich die Errichtung einer staatlichen Zwangsgewalt, welche Recht durchsetzen kann, als Akt gewaltsamer Nötigung, der Usurpation, vollziehen.[7] Kant liefert dafür zunächst nur das empirische Argument, dass eine solche Zwangsgewalt anders gar nicht zustande kommen kann. Aber im Hintergrund steht der Grundsatz, dass Recht erst durch den Staat realisiert wird, also nicht schon vor seiner Errichtung bestehen kann – das Prinzip, das von Kant auch für die Zurückweisung des Widerstandsrechts gegen den Staat angeführt wird.

Was in dem letzten Zitat zusätzlich anklingt, ist Idee der Volkssouveränität. Das Recht zur Gesetzgebung liegt ursprünglich (*originarie*) beim Volk und erst abgeleiteterweise (*derivative*) bei der Regierung, dem Monarchen. In einem wichtigen Text gibt Kant explizit darüber Auskunft, weshalb er für den Zwang zum Verlassen des Naturzustands eine besondere Befugnis oder Erlaubnis vorsieht: die Rezension von Gottlieb Hufelands *Versuch über den Grundsatz des Naturrechts* (1785). In der Auseinandersetzung mit Hufeland wird deutlich, dass Kant glaubt, man dürfe keine Pflicht zum Verlassen des Naturzustands geltend machen, denn Hufeland habe korrekt auf die Redundanz hingewiesen, die dann entsteht, wenn eine Zwangserlaubnis zur Einhaltung einer Pflicht angenommen würde; bereits Hobbes habe mit Recht behauptet, dass das Erzwingen unserer Ansprüche mit einer naturrechtlichen Verpflichtung unvereinbar sei.[8] Die im *exeundum* zum

---

7 Einen zusätzlichen Beleg liefert XIX.592: „Herrschaft ist die Unterwerfung des Willens einer Person oder vieler unter die absolute Willkühr eines einzigen Willens (es mag nun seyn einer einzelnen Person oder der Vereinigung vieler). Alle Herrschaft ist *facto* vsurpirt, *iure* soll sie constitutional seyn. Denn vsurpirt ist dasjenige Recht, welches ohne ein *pactum* oder *delictum alterius* acqvirirt worden. Die Herrschaft über Menschen ist eine Sache, welche als *res iacens* eines Besitzers bedarf, weil Menschen nur in einer Gesellschaft unter Gesetzen rechtlich existiren können (dies ist der *Status* der Menschen) und sie wird als *res nullius* von dem ersten Besitznehmer occupirt. Mit der Zeit wird das *imperium* constitutional; so lange, ob es gleich nur vsurpirt ist, muß es doch respectirt werden."

8 Die Stelle findet sich in VIII.128 f. (meine Hervorhebungen): „Das Eigenthümliche des Systems unsers Verfassers [sc. Hufelands] besteht nun darin, daß er den Grund alles Naturrechts und aller Befugniß in einer vorhergehenden natürlichen Verbindlichkeit setzt, und daß der Mensch darum befugt sei andere zu zwingen, weil er hiezu (nach dem letzten Thei-

Ausdruck kommende allgemeine Pflicht impliziert für Individuen nach Kant keine konkrete Verbindlichkeit, sondern gibt ihnen nur die Erlaubnis, andere zum Verlassen des Naturzustandes zu zwingen.

Eine schöne Belegstelle für Kants Verwendung des Erlaubnisgesetzes zur Rechtfertigung von Gewalt beim *exeundum* findet sich in der Vorlesungsmitschrift *Vigilantius*. Dort charakterisiert Kant das Erlaubnisgesetz, welches Gewalt zum Ausgang aus dem Naturzustand gestattet, als eine Ausnahme von einem nur generellen (also nicht universellen) Verbotsgesetz. Dass Gewalt verboten sei, gelte nämlich dann nicht, wenn sich die Parteien im Naturzustand gegenseitig soweit aufrieben, dass ihnen die Möglichkeit zur Staatsbildung verloren gehe. Hier gelte dann ausnahmsweise Gewalt für Recht. Kant illustriert seinen Punkt anhand zweier mythischer Könige Roms: Während der Stadtgründer Romulus das Gewaltprinzip repräsentiere, stehe der Name des Numa Pompilius für die nachträgliche Verrechtlichung des zunächst erzwungenen Staates (*Vigilantius* XXVII.2.1,23-39):

> „Also contra legem prohibitivam generalem giebt es Erlaubnißgesetze als Ausnahmen, z.E. Gewalt muß nicht für Recht gehen, ist ein prohibitiv, das alsdann eine Ausnahme leidet, wenn alle Menschen in einen Zustand gesetzt sind, wo sie sich durch wechselseitigen gleichen Widerstand alles Rechts berauben würden, und die Existenz der Gesetze selbst aufheben, z.E. in statu naturali, wo Jeder in der Meinung steht, daß er die Gesetzmäßigkeit seiner Handlung vertheidige; hier reiben sie unter einander die Möglichkeit auf, in einen gesetzlichen Zustand überzugehen, und da bleibt nur die Gewalt des Stärkeren übrig; hier geht also Gewalt für Recht; – die wahrscheinliche Entstehung aller Staatsgesellschaft, wobey Herr Kant gelegentlich bemerkt, daß die Sagen vom Könige Romulus und Numa wahrscheinlich nicht historische Wahrheiten sind, sondern Fictionen. In der Idee ging man vom Romulus (welches Gewalt bedeutet) als dem natürlichen Zustande aus, trat in den gesetzmäßigen unter Numa, als welches das Gesetz bedeutet."

---

le des Grundsatzes) verbunden ist; anders, glaubt er, könne die Befugniß zum Zwange nicht erklärt werden. Ob er nun gleich die ganze Wissenschaft natürlicher Rechte auf Verbindlichkeiten gründet, so warnt er doch, darunter nicht die Verbindlichkeit anderer, unserm Rechte eine Gnüge zu leisten, zu verstehen *(Hobbes merkt schon an, daß, wo der Zwang unsere Ansprüche begleitet, keine Verbindlichkeit anderer, sich diesem Zwange zu unterwerfen, mehr gedacht werden könne). Hieraus schließt er, daß die Lehre von den Verbindlichkeiten im Naturrecht überflüssig sei und oft mißleiten könne. Hierin tritt Recensent dem Verfasser gerne bei.* Denn die Frage ist hier nur, unter welchen Bedingungen ich den Zwang ausüben könne, ohne den allgemeinen Grundsätzen des Rechts zu widerstreiten; ob der andere nach eben denselben Grundsätzen sich passiv verhalten oder reagiren dürfe, ist seine Sache zu untersuchen, so lange nämlich alles im Naturzustande betrachtet wird, denn im bürgerlichen ist dem Richterspruche, der das Recht dem einen Theil zuerkennt, jederzeit eine Verbindlichkeit des Gegners correspondirend. Auch hat diese Bemerkung im Naturrecht ihren großen Nutzen, um den eigentlichen Rechtsgrund nicht durch Einmengung ethischer Fragen zu verwirren. Allein daß die Befugniß zu zwingen sogar eine Verbindlichkeit dazu, welche uns von der Natur selbst auferlegt sei, durchaus zum Grunde | haben müsse, das scheint Recensenten nicht klar zu sein; vornehmlich weil der Grund mehr enthält, als zu jener Folge nöthig ist. Denn daraus scheint zu folgen, daß man von seinem Rechte sogar nichts nachlassen könne, wozu uns ein Zwang erlaubt ist, weil diese Erlaubniß auf einer innern Verbindlichkeit beruht, sich durchaus und mithin allenfalls mit Gewalt die uns gestrittene Vollkommenheit zu erringen."

Zusätzliches Licht auf Kants These, es gebe keine unmittelbar erfüllbare individuelle Pflicht, das *exeundum* zu vollziehen, wirft die knappe Erwähnung des prudentiellen Kontraktualismus in *Zum ewigen Frieden*. Kant bezieht den Vertragsgedanken dort bekanntlich auf ein Volk von Teufeln, von dem er sagt, es könne sich „unter Zwangsgesetze begeben", und zwar ohne moralische Gesinnungen, allein auf der Basis ihres Verstandes (*ZeF* VIII.366,15-29):

> „Das Problem der Staatserrichtung ist, so hart wie es auch klingt, selbst für ein Volk von Teufeln (wenn sie nur Verstand haben) auflösbar und lautet so: ‚Eine Menge von vernünftigen Wesen, die insgesammt allgemeine Gesetze für ihre Erhaltung verlangen, deren jedes aber insgeheim sich davon auszunehmen geneigt ist, so zu ordnen und ihre Verfassung einzurichten, daß, obgleich sie in ihren Privatgesinnungen einander entgegen streben, diese einander doch so aufhalten, daß in ihrem öffentlichen Verhalten der Erfolg eben derselbe ist, als ob sie keine solche böse Gesinnungen hätten.' Ein solches Problem muß auflöslich sein. Denn es ist nicht die moralische Besserung der Menschen, sondern nur der Mechanism der Natur, von dem die Aufgabe zu wissen verlangt, wie man ihn an Menschen benutzen könne, um den Widerstreit ihrer unfriedlichen Gesinnungen in einem Volk so zu richten, daß sie sich unter Zwangsgesetze zu begeben einander selbst nöthigen und so den Friedenszustand, in welchem Gesetze Kraft haben, herbeiführen müssen."

Negiert oder relativiert Kant damit seine eigene Variante eines auf praktische Vernunft gestützten Kontraktualismus? Nein, der prudentielle Kontraktualismus wird an dieser Stelle von Kant nicht affirmativ vertreten, sondern nur als strategisches Argument benutzt, und zwar um die Tatsache widerstrebender Privatgesinnungen der Bürger zu einem Ausgleich mit dem Bestehen des Staats zu bringen. Man kann nämlich, so meint er, die eigeninteressierte Klugheit der Menschen (insofern Menschen nämlich intelligenten Teufeln gleichen) dazu benutzen, das zu stabilisieren, wozu sie gezwungenermaßen vereinigt sind: die staatliche Ordnung. Nach Kant existiert ein Naturmechanismus, der dazu führt, dass Menschen – gerade wegen ihrer fundamentalen Eigeninteressiertheit – staatliche Ordnungen bevorzugen; ausgeführt wird dies anhand des Begriffs der ‚ungeselligen Geselligkeit' (FN vgl. *IaG* VIII.20,30).

Eine Kontroverse um diesen Text, die zwischen B. Ludwig und R. Brandt geführt wurde, betrifft die Frage, wie hier und an anderen Stellen Kants Rede vom „Mechanism der Natur" zu verstehen ist.[9] Ludwig wendet sich dagegen, die Stelle so aufzufassen, als ob die Natur die eigentlich wollende und handelnde Größe sei. Brandt deutet Kants Teufelsbeispiel als einen *bad men*-Test: Die Staatserrichtung müsse nach Kant etwas sein, das selbst prudentiell orientierten Teufeln und daher erst recht der praktischen Vernunft gelinge. Nach meiner Lesart ist hier ein

---

9 Ludwig, B. 1997: Will die Natur unwiderstehlich die Republik? Einige Reflexionen anläßlich einer rätselhaften Textpassage in Kants Friedensschrift, Teil 1. In: *Kant-Studien* 88. 218-228. Und ebd. 1998: Will die Natur unwiderstehlich die Republik? Einige Reflexionen anläßlich einer rätselhaften Textpassage in Kants Friedensschrift, Teil 2. In: *Kant-Studien* 89. 80-83. Sowie Brandt, R. 1997: Antwort auf Bernd Ludwig: Will die Natur unwiderstehlich die Republik? In: *Kant-Studien* 88. 229-237.

anderer Akzent zu setzen: Kant erklärt uns, in welchem Sinn die Natur in den Akteuren bei der Staatserrichtung aktiv ist, nämlich im Sinn unserer prudentiellen Orientierung. Die faktische Staatserrichtung, die sich durch den äußeren Zwang eines Usurpators vollzieht, beruht auf individueller Klugheit; insoweit kann sie auch Teufeln gelingen, wenn sie nur Verstand haben. Für die Frage der Staatslegitimation hat der Text keine Bedeutung; er soll vielmehr vor Augen führen, wie die Natur – durch eine Art von unsichtbarer Hand, nämlich durch das eigeninteressierte Handeln kluger Egoisten – dasselbe zustande bringt, was eine normative Perspektive ohnmächtig gebietet. Das Gedankenexperiment einer teuflischen Staatserrichtung belegt so gesehen, dass Kant nicht glaubt, das *exeundum* werde faktisch auf einem normativ korrekten Weg realisiert.

Wie also muss man Kants Rückgriff auf den Kontraktualismus deuten? Hat er diesen nicht wirklich ernst genommen? Gelegentlich kann man die Meinung finden, Kant habe den Kontraktualismus entweder gar nicht ernsthaft verteidigt oder doch theoriegeschichtlich an ein Ende geführt.[10] An dieser Auffassung ist sicher einiges richtig. Während in der klassischen Vertragstheorie der Staat als ein wünschenswerter Zustand beschrieben wird, in dem bestimmte Interessen von Individuen stabilisiert werden oder bestimmte Rechte gewährleistet sind, lässt Kant die individuelle Interessenperspektive normativ gänzlich beiseite. Der Eintritt in den bürgerlichen Zustand ist für ihn ein Gebot der Vernunft; geschaffen wird nicht eine vorteilhafte soziale Situation, geschaffen wird vielmehr eine Ordnung, in der äußere Handlungsspielräume regelförmig miteinander koordiniert sind, so dass jeder seine Zustimmung zu ihnen geben könnte. In dieser Abkehr vom Interessenstandpunkt liegt der Grund, weswegen Kant sein *exeundum* nicht unmittelbar auf das innere Freiheitsrecht bezieht. Ein direkter Bezug würde implizieren, dass die Sicherstellung von Freiheit die legitimierende Größe für Staatlichkeit bildet. Diesen Eindruck will Kant aber vermeiden. Staatlichkeit ist für ihn *eo ipso* legitim, indem sie einen Rechtszustand hervorbringt. Der Sozialkontrakt bei Kant skizziert mithin eine Alternative zum gütertheoretischen Konsequentialismus Lockes. Und er entwickelt die Idee einer Rechtsetablierung, ohne auf vorhergehende Rechte zurückzugreifen. Kants Vertragskonzeption steht somit gewissermaßen in der Mitte zwischen normativem Rationalismus und normativem Individualismus. Die praktische Vernunft verlangt von uns, den Naturzustand zu verlassen und den Zustand aufzusuchen, in dem ein Gemeinwille besteht. Rousseaus begriffliches Modell ist hier grundsätzlich gewahrt, aber in eine Vernunftkonzeption des Rechts transformiert.

---

[10] Dies meinen u.a. Herb, K.; Ludwig, B. 1993: Naturzustand, Eigentum und Staat – Immanuel Kants Relativierung des ‚Ideal des Hobbes'. In: *Kant-Studien* 83. 283-316 sowie Kersting, W. 1994: Die politische Philosophie des Gesellschaftsvertrags. Darmstadt. Vgl. O'Neill: „[…] Kant has in fact moved away from the basic insights of other versions of the social contract tradition to a different type of justification, to which neither actual nor hypothetical consent is fundamental." O'Neill, Onora 2012: Kant and the Social Contract Tradition. In: Ellis, Elisabeth (Hrsg.): Kant's Political Theory. Pennsylvania, 25-41.

Siglen der Werke Kants

ApH	Anthropologie in pragmatischer Hinsicht (VII 117-334, 1798)
GMS	Grundlegung zur Metaphysik der Sitten (IV 385-463, 1785)
GTP	Über den Gemeinspruch: Das mag in der Theorie richtig sein, taugt aber nicht für die Praxis (VIII.273-313, 1793)
IaG	Idee zu einer allgemeinen Geschichte in weltbürgerlicher Absicht (VIII 15-32, 1784)
MS	Die Metaphysik der Sitten (VI 203-493, 1797)
Refl.	Reflexionen (XIX 1-660, Moralphilosophie, Rechtsphilosophie und Religionsphilosophie)
RGV	Die Religion innerhalb der Grenzen der bloßen Vernunft (VI 1-202, 1793)
RL	Die Metaphysik der Sitten. Erster Teil. Metaphysische Anfangsgründe der Rechtslehre (VI 203-372, 1797)
SdF	Der Streit der Facultäten (VII 1-116, 1798)
Vigilantius	Vorlesung über Metaphysik der Sitten (XXVII.2.1.475-732, Nachschrift Vigilantius 1793-94)
ZeF	Zum ewigen Frieden (VIII.341-386, 1795)

Literatur

Adam, A. [2]2002: *Despotie der Vernunft? Hobbes, Rousseau, Kant, Hegel*, Freiburg; München.

Dent, N.J.H. 1988: *Rousseau: An Introduction to his Psychological, Social and Political Theory*, Oxford.

- 2005: *Rousseau*, London.

Gauthier, D. 2006: *Rousseau: The Sentiment of Existence*, Cambridge.

Herb, K. 1999: *Bürgerliche Freiheit. Politische Philosophie von Hobbes bis Constant*, Freiburg; München.

Kulenkampff, J. 2008: Über die Rolle des ursprünglichen Vertrages in *Über den Gemeinspriuch: Das mag in der Theorie richtig sein, taugt aber nicht für die Praxis*, in: Jahrbuch für Recht und Ethik 16.

Masters, R.D. 1968: *The Political Philosophy of Rousseau*, Princeton.

Pinzani, A. 2009: *An den Wurzeln moderner Demokratie. Bürger und Staat in der Neuzeit*, Berlin.

Wokler, R. 1995: *Rousseau*, Oxford.

Wenn Rousseau über Jean-Jacques urteilt: Die Analogie als Fundamental-Theorie der Moderne

Volker Ladenthin

Rousseaus Werk hat in seiner Rezeptionsgeschichte – zu nennen wären Kant *und* Engels; Dilthey *und* Cassirer; Fetscher *und* Derrida – eine vielfältige, nicht selten widersprüchliche Rezeption erfahren. Oft schien es mehr Stichwortgeber für eigene Vorhaben denn Anlass zur Positionierung eines Fremden zu sein, so dass sich der Leser an ihm abzuarbeiten hätte. Dies betrifft nicht erst die Rezeption im Philanthropismus oder aber – in letzter Zeit gut erforscht – in der Reformpädagogik,[1] sondern auch die politische oder philosophische Rezeption.

Der folgende Aufsatz versucht diese Beobachtung zu erklären, indem er im Werk Rousseaus selbst den Grund für die Rezeptionsgeschichte herauszufinden sucht – einen guten Grund, so viel sei vorhergesagt. Rousseau bricht mit einer Auffassung, nach der der Tradition eine Autorität zukäme, so dass sich allerdings die Frage stellt, wozu denn überhaupt Literatur und Geschichte, das Buch oder „Der Andere" notwendig wären. Rousseau reflektiert diesen paradoxen Bruch, der die Tradition ebenso braucht wie verwirft, und entwickelt ein eigenes Verfahren, das für ihn universale Gültigkeit hat: Die Analogie. *Ich möchte zeigen, dass Rousseau in der Analogie die letztbegründbare, vielleicht sogar die einzige universelle Theorie einer Epoche (unserer Epoche) formuliert.* In der Analogie kristallisiert sich heraus, was wir Moderne nennen können. Die Analogie ist demnach nicht ein rhetorisches oder gar stilistisches Mittel, sondern jene Denkform, die die Eigenart der Moderne, „Emanzipation zu etwas" zu sein, in ein lehrbares Verfahren übersetzt – und damit erneut eine paradoxe Situation generiert: Wie kann das Nicht-Lehrbare gelehrt werden?

Ich werde zuerst zeigen, wie Rousseau mit der Analogie die Paradoxie einer Literaturgattung löst, die das voraussetzen muss, was sie doch erst generieren will: Die Paradoxie der Autobiographie.[2] Die Autobiographie wird dabei verstanden als erkenntnistheoretische „Fundamentalgattung", d.h. eine literarische Gattung, die von ihrem „Kunstwollen" (G. Lukács) auf ein Problem stößt, das sie als Gattung unmöglich machen müsste.

Nach einer kurzen Erklärung der Funktionsweise einer Analogie werde ich zeigen, wie Analogie und Mimesis zueinander stehen und warum die Analogie das Allgemeine, das sie voraussetzt, nicht benennen darf.

---

1 Grell, Frithjof 1996: Der Rousseau der Reformpädagogen. Studien zur pädagogischen Rousseaurezeption. Würzburg.

2 Damit generiert Rousseau die Analogie aus der Autobiographie, an anderer Stelle habe ich gezeigt, wie Rousseau die Analogie aus der Sprachetheorie generiert: Ladenthin, Volker 2012: J.-J. Rousseaus sprachtheoretische Begründung moderner pädagogischer Interaktion. In: Pädagogische Rundschau 66 (2012), 339-354.

Schließlich ist – dies ist der Kürze der Darstellung geschuldet – an einigen Beispielen zu zeigen, wie Rousseau die Analogie in zentralen Arbeitsbereichen modernen Denkens problemlösend einsetzt.

1. Wo das Denken ansetzt

Die Autobiographie ist nicht nur eine moderne Gattung, sie ist eine Gattung, die mit dem ersten Wort zum erkenntnistheoretischen Problem und damit Prüfstein werden kann. Erweist sich an dem zufälligen Einzelfall eines sich „sich-selbstversichernden Ichs" nicht zwingend die ganze nur denkbare Welt? Bahnt also „die Höllenfahrt des Selbsterkenntnisses (...) den Weg zur Vergötterung"?[3] Oder ist eben dies die Blasphemie der Moderne (der Mensch wird sein eigener Gott), und ist dies nicht zugleich seine epochale Selbsttäuschung (Menschenmaß sei Maß schlechthin), sodass mit der Verabschiedung Gottes auch der Mensch verabschiedet wurde? Schauen wir uns die Einzelheiten an:

Ganz offensichtlich hängt die Konjunktur der Autobiographie mit der Entdeckung der Subjektivität,[4] dem Begriff des Individuums[5] und jenem der sozialen oder psychischen Identität zusammen[6] – Konzepte freilich aus unterschiedlichen Wissenschaften,[7] die vielleicht gar nicht zueinander passen.[8]

Wenn die Autobiographie als Gattung verstanden wird, in der sich ein sich seiner selbst bewusstes Ich erinnert, sich seiner selbst vergewissert, Rechenschaft ablegt, wird vorausgesetzt, dass dieses Ich dies auch *kann*, dass es sich seiner selbst bewusst werden *kann*, so wie es andere Dinge wahrnimmt. Aber *kann* das Denken sich selbst betrachten, in *Distanz* zu sich selbst setzen – oder bleibt es nicht immer *eigenes* Denken, das sich darin täuscht, es würde etwas *anderes* betrachten, etwas Fremdes – so, als wäre es möglich, das eigene Denken zugleich in Distanz und in Identität zu sehen? Wenn „das Denken [...] Reden mit sich selbst"[9] wäre, dann wäre damit doch jenes Paradox akut, das Stefan Zweig in seiner Schachnovelle

---

3 Kant, Immanuel 1797: Die Metaphysik der Sitten. In: Weischedel, Wilhelm (Hrsg.) 1983: Immanuel Kant. Werke in zehn Bänden. Bd. 7. Darmstadt, 309-634. Hier 576. (=A 104).

4 Vgl. Ritter, Joachim 1974: Subjektivität. Sechs Aufsätze. Frankfurt.

5 Vgl. Geyer, Paul 2007: Die Entdeckung des modernen Subjekts. Anthropologie von Descartes bis Rousseau. Würzburg.

6 Vgl. die Differenzierungen bei: Frost, Ursula 1994: Identität und Bildung. In: Fell, Margret u.a. (Hrsg.) 1994: Erziehung. Bildung. Recht. Beiträge zu einem interdisziplinären und interkulturellen Dialog (= Festschr. Eggers). Berlin, 218ff.

7 So sind die soziologische und die psychologische Theorie nur zu addieren, nicht zu integrieren: Vgl. Krappmann, Lothar 1969: Soziologische Dimensionen der Identität. Stuttgart. Ebenso vgl. Erikson, Erik H. 1966: Identität und Lebenszyklus. Frankfurt/M..

8 Breinbauer, Ines M.1987: Identität – Ziel von Bildung? In: Breinbauer, Ines M.; Langer, Michael (Hrsg.) 1987: Gefährdung der Bildung – Gefährdung des Menschen. Festschrift für Marian Heitger zum 60. Geb.. Wien-Köln-Granz, 225-232.

9 Kant, Immanuel 1798: Anthropologie in pragmatischer Hinsicht. In: Weischedel, Wilhelm (Hrsg.) 1983: Immanuel Kant. Werke in zehn Bänden. Bd. 10. Darmstadt, 397-690. Hier 500.

vorgestellt hat: Der Gefangene in Isolationshaft muss feststellen, dass er nicht mit sich selbst Schach spielen kann. Denn das andere Ich weiß immer schon, was das eine Ich will.[10] Es ist beim Denken „Angeklagter" und „Richter" in einer Person, eine, wie Kant es nennt, „ungereimte Vorstellungsart":[11] Wie denn spricht der Richter des einen Ichs den Angeklagten im selben Ich an? Wie vermeidet der Richter, dass der Angeklagte alles Recht bekommt? Würde die Herrschaft des Angeklagten nicht zu jenem „Selbstbetrug" führen, als den Max Frisch das Denken, d.h. die stets *nachträgliche* Rechtfertigung, bezeichnet.[12] Ist das, was der Angeklagte will, schon gut – nur weil er es will? Ist das, was der Richter sagt, schon richtig, nur weil es nachträglich ausgesprochen wurde? Oder setzt er sich in Szene? Setzt er den Angeklagten in Szene? Erkundet das richtende Ich den oft eigenartigen, auf den ersten Blick unverständlichen Lebensweg des angeklagten Ichs durch Rückgriff auf die Lebensgeschichte, um etwas Neues zu entdecken? Aber was? Ist die Rückschau von größerer Wahrheit als die Unmittelbarkeit – oder sind es zwei Wahrheiten, die gelebte und die reflektierte? Aber welche gilt dann? Kann etwas Ein-maliges (wie das Leben) zweifach sein? Löst sich alles in Interpretation auf – und wäre es dann gleichgültig, wie man es auflöste? Wäre das Leben dann immer nur Täuschung, Ideologie, falsches Bewusstsein? Wer schreibt die Autobiographie? Wie verhält er sich zu dem, über den er die Autobiographie schreibt?

Manche Autobiographie hebt folgendermaßen an: „Ich beginne ein Unternehmen…".[13] Oder so: „Ich bin in Genf im Jahre 1712 als Sohn eines Bürgers Isaac Rousseau und der Bürgerin Suzanne Bernard geboren".[14]

Und sogleich stutzt man: „Ich"? Wer ist dieses „Ich"? Dieses erste Wort einer Autobiographie setzt voraus, was sie erst noch zeigen will: Jenes Ich. Ist es ein leibliches Ich – wieso weiß der Leib von sich? Ist es ein soziologisches Ich, dann ist es kein Ich, sondern nur eine konstruierte, gar statistische Größe. Ist es ein psychologisches Ich, dann ist es zerlegt, erklärt und bestimmt, bevor es sich zusammensetzen und erklären und bestimmen kann. Es ist nur Beispiel für ein längst festgemauertes Allgemeines. Unnötig also.[15]

---

[10] Vgl. Zweig, Stefan 1943: Schachnovelle. Stockholm.

[11] Kant 1797, 573.

[12] „Während unser Denken meistens nur eine nachträgliche Rechtfertigung ist; nicht das Lenkende, sondern das Geschleppte." Frisch, Max 1970 [1950]: Tagebuch 1946-1949. Frankfurt/M., 286.

[13] Rousseau, Jean-Jacques 1768ffa: Die Bekenntnisse. In: Rousseau, Jean-Jacques 1978: Die Bekenntnisse. Die Träumereien des einsamen Spaziergängers, übers. von Alfred Semereau (durchgesehen von Dietrich Leube) und Dietrich Leube, mit (…) einer Einführung von Jean Starobinski sowie einem Nachwort und Anm. v. Christoph Kunze. München, 5ff. 1. Satz. Ebenso Vgl. Rousseau, Jean-Jacques 1768ffb: Les confessions. In: Gagnebin, Bernard;Raymond, Marcel (Hrsg.) 1959: Jean-Jacques Rousseau, Œuvres complètes. Bd. I. Paris, 1ff.

[14] Rousseau 1768ffa, 9.

[15] Ein Problem, das übrigens auch der Gattung Biographie schwer zu schaffen macht: Was genau beschreibt eigentlich die Biographie? Setzt sie nicht das, was sie erkunden will, als längst begriffen voraus, wenn sie begrifflich, wissenschaftlich ist? Verliert sie das Allgemei-

Wer ist dieses Ich, das schreibt? Und wieso kann es behaupten, dass es *identisch* ist mit jenem, das da vor vielen Jahren geboren wurde (es sieht anders aus, es denkt anders, es lebt anders)? Aus der Erinnerung weiß man es nicht: Niemand erinnert sich an die eigene Geburt. Das Ich ist immer gewordenes Ich, wobei fraglich ist, ob es Gesetze des Werdens gibt[16] oder das Ich sich selbst macht, ob es „Werk seiner selbst“[17] ist: Im ersten Falle wäre es kein Ich, im zweiten würde das Unfertige das Fertige machen – wie soll das gehen? Und wie kann man aus der Rückschau jenes Ich beschreiben, das handeln musste, ohne die Zukunft (also die Zeit des Aufschreibens) zu kennen? Und wieso ergibt eine Abfolge von Geschehnissen eine Lebens*geschichte*, wieso ist das Nacheinander von Tagen narrativ, also in einer Sinn erheischenden Erzählung oder auch nur Prosa einzuholen?[18]

Es geht in einer Autobiographie aus gattungstheoretischer Sicht letztlich um mehr als um Identität, um Individualität oder um Subjektivität: Es geht um die Frage, wie wir erkennen. Die Autobiographie ist die Chance, die *Bedingung der Möglichkeit von Erkenntnis* dort zu prüfen, wo ihr erster und letzter Ort ist: im Einzelnen. Im Einzelnen allein sei eben das ganze nur Denkbare zu erfahren: „Die Höllenfahrt des Selbsterkenntnisses bahnt den Weg zur Vergötterung“[19]? Der Einzelne ist es, der das Ganze denkt. Ist diese Hölle ein sicherer Ort, um das Absolute zu erkennen? Aber gibt es einen anderen? Ist jenes „Erkenne Dich selbst!“[20] nicht jene letzte Möglichkeit, auf die wir immer, in allen Fragen zurückgeworfen sind? Muss nicht jede Erkenntnis mit dem verbunden gedacht werden, der sie gedacht[21]

---

ne nicht in der Fiktion, wenn sie sich literarisch nähert? Vgl. dazu ausführlicher – am Beispiel der Hitler-Biographien –: Ladenthin, Volker 2005: Geschichte oder Geschichten? Die ästhetische Konzeption der Befragungsbände Walter Kempowskis. In: Damiano, Carla A.; Drews, Jörg; Plöschberger, Doris (Hrsg.) 2005: ‚Was das nun wieder soll?‘ Von Im Block bis Letzte Grüße. Zu Werk und Leben Walter Kempowskis. Göttingen, 115-136.

16 „Es besteht also eine gewisse Kontinuität zwischen der Intelligenz und den rein biologischen Prozessen der Formbildung und der Anpassung an das Milieu.“ Piaget, Jean 1992 (1959): Das Erwachen der Intelligenz beim Kinde. Einführung von Hans Aebli. Aus dem Französischen von Bernhard Seiler. München, 13.

17 Pestalozzi, Johann Heinrich 1797: Meine Nachforschungen über den Gang der Natur in der Entwicklung des Menschengeschlechts. In: Roth, Heinrich (Hrsg.) 1976: Pestalozzi, Johann Heinrich: Texte für die Gegenwart. B.1: Menschenbildung und Menschenbild. Zug., 6-98. Hier 91.

18 Czucka, Eckehard 1992: Emphatische Prosa. Das Problem der Wirklichkeit der Ereignisse in der Literatur des 19. Jahrhunderts. Sprachkritische Interpretationen zu Goethe, Alexander von Humboldt, Stifter und anderen. Stuttgart.

19 Kant 1797, 576.

20 Tränkle, Hermann 1985: Gnothi seauton. Zu Ursprung und Deutungsgeschichte des delphischen Spruchs. In: Würzburger Jahrbücher für die Altertumswissenschaft. Neue Folge 11. Würzburg, 19–31.

21 „Das: Ich denke muß alle meine Vorstellungen begleiten können; denn sonst würde etwas in mir vorgestellt werden, was gar nicht gedacht werden könnte, welches eben so viel heißt, als die Vorstellung würde entweder unmöglich, oder wenigstens für mich nichts sein.“ Kant, Immanuel 1787 (1781): Kritik der reinen Vernunft. Zit. nach der „Zweyten hin und wieder verbesserten Auflage“, Riga (Hartknoch) 1787. §16, B 131f. Kant, Immanuel: Kritik

und ausgesprochen[22] hat – und ist sie daher *zuallererst* von dieser Perspektive aus zu betrachten – nicht als Aussage *über* etwas, sondern als Aussage *von* jemandem? Als Sage?[23] Was ist die Bedingung der Möglichkeit, damit wir das, was wir angesichts unserer selbst meinen, als Erkenntnis qualifizieren können? Und: Lässt sich die Unterscheidung zwischen Meinung und Erkenntnis rechtfertigen, ohne selbst dem Verdacht zu verfallen, sie sei nur Meinung, keinesfalls aber Erkenntnis?

Die Autobiographie löst diese Probleme nicht; sie stellt sie. Sie schafft diese Probleme mit existenzieller Radikalität. (Deswegen kann sie auch nur eine moderne Gattung sein.) Das empirische Subjekt ist zugleich und unabweisbar immer auch transzendentales Subjekt. Sonst wüsste es von sich nicht.

Die Erforschung der *Bedingung der Möglichkeit von Erkenntnis* könnte in der Autobiographie nun als Suche nach dem *Anfang* der Erkenntnis dargestellt werden: Rousseau hat in seiner ersten Autobiographie einen Weg beschrieben, wie er das Problem des letzten Grundes, die Suche nach der Bedingung der Möglichkeit allen Erkennens, durch die Suche nach dem Anfang der Erkenntnis zu lösen unternahm. Die Bestimmung der Bedingung der Möglichkeit als Suche nach dem zeitlichen Anfang (Historie):

> „Meine falsche Vorstellung von den Dingen überzeugte mich, dass man, um ein Buch mit Nutzen zu lesen, alle Kenntnisse haben müsse, die es voraussetzt, ohne dass der Gedanke in mir aufkam, dass der Verfasser sie selbst oft nicht einmal hat und sie je nach Bedarf aus anderen Büchern schöpft. Durch diese närrische Vorstellung wurde ich jeden Augenblick aufgehalten, genötigt, ständig von einem Buch zum anderen zu laufen, und manchmal hätte ich, ehe ich bis zur zehnten Seite des Buches gekommen war, das ich studieren wollte, Bibliotheken erschöpfen müssen. Indes blieb ich so hartnäckig bei dieser wunderlichen Methode, daß ich eine unendliche Zeit verlor und mir den Kopf so verwirrt hätte, daß ich nichts mehr sehen und verstehen konnte. Glücklicherweise bemerkte ich, daß ich einen falschen Weg einschlug, der mich in ein unermeßliches Labyrinth hineinführte, und ich floh aus ihm, ehe ich mich ganz drin verloren hatte."[24]

der reinen Vernunft. (Vorrede zur zweiten Auflage). In: Weischedel, Wilhelm (Hrsg.) 1983: Immanuel Kant. Werke in zehn Bänden. Bd. III, Darmstadt, 136.

22 Liebrucks, Bruno 1968: Sprache und Bewußtsein: Zwei Revolutionen der Denkungsart. 1. Die erste Revolution der Denkart: Kant: Kritik der reinen Vernunft. Frankfurt/M..

23 Heidegger, Martin 2007: Unterwegs zur Sprache. Klett-Cotta, Stuttgart, 14. A..? Vgl. dazu meine Interpretation: Ladenthin, Volker 1999: Gespräch und Sprache. In: Frost, Ursula (Hrsg.) 1999: Das Ende der Gesprächskultur. Zur Bedeutung des Gesprächs für den Bildungsprozeß, Münster (Münstersche Gespräche zu Themen der wissenschaftlichen Pädagogik: Heft 15), 28-72.

24 Rousseau 1768ffa, 232f. „La fausse idée que j'avais des choses me persuadoit que pour lire un livre avec fruit il falloit avoir toutes les connoissances qu'il supposoit, bien éloigné de penser que souvent l'auteur ne les avoit pas lui-même, et qu'il les puisoit dans d'autres livres à mesure qu'il en avoit besoin. Avec cette folle idée j'étois arrêté à chaque instant, forcé de courir incessamment d'un livre à l'autre et quelquefois avant d'être à la dixiéme page de celui que je voulois étudier il m'eut fallu epuiser des bibliotheques. Cependant je m'obstinai si bien à cette extravagante méthode que j'y perdis un tems infini, et faillis à me brouiller la tête au point de ne pouvoir plus ni rien voir ni rien savoir. Heureusement je m'apperçus

Die Verwechselung von Geltung mit Genese, Rousseau bemerkt sie am eigenen Leben.

Mit der Suche nach der Geschichte des Wissens wird man nicht Meinung von Wahrheit unterscheiden können. Und so verfährt Rousseau beim Erstellen seiner Bücher auch anders als beim Leben seines Lebens. Er traut den Büchern nicht. Sie irren alle. Er schreibt selbst keine Bücher.[25] Jedenfalls *eigentlich*. Er schreibt gar nicht, wenn er ‚schreibt'. Die „Bekenntnisse" sind von Rousseau nie in den Druck gegeben, sondern nur vorgelesen (also gesprochen) worden. Ich „diktierte [...] von meinem Bett aus meine nächtliche Arbeit, und dieses Verfahren, das ich lange beibehielt, hat mir viel gerettet, *was ich sonst vergessen hätte.*"[26]

Das Vorwort zu den Confessiones beginnt frappierend: „Dies ist das einzige Bild eines Menschen."[27] Bild? Wieso ist ein Buch ein Bild? Nun mag man Metaphern auch als Bilder, als Sprachbilder bezeichnen, aber Menschen sind keine Bilder – allenfalls im Porträt. Das aber ist gemalt, nicht geschrieben. Lassen wir uns auf die Metapher einmal ein: Die Bekenntnisse sind kein Buch, sondern ein Bild. Wie ist mit ihm umzugehen?

> „Wer Sie auch sind (…) zerstören Sie nicht ein einzigartiges und nützliches Werk, das als erstes Vergleichsstück beim Studium der Menschen dienen kann, einem Studium, welches erst beginnen muss".[28]

Das Studium muss erst noch beginnen. Ein Begriff vom Menschen wird gerade nicht vorausgesetzt. Der Begriff „Mensch" wird gerade nicht als biologischer, als soziologischer, als psychologischer Begriff vorausgesetzt. Denn eine solche Voraussetzung wäre unredlich bei der Frage danach, was – voraussetzungslos betrachtet – ein Mensch ist. Das erzählende Ich kann sich nicht voraussetzen, ohne einer grausamen Tautologie zu verfallen. Das Bild des Ichs ist also gar nicht der Gegenstand, sondern nur Anlass, den Gegenstand erst noch zu denken. Das Bild des Ichs dient als „Vergleichsstück". Und derjenige, der denkt, ist nicht derjenige, der es aufgeschrieben hat – es sei denn, er wird zugleich Sprechender wie Hörender. Und dies wechselseitig. Der eine Erzähler liefert nur ein Bild. Zu einem Ver-

---

que j'enfilois une fausse route qui m'égaroit dans un labirinthe immense, et j'en sortis avant d'y être tout-à- fait perdu." Ebenso Rousseau 1768ffb, 1ff. Hier: O.C.I, 234.

25 Vgl. Ladenthin, Volker 2012: Jean-Jacques Rousseau: Die Geschichte vom Letzten Buch. Aufgeschrieben und mit einem Nachwort über das Sprachdenken Rousseaus ergänzt. Würzburg.

26 Rousseau 1768ffa, 347., Hervorheb. v. mir, V.L.. „A son arrivée je lui dictois de mon lit mon travail de la nuit, et cette pratique, que j'ai longtemps suivie m'a sauvé bien des oublis." Rousseau (1768ffb). O.C.I, 352.

27 Rousseau 1768ffa, 7 u. 9 (= Vorwort und erster Satz), Hervorheb. v. mir, V.L.. „Voici le seul portrait d'homme, peint exactement d'après nature et dans toute sa vérité, qui existe et qui probablement existera jamais. (...) Je forme une entreprise qui n'eut jamais d'éxemple, et dont l'exécution n'aura point d'imitateur." Rousseau 1768ffb. O.C.I, 3, 5.

28 Rousseau (1768ffa), 8.

gleichsstück wird es, wenn der Leser es betrachtet und so „zum Schiedsrichter über das Geschick wird.“ [29]

Rousseau will in seiner Autobiographie gerade *nicht* voraussetzen, was er erst noch zeigen will: Ich bin. Ich bin ich. Vielmehr liefert seine Autobiographie die *Voraussetzung* für etwas, dessen Geltung erst noch zu beweisen wäre: Der Begriff des Menschen. „Ich will meinesgleichen einen Menschen zeigen“ (hier wieder die optische Metapher). Ein Ich zeigt ein Ich. Aber welches Ich ist es, das da zeigt? Und welches wird gezeigt? Rousseau wird diese Frage in seiner späteren Autobiographie aufnehmen und nun zu Ende gedacht formulieren: Der Titel der Autobiographie lautet: „Rousseau richtet über Jean-Jacques“. Das ist schon das ganze Programm. Es ist aber zugleich „Das Ganze“. Rousseau will „sagen, mit welchen Augen ich, wenn ich ein anderer gewesen wäre, einen solchen Menschen, wie ich bin, betrachtet hätte.“[30]

Zwei Stimmen sind da. Ihre Aussagen sind notiert. Nichts wird beschrieben, *es wurde aufgeschrieben, was jemand sagt.* Denn das Erstaunliche dieser Autobiographie ist, dass sie nicht erzählt, sondern einen Dialog widergibt. Man liest zwei Stimmen. Kein Buch entsteht. Die Stimmen wechseln sich ab, Sprechender und Hörender. Und die erste beginnt mit dem Hörensagen: „Welch unglaubliche Dinge habe ich gehört ...“[31]

Das wäre doch einmal ein Anfang: Das, was wir hören (die Sage) – das zu leugnen uns schwer fällt (weil wir den Zweifel ja auch wieder hören ... nur hören...). Ebenso, wie es uns schwer fällt, ein Bild zu leugnen, das wir sehen – weil jemand *zeigen* müsste, dass es *kein* Bild gibt: Man kann nicht zeigen, dass etwas nicht da ist. Er kann das bezweifelte Bild nur durch ein neues Bild ersetzen. Ein Nicht-Bild gibt es nicht. Eine Meinung kann man nicht bezweifeln, ohne seinen Zweifel als Meinung zu äußern. Wer das Hörensagen bezweifelt, sagt etwas zum Hören. Wer die Sage bezweifelt, sagt etwas.

Alle Erkenntnis hebt mit der Erfahrung an – und zwar mit der Erfahrung des Hörensagens, des Sehens, des Sprechens. Aber Erkenntnis entspringt nicht aus der Erfahrung: Da muss etwas zur Erfahrung hinzukommen.[32] Man hört etwas,

---

29 Ebd.

30 Rousseau, Jean-Jacques 1772/1780: Rousseau richtet über Jean-Jacques. In: Ritter, Henning (Hrsg.) 1978: Jean-Jacques Rousseau, Schriften, Band II. München-Wien, 253ff, hier 260; Ebenso Rousseau, Jean-Jacques 1772: Rousseau juge de Jean Jaques. In: Gagnebin u. Raymond 1959, 657ff. Hier 665:
„que je disse de quel œil, si j'étois un autre, je verrois un homme tel que je suis.“

31 Rousseau 1772/1780, 262; Rousseau 1772 657ff.: „Quelles incroyables choses je viens d'apprendre“, O.C. I, 667.

32 Kant 1787 (1781), 45: „Daß alle unsere Erkenntnis mit der Erfahrung anfange, daran ist gar kein Zweifel; denn wodurch sollte das Erkenntnisvermögen sonst zur Ausübung erweckt werden, geschähe es nicht durch Gegenstände, die unsere Sinne rühren und teils von selbst Vorstellungen bewirken, teils unsere Verstandestätigkeit in Bewegung bringen, diese zu vergleichen, sie zu verknüpfen oder zu trennen, und so den rohen Stoff sinnlicher Eindrücke zu einer Erkenntnis der Gegenstände zu verarbeiten, die Erfahrung heißt? Der Zeit nach

man sieht etwas. Da sprechen zwei. Und das, was der eine sagt, entspricht, entspricht nicht oder widerspricht dem, was der andere sagt. Aber damit entsteht etwas Gemeinsames zwischen dem, der es sagt und dem, der das Gesagte womöglich leugnet. Das Gemeinsame ist konstituiert. Der Anfang ist gefunden.

2. Die Autobiographie als Erkenntniskritik

Die autobiographischen Schriften Rousseaus sind eigentlich keine „Erinnerungen", Lebensbeichten, auch keine erste, frühe Psychologie (vor der wissenschaftlichen Psychologie), kein Lebensbericht; sie sind nicht authentisch.[33] Sondern sie *beginnen* mit der Konstruktion dessen, was vom Hörensagen her „Mensch" genannt wird. Es sind Erkenntnistheorien in der Prüfungssituation. Die Autobiographien Rousseaus sind Konstruktionen. Sie beschreiben nicht das Konstrukt – sondern sie konstruieren etwas, das bei Beginn noch nicht bekannt ist. Es sind offene, nicht-teleologische,[34] unabschließbare Konstruktionen (immerhin schreibt Rousseau mindestens drei große Autobiographien!). Das erzählte Konstruieren will weder einen Einzelfall beschreiben noch allgemein deklarieren, was der Mensch ist. Es ist kein Beleg für biologische, soziologische oder psychologische Voraussetzungen – auch nicht für deren Dekonstruktion. Denn dann wäre die Autobiographie immer noch abhängig.

Es gibt keinen „Allgemeinen Menschen", der beschreibbar wäre. Das Sprechende fordert den Rezipienten heraus, sich in Bezug zum Gesagten zu setzen und so zu reflektieren, was zwischen Sage 1 und Sage 2, was zwischen Text und Leser gemein ist. Diese jeweiligen Gemeinsamkeiten bestimmen das, um was es geht. Der Sinn entsteht *zwischen* dem Geschriebenen. *Der Sinn lässt sich nicht in einem Buch festhalten*. Nicht der Autor hat das Buch vollendet, sondern das Buch entsteht erst in der Lektüre des Lesers. Die Lektüre wird vom rezeptiven Akt zum kreativen Akt. *Lesen heißt, eine Sache selbst erst noch zu denken*. Der Dialog wird zur Voraussetzung der Möglichkeit, etwas aus sich selbst entstehen zu lassen.

Die Genese der Erkenntnistheorie soll hier nicht in ihren Einzelheiten verfolgt werden.[35] Rousseaus Einstieg in die Erkenntnistheorie lässt sich an weiteren sensiblen Textstellen aufzeigen.

Im *Emile* heißt es:

---

geht also keine Erkenntnis in uns vor der Erfahrung vorher, und mit dieser fängt alle an. Wenn aber gleich alle unsere Erkenntnis mit der Erfahrung anhebt, so entspringt sie darum doch nicht eben alle aus der Erfahrung."

33 Vgl. die Beiträge zur empirischen Kritik bei Ursula Reitemeyer in diesem Band.

34 Vgl. Ladenthin, Volker 1999: Telos und Erzählung. Zur Konstruktion des Bildungsgangs in den autobiographischen ‚Bekenntnissen von Augustinus und Rousseau'. In: Zeitschrift für Erziehungswissenschaft 2 (1999). Wiesbaden, 343-359.

35 Vgl. ausführlich: Ladenthin, Volker 1996: Sprachkritische Pädagogik. Beispiele in systematischer Absicht, Bd. 1: Rousseau – mit Ausblick auf Thomasius. Sailer und Humboldt. Weinheim.

„Ich befragte die Philosophen, blätterte in ihren Büchern, überprüfte ihre verschiedenen Ansichten; ich fand sie alle hochmütig, apodiktisch, dogmatisch, sogar in ihrem vorgegebenen Skeptizismus, alles wissend und nichts beweisend (...). *Aber wer bin ich? mit welchem Recht entscheide ich über die Dinge? und was entscheidet über meine Urteile?* [...] Ich existiere und habe Sinne, durch die ich affiziert werde. Das ist die erste Wahrheit, die mich beeindruckt und die ich gezwungen bin anzuerkennen. [...] Dann denke ich über die Gegenstände meiner Empfindungen nach, und da ich in mir Fähigkeit entdecke, sie untereinander zu vergleichen, fühle ich mich mit einer aktiven Kraft begabt, die ich vorher an mir nicht kannte. Wahrnehmen ist empfinden; vergleichen heißt Urteilen; urteilen und empfinden ist nicht das gleiche. Durch die Empfindung bieten sich mir die Gegenstände getrennt, isoliert, so wie sie in der Natur sind; durch den Vergleich setze ich sie in Bewegung [!!!], rücke ich sie sozusagen vom Platz, lege die einen über die anderen, um über ihre Unterschiedlichkeit oder Gleichartigkeit und, ganz allgemein, über alle ihre Beziehungen untereinander zu entscheiden."[36]

Erkenntnis entspringt für Rousseaus aus dem Vergleich des *offen Sichtlichen*, des Geoffenbarten. Wer *nichts* weiß, kann nichts lernen. Wenn es *nur* Ungewissheiten gibt, gibt es nicht einmal die. Diese Widersprüche kann er nicht zulassen.

Das Offensichtliche ist aber nur Anlass, nicht Ergebnis von Erkenntnis. Ergebnis der Erkenntnis ist das, was sich aus dem Vergleich des Offensichtlichen mit einem anderen Offensichtlichen denken lässt. Eben dies kann man als Analogie bezeichnen.

Meine These ist nun, dass Rousseaus Gesamtwerk analogisch konzipiert ist, in einem doppelten Sinne. Er sieht in der Analogie das Prinzip der Moderne – und er deklariert dieses nicht, sondern legt sein Werk an als Schriften, die sich erst im analogischen Verständnis erschließen. Sie geben weder Beispiele noch Prinzipien. Sie sind die Basis für Analogieschlüsse, die erst vom Leser vollzogen werden. Rousseau erschließt sich also nicht hermeneutisch, sondern analogisch.

36 Rousseau, Jean-Jacques 1762a: Emile oder Über die Erziehung. Hrsg., eingel. u. mit Anm. vers. v. Martin Rang. Unter Mitarb. des Hrsg. aus dem Franz. v. Eleonore Sckommodau 1970. Stuttgart, 549, 552 u. 553f. Rechtschreibung nach Original: Rousseau, Jean-Jacques 1762b: Émile ou de l'éducation. In:Gagnebin, Bernard; Raymond, Marcel (Hrsg.) 1969: Jean-Jacques Rousseau, Oeuvres complètes. Bd. IV. Paris, 239ff. Hier 568ff.: „Je consultai les philosophes, je feuilletai leurs livres, j'éxaminai leurs diverses opinions. Je les trouvai tous fiers, affirmatifs, dogmatiques, même dans leur scepticisme prétendu, n'ignorant rien, ne prouvant rien (...). Mais qui suis-je? Quel droit ai-je de juger les choses, et qu'est-ce qui détermine mes jugemens? (...) J'existe et j'ai des sens par lesquels je suis affecté. Voilá la prémiére vérité qui me frape, et à laquelle je suis forcé d'acquiescer. (...) Ensuite, je réfléchis sur les objets de mes sensations, et trouvant en moi la faculté de les comparer, je me sens doüé d'une force active que je ne savois pas avoir auparavant. Appercevoir, c'est sentir; comparer, c'est juger: juger et sentir ne sont pas la meme chose. Par la sensation, les objets s'offrent à moi séparés, isolés, tels qu'ils sont dans la nature; par la comparaison, je les remüe, je les transporte, pour ainsi dire, je les pose l'un sur l'autre pour prononcer sur leur différence ou sur leur similitude, et généralement sur tous leurs raports."

3. *Die Analogie*

Eine Analogie besteht bekanntlich[37] aus drei Teilen: den beiden „Analogaten" (Analogat 1 und Analogat 2) und dem „Tertium comparationis".[38] Das „Primum Analogatum" (Kluxen) oder „das Vergleichende"[39] (Kayser) kann man auch als „Basis" bezeichnen, weil es einen bekannten, mithin bestimmten Gegenstand oder Sachverhalt enthält, der zur festen Grundlage des Analogieschlusses wird. Das „Secundum Analogatum" (Kluxen) oder „das Verglichene" (Kayser) kann als „das Interrogatum" bezeichnet werden, weil es dasjenige ist, was im Analogieschluss erst noch bestimmt werden soll, wonach also gefragt ist. Das Gemeinsame zwischen Basis und Interrogatum (also zwischen den beiden Analogaten (Kluxen) oder zwischen dem Vergleichenden und dem Verglichenen (Kayser)) ist das „Tertium comparationis", weil es, wie bei Vergleich oder Metapher, dasjenige angibt, worin beide Analogate vergleichbar sind. Alle drei Teile zusammen – also Basis, Interrogatum und Tertium comparationis – ergeben „die Analogie".

Die Analogie unterscheidet sich von der Nachahmung dadurch, dass in der Analogie Basis und Erfragtes nicht einander identisch gemacht werden, sondern, unter Beibehaltung ihrer Differenz, je neu auf mögliche Gemeinsamkeit hin befragt werden.

In der Nachahmung gibt der nachahmende Teil seine Identität auf und ordnet sich dem Vorbild unter. Das Erfragte wird zur Kopie der Basis: Der falsche Gebrauch der Analogie ist die Imitation, also der Versuch, so sein zu wollen, wie der andere ist. Dieser Versuch bedeutet, „sich selbst zu entfremden" und dabei sich selbst auszulöschen:

> „Der erste Nachteil in großen Städten ist, daß die Menschen dort zu andern Geschöpfen werden, als sie eigentlich sind."[40]

Der ein Vorbild Nachahmende lebe nicht mehr sein Leben, sondern er lebt ein anderes Leben nach. Wer nun Bücher auf diese nachahmende, identifizierende Art liest, wird *sich* in ihnen verlieren. Er wird sich selbst verlieren. Bildung,

---

37 Vgl. Darge, Rolf 2011: Art.: Analogie. In: Neues Handbuch philosophischer Grundbegriffe. Bd. I. Freiburg-München, 101-112.

38 Vgl. dazu Kluxen, Wolfgang 1971 Art.: Analogie. In: Historisches Wörterbuch der Philosophie. Bd. I. Basel-Stuttgart, Sp. 224.

39 Kayser, Wolfgang 1976: Das sprachliche Kunstwerk. 17. Aufl., Bern-München, 123.

40 Rousseau, Jean- Jacques 1988: Julie oder die neue Héloïse, übersetzt von Dietrich Leube, München, 280f. Weil das Nachahmen die falsche Tätigkeit ist und die Aufforderung hierzu keine Erziehung, ist die „Große Stadt", in der nur nachgeahmt wird (denn dort gibt es Bibliotheken, in denen Bücher stehen, die zum Nachahmen (und nicht zum Erschaffen) auffordern), nicht der Ort (wohl aber das Bewährungsfeld) der Erziehung. „C'est le premier inconvénient des grandes villes que les hommes y deviennent autres que ce qu'ils sont, (...)." Rousseau, Jean Jacques 1761: Julie, ou La Nouvelle Héloïse. In: Gagnebin, Bernard; Raymond, Marcel (Hrsg.) 1961: Jean-Jacques Rousseau, Œuvres complètes, Bd. II. Paris, 273.

Studium, Wissenschaft, Kunst können also nicht im Lesen und Nachahmen von Büchern bestehen.

4. Die Analogie als Fundamentaltheorie der Moderne – Beispiele

Rousseau hat die Abkehr von der Geschichte als Nachahmung der Vorgeschichte explizit anlässlich der Historie beschrieben:

> „An der Art, wie man die jungen Menschen historische Studien treiben läßt, sehe ich, daß man sie sozusagen in alle die Persönlichkeiten, die sie vor Augen haben, zu verwandeln sucht, (...). Diese Methode hat gewisse Vorteile, die ich nicht verkennen will. Was aber meinen Emile betrifft, käme es bei diesen Parallelen auch nur ein einziges Mal vor, daß er lieber ein anderer sein möchte als er selbst, und sei der andere Sokrates oder Cato, dann wäre alles umsonst gewesen – wer anfängt, sich selbst zu entfremden, wird sich selbst bald gänzlich vergessen.“[41]

Damit ist aber der Grundstein für eine völlig neue Pädagogik gelegt. Lernen ist nicht Nachahmen, nicht Adaptieren, nicht Sozialisation, nicht Enkulturation, nicht Aneignung; und Lehren ist nicht Informieren, Vermitteln, Zeigen. Die gesamte Pädagogik musste neu entfaltet werden. Lehren wird verstanden als Aufforderung an den Schüler, sich selbst zu belehren – in allen Disziplinen übrigens:

> „Unbestreitbar erwirbt man viel klarere und sicherere Begriffe von den Dingen, die man sich auf diese Weise *selbst* beibringt, als von denen, deren Kenntnis man von anderen übernahm. [Außerdem] (...) wird man selbst viel scharfsinniger im Entdecken von Beziehungen, von Ideen-Verbindungen, im Erfinden von Instrumenten – viel gewitzter, als wenn wir, alles akzeptierend, was man uns darbietet, unseren Geist im Sichgehenlassen erschlaffen ließen. (...) Bei so vielen bewunderungswürdigen Methoden, das Studium der Wissenschaften abzukürzen, brauchten wir wirklich jemanden, der eine hätte, die es uns erschwerte.“[42]

---

41 Rousseau 1762a, 502 f., Hervorheb. v. Rousseau. „Songez qu'aussi-tôt que l'amour-propre est developé le moi rélatif se met en jeu sans cesse, et que jamais le jeune homme n'observe les autres sans revenir sur lui-même et se comparer avec eux. [...] Je vois à la maniére dont on fait lire l'histoire aux jeunes gens qu'on les transforme, pour ainsi dire, dans tous les personages qu'ils voyent; [...]. Cette méthode a certains avantages dont je ne disconviens pas; mais quant à mon Emile, s'il arrive une seule fois dans ces paralléles qu'il aime mieux être un autre que lui, cet autre fut-il Socrate, fut-il Caton, tout est manqué; celui qui commence à se rendre étranger a lui-même ne tarde pas à s'oublier tout-à-fait.“ Rousseau 1762b, O.C.IV, 534f.

42 Rousseau 1762a, 373: „Sans contredit on prend des notions bien plus claires et bien plus sures des choses qu'on apprend ainsi de soi-même que de celles qu'on tient des enseignemens d'autrui, et outre qu'on n'accoutume point sa raison à se soumettre servilement à l'autorité l'on se rend plus ingénieux à trouver des rapports, à lier des idées, à inventer des instrumens que quand, adoptant tout cela tel qu'on nous le donne nous laissons affaisser nôtre esprit dans la nonchalance, comme le corps d'un homme qui toujours habillé, chaussé, servi par ses gens et traîné par ses chevaux perd à la fin la force et l'usage de ses membres. [...]; parmi tant d'admirables methodes pour abréger l'étude des sciences, nous

> „Ich selbst maße mir gar nicht an, Emile Geometrie beibringen zu wollen; *er wird sie mir beibringen,* ich werde die Proportionen suchen, und er wird sie finden; denn ich werde sie auf die Weise suchen, die ihn sie finden läßt."[43]

Bildung findet als jene paradoxe *Situation* statt, in der der eine einen anderen Menschen anerkennt, ohne ihm gleich zu werden. Die nachwachsende Generation darf sich also weder der bestehenden Gesellschaft anpassen, noch sie ablehnen. Beides wäre Affirmation. Die Bildung, die sich eine der Alternativen zum Ziel nähme, würde entweder die Gesellschaft oder das Individuum verfehlen. Anpassung an die Gesellschaft wäre Sozialisation. Ignoranz der Gesellschaft wäre Lebensuntauglichkeit. Genau in dem Spannungsfeld zwischen Fremdheit und Imitation findet statt, was Rousseau als Bildung beschreibt:

> „Wenn es im Leben einen günstigen Augenblick für dieses Studium gibt, dann ist es der, den ich für Emile gewählt habe: früher wären die Menschen ihm fremd gewesen, später wäre er ihnen ähnlich geworden."[44]

Alle Lehre muss scheitern – aber ohne Lehre gäbe es keine bleibende Humanität, keine Geschichte. Neue Wissenschaft entsteht nicht durch Nachahmung der alten, aber auch nicht ohne Auseinandersetzung mit ihr. Rousseau hat dies epigrammatisch in die Forderung gefasst, dass der Lehrende die Lernenden ‚als seinesgleichen' behandeln soll, „damit sie es werden."

Aber diese spontane Selbsttätigkeit kommt nicht ohne einen anderen in Gang, entsteht vielmehr erst im Blick auf einen anderen. Der Blick auf den anderen erkennt zugleich den anderen „als ein fühlendes, denkendes und *ihm gleichendes* Wesen".[45] Erst diese Voraussetzung macht Erziehung möglich; ebenso Sprache, Sittlichkeit und Kunst. Moderne Kultur kann sich nur vermitteln, wenn sie zugleich führend wie gleich ist. Eine wunderbare Paradoxie.

Die Differenz zwischen Analogie und Imitation hat Bedeutung für den praktisch, also moralisch Handelnden: Beruht etwa das moralische Urteil allein auf

aurions grand besoin que quelqu'un nous en donnât une pour les apprendre avec effort." Rousseau 1762b, O.C.IV., 442.

43 Rousseau 1762a, 315., Hervorheb. v. mir, V.L. „Pour moi je ne prétends point apprendre la geométrie à Emile, c'est lui qui me l'apprendra; je [...] chercherai de maniére à les lui faire trouver." Rousseau 1762b, O.C.IV, 399.

44 Rousseau 1762a, 504: „Que faudroit-il donc pour bien observer les hommes? [...] S'il est dans la vie un moment favorable à cette étude, c'est celui que j'ai choisi pour Emile; plus tôt ils lui eussent été étrangers, plus tard il leur eut été semblable." Rousseau 1762b, O.C.IV, 536.

45 Rousseau, Jean-Jacques entst. 1753: Versuch über den Ursprung der Sprachen, in dem von der Melodie und der musikalischen Nachahmung die Rede ist (übers. v. Hanns Zischler). In: Rousseau, Jean-Jacques 1981: Sozialphilosophische und Politische Schriften. Erstübertragungen von Eckhart Koch (u.a.) (...), München, 163ff. Hier 165, Hervorheb. v. mir, V.L. „Sitot qu'un homme fut reconnu par un autre pour un [ê]tre sentant pensant et semblable à lui, le desir ou le besoin de lui communiquer ses sentimens et ses pensées lui en fit chercher les moyens." Rousseau, Jean-Jacques entst. 1753 1969: Essai sur l'origine des langues ou il est parlé de la mélodie et de l'imitation musicale, hrsg. v. Charles Porset. Paris o.J., 27.

einer selbstbestimmten Entscheidung, um überhaupt als solches gelten zu können, würde die Nachahmung eines Vorbildes (und die Aufforderung zu ihr) die moralische Intention zerstören: das Gute, das nur nachgeahmt und *deswegen* vollzogen wird, weil man nachahmt, entwertet sich selbst:

> „Ich weiß, daß alle durch Nachahmung erworbenen Tugenden nur Tugenden von Affen sind und daß jegliche gute Tat nur dann eine moralisch gute Tat ist, wenn man sie als solche tut und nicht, weil andere desgleichen tun."[46]

Eine materiale Ethik darf es also nicht mehr geben.

In Unterscheidung zur Imitation ist analoges Verhalten zu bestimmen als eine Übertragung der klaren Basis auf die fragliche Handlung. Diese Übertragung fordert Distanz zur Basis und die Reflexion auf das, was denn übertragen werden soll. Rousseau gibt ein Beispiel hierfür:

> „Da im übrigen Emile nicht König ist und ich nicht Gott bin, kümmert es uns wenig, es Telemach und Mentor in dem Guten, was sie den Menschen taten, nicht nachtun zu können: niemand weiß besser als wir, auf seinem Platz zu bleiben und wünscht weniger, über ihn hinaus zu gehen. Wir wissen, *daß alle die gleiche Aufgabe* haben."[47]

Analoges Handeln besteht nicht darin, etwas nachzumachen oder andere Menschen nachzuahmen, sondern darin, die in der Basis formulierte Lösung als Aufgabe zu verstehen. Zwischen Basis und Erfragtem muss es demnach etwas Gemeinsames geben. Denn nur dann kann man auch sicher sein, „daß alle die gleiche Aufgabe" haben.

5. Die Sprachen als letztes Paradigma

Im Gegensatz zur Imitation setzt die Analogie ein paradoxes Verhältnis von Fremdheit und Gleichheit voraus, das wir auch bei den Sprach*en* betrachten können. Dies hat Rousseaus in seinem Essay über den Ursprung der Sprachen am Beispiel der Schriftsprache deutlich gemacht. Bezogen auf den Übergang von der gesprochenen zur verschriftlichten Sprache schreibt Rousseau, dass „die Schrift, die die Sprache scheinbar festlegen soll, [...] genau das [ist], was sie verändert. [...] [S]ie ersetzt die Ausdruckskraft durch die Genauigkeit".[48]

---

46 Rousseau 1762a, 234: „Je sais que toutes ces vertus par imitation sont des vertus de singe, et que nulle bonne action n'ést moralement bonne que quand on la fait comme telle et non parce que d'autres la font." Rousseau 1762b, O.C.IV, 339.

47 Rousseau 1762a, 929., Hervorheb. v. mir, V.L. „Au reste, Emile n'étant pas Roi ni moi Dieu, nous ne nous tourmentons point de ne pouvoir imiter Télémaque et Mentor dans le bien qu'ils faisoient aux hommes: persone ne sait mieux que nous se tenir à sa place et ne desire moins d'en sortir. Nous savons que la même tâche est donnée à tous." Rousseau 1762b, O.C.IV, 849.

48 Rousseau entst. 1753, 178., Hervorheb. v. mir, V.L. „L'écriture, qui semble devoir fixer la langue est précisément ce qui l'altére; [...] elle substitue l'exactitude à l'expression." Rousseau entst. 1753 1969, 67.

Keine Sprache ist ganz in eine andere zu übersetzen, und doch verstehen wir alles Sprechen nur durch Übersetzung des Fremden in die eigene Sprache: Ein Paradox, das erst durch die Theorie der Analogie gelöst wird.

6. *Die nichtteleologische Deutung der Analogie*

Rousseau betont in seiner Theorie der Analogie nun, dass das Tertium comparationis einer Analogie nicht nur nicht formuliert werden *soll*, sondern (in der Moderne) auch gar nicht formuliert werden *kann*. Das Tertium comparationis kann in einer sinnvollen und intentionalen Anwendung der Analogie nicht angegeben werden, weil es unendlich viele Möglichkeiten seiner Artikulation gibt – die immer nur vorläufig sind. Der Prozess, *alle* möglichen Korrelationen zwischen Basis und Erfragtem herzustellen, ist unüberschaubar, ja er ist prinzipiell offen, weil er unvorhersehbar ist. Man nennt diesen Prozess „Geschichte".

Würde jemand das Tertium comparationis einer Analogie angeben, so würde die Analogie ihrer wesentlichen Funktion beraubt, nämlich zu prinzipiell unendlich vielen unvorhersehbaren Situationen korrelierbar zu sein. Eine Analogie lebt gerade davon, dass ihre Anwendung nicht vorherbestimmt ist. Wenn es aber prinzipiell offen (jedoch nicht *beliebig*) ist, welches Tertium comparationis zwischen Basis und Interrogatum der Verstehende / Applizierende herstellt, ist die theoriekorrekt eingesetzte Analogie das Medium einer offen-intentionalen und handlungsbezogenen Form intersubjektiver Kommunikation. Es geht immer um die Bildung des Subjekts.

Suggeriert ein Terminus Abgeschlossenheit und Abschluss, weil er fixiert wurde („Die Pädagogik", „Die Relativitätstheorie"), fordert die Analogie als Spannung zwischen Einzelnem und Allgemeinem zur permanenten Arbeit am Allgemeinen auf.

In der Analogie entsteht so eine Konzeption von universaler Geltung: *Die Analogie versucht dem Anspruch des Allgemeinen gerecht zu werden, ohne es im Terminus aufzubewahren.*

Terminologisches Sprechen ist für Rousseau vormodern. Termini lassen sich nicht bildend lehren; sie werden allenfalls kopiert. Terminologisches Sprechen präsentiert zwar auch Beispiele, diese aber lediglich als Illustration des Allgemeinen. Und damit sind Beispiele letztlich überflüssig, lächerlich, etwas für Kinder oder Uneinsichtige. Keinesfalls aber Gegenstand der Philosophie, der Wissenschaft.[49]

Rousseau dreht es um: Nur oder *erst* das Beispiel ist Wissenschaft. Alles andere ist Scholastik, Vorkurs, Propädeutik, Hilfsmittelkunde, Technik, Anwendung, Handwerk, also statisch, geschichtslos, zukunftslos, rückwärtsgewandt, nicht und nie bildend.

---

[49] Vgl. Buck, Günther 1989: Lernen und Erfahrung – Epagogik. Zum Begriff der didaktischen Induktion., 3. erweiterte Aufl.: Darmstadt.

Modern kann man nicht bildend sprechen, indem man Termini definiert. Modern kann man nicht erklären, was Literatur,[50] was sittlich,[51] was ein gerechter Staat, was Philosophie[52] ist, indem man die geschichtlich sich ereignenden Vorgänge definiert (d.h. systematisch lehrt):[53] Moderne Literatur z. B. ist ja gerade das, was sich dem (bestehenden) Terminus entzieht.[54] Moderne Literatur ist stets Bruch mit der Terminologie – und daher Skandal.[55] Philosophie ist Überschreiten[56] (der Termini), Fabulieren.[57] (Ist alles andere Philosophiegeschichte?)

„Die Methode, alle Termini zu definieren und unentwegt die Definition an die Stelle des Definierten zu setzen, ist schön, aber undurchführbar, denn wie soll man dabei den circulus vitiosus vermeiden? Definitionen wären gut und schön, *wenn man keine Worte brauchte*, um sie zu geben. Trotzdem bin ich überzeugt, daß man, selbst bei der Armut unserer Sprache, klar sein kann, freilich nicht dadurch, daß man denselben Worten stets dieselbe Bedeutung gibt, sondern indem man so verfährt, daß sooft man ein Wort braucht, der Sinn, den man ihm beilegt, jeweils hinreichend durch die Ideen des Kontextes bestimmt ist, und der Abschnitt, in dem dieses Wort vorkommt, ihm sozusagen als Definition dient. [...] Ich glaube nicht, daß ich mir damit in den Ideen widerspreche, kann aber nicht leugnen, daß ich es oft in meinen Ausdrücken tue."[58]

---

50 Vgl. Ruhloff, Jörg: Ist Kunst lehrbar? Kunstlehre in der Renaissance und ihre Infragestellung durch Kant. In: Fuchs, Birgitta; Koch, Lutz (Hrsg.) 2010: Ästhetik und Bildung. Würzburg, 21-44.

51 Vgl. Adorno, Theodor W. 1976: Minima Moralia. Reflexionen aus dem beschädigten Leben. Frankfurt/M., 12.: „Der spezifische Ansatz der Minimal Moralia" ist „eben der Versuch, Momente der gemeinsamen Philosophie von subjektiver Erfahrung her darzustellen…".

52 Vgl. Bloch, Ernst 1969: Spuren. Frankfurt/M., 16.: „Kurz, es ist gut, auch fabelnd zu denken".

53 Vgl. Blumenberg, Hans 1998: Begriffe in Geschichten. Frankfurt/M., 8.: „Seither ahnte ich wenigstens, wie Begriffe entstehen".

54 Ich kann – im Rahmen dieses Textes – den Gedanken nicht entfalten und verweise daher auf einen weiteren Text, in dem ich das hier angesprochene historisch-systematisch entfalte. Vgl. Ladenthin, Volker 2011: Kann man ästhetische Urteilskraft lehren? Grundsätzliche Überlegungen am Beispiel der Literatur. In: Neuhaus, Stefan; Ruf, Oliver (Hrsg.) 2011: Perspektiven der Literaturvermittlung. Innsbruck-Wien-Bozen, 27-37. Vgl. auch die nächste Fußnote.

55 Ich verweise noch einmal auf einen meiner Texte, in dem ich das hier kurz Angesprochene weiter ausdifferenziere: Ladenthin, Volker 2007: Literatur als Skandal. In: Neuhaus, Stefan; Holzner, Johann (Hrsg.) 2007: Literatur als Skandal. Fälle-Funktionen-Folgen. Göttingen, 19-28.

56 Vgl. Bloch, Ernst 1985: Das Prinzip Hoffnung . Frankfurt/M., 4.: „Das Noch-Nicht-Bewußte, Noch-Nicht-Gewordene, obwohl es den Sinn aller Menschen und den Horizont allen Seins erfüllt, ist nicht einmal als Wort, geschweige als Begriff durchgedrungen. Dies blühende Fragengebiet liegt in der bisherigen Philosophie fast sprachlos da".

57 Schapp, Wilhelm 1981: Philosophie der Geschichten. Leer, Rautenberg. 2. durchgesehene Aufl.: Klostermann, Frankfurt/M.

58 Rousseau 1762a, 242: Hervorheb. v. mir, V.L. „La méthode de définir tous les termes et de substituer sans cesse la définition à la place du défini est belle mais impraticable, car comment éviter le cercle? Les définitions pourroient être bonnes si l'on n'employoit pas des mots pour les faire. Malgré cela, je suis persuadé qu'on peut être clair, même dans la pauvreté de nôtre langue; non pas en donnant toujours les mêmes acceptions aux mêmes mots, mais en faisant en sorte, autant de fois qu'on employe chaque mot, que l'acception qu'on lui donne soit suffisament déterminée par les idées qui s'y rapportent, et que chaque

Terminologisches Sprechen ist nach dieser Theorie nicht deutlicher als die Normalsprache. Es gibt keine Ruhe des Denkens im Terminus. Da es keine materiale Ethik geben kann und darf, muss Sittlichkeit anders begründet werden – analogisch: Sittlichkeit entsteht, wenn der eine sich als Basis einer Analogie zum anderen deutet und sich so verhält, wie er sich als der andere verhalten würde – gerade die Ethik ist Analogie, diese ist das „Prinzip" aller Ethik:

> „Wenn aber die Kraft einer expansiven Seele mich eins werden läßt mit meinem Mitmenschen und ich mich sozusagen in ihm fühle, dann will ich nicht, daß er leidet, weil ich nicht leiden will; ich interessiere mich aus Liebe zu mir selbst für ihn, und der Grund für dieses Gebot liegt in der Natur selbst, die mir das Verlangen nach eigenem Wohlsein eingibt, wo auch immer ich mich existieren fühle. Daraus schließe ich, daß es nicht richtig ist, daß die Gebote des Naturgesetzes sich allein auf die Vernunft gründen; sie haben eine festere und sicherere Basis. Die aus der Selbstliebe kommende Menschenliebe ist das Prinzip der menschlichen Gerechtigkeit."[59]

Es gibt auch kein Ich, das über sich abschließend schreiben könnte. *Wir sind nicht wer.* Wir werden immerzu. Wir bilden uns, immerzu. Ein Ich bildet sich, indem es spricht. Mit jedem Sprechen bildet es sich weiter – ohne dass zu bestimmen wäre, wer jenes „Ich" ist, von dem die Rede ist. Das Ich ist liquide, das Schreiben einer Autobiographie verändert das, was die Autobiographie schreibt. Indem das Ich sich fragt, wer es ist, ist es nicht mehr das, das sich gefragt hat. Im Sprechen hört es etwas, was es mit anderem vergleicht. Aus diesem Vergleichen blitzt im Moment Allgemeines auf. Das Allgemeine wird vorausgesetzt – ereignet sich aber nicht.

> „So bin ich denn allein auf dieser Erde, habe keinen Bruder mehr, keinen Nächsten, keinen Freund, keine Gesellschaft außer mir selbst. Der geselligste und liebevollste unter den Sterblichen ist von seinen Mitmenschen einmütig geächtet worden. In ihrem scharfsichtigen Haß haben sie geforscht, welche Qual meinem gefühlvollen Herzen die grausamste wäre, und sie haben gewaltsam alle Bande zerrissen, die mich an sie knüpfen. [...] Von nun an sind sie mir denn Fremdlinge, Unbekannte, kurz: sie bedeuten mir nichts, denn sie wollten es so. Aber ich, losgerissen von ihnen und von der ganzen Welt, was bin ich selbst? Dies ist es, was mir noch zu untersuchen übrig bleibt."[60]

---

période où ce mot se trouve lui serve, pour ainsi dire, de défintion; [...] je ne crois pas en cela me contredire dans mes idées, mais je ne puis disconvenir que je ne me contredise souvent dans mes expressions." Rousseau 1762b, O.C.IV, 345.

59 Rousseau 1762a, 486 (Anm.),: Hervorheb. v. mir, V.L. „Mais quand la force d'une ame expansive m'identifie avec mon semblable et que je me sens pour ainsi dire en lui, c'est pour ne pas souffrir que je ne veux pas qu'il souffre; je m'interesse à lui pour l'amour de moi, et la raison du précepte est dans la Nature elle-même, qui m'inspire le desir de mon bien-être en quelque lieu que je me sente exister. D'où je conclus qu'il n'est pas vrai que les préceptes de la loi naturelle soient fondés sur la raison seule; ils ont une base plus solide et plus sûre.L'amour des hommes dérivé de l'amour de soi est le principe de la justice humaine." Rousseau 1762b, O.C.IV, 523.

60 Rousseau, Jean-Jacques 1978 (1776fa): Die Träumereien des einsamen Spaziergängers, übers. v. Dietrich Leube (...). München, 649. Rousseau, Jean-Jacques (1776fb): Les rêveries du promeneur solitaire. In: Bernard Gagnebin; Marcel Raymond 1959, 993ff. Hier 995: „Me voici donc seul sur la terre, n'ayant plus de frere, de prochain, d'ami, de societé que

Und dieses Ich verändert sich *„unaufhörlich"*:

> „Die Meditation in der Einsamkeit [...] drängen einen Einsamen, sich *unaufhörlich* zu dem Urheber der Dinge aufzuschwingen und [...] dem Ursprung aller seiner Empfindungen [...] nachzuspüren."[61]

Niemand in der Moderne ist legitimiert, die Analogien zu regeln:

> „Sind nicht alle Bücher von Menschen geschrieben worden? Wie könnte also der Mensch ihrer bedürfen, um seine Pflichten zu erkennen? Und welche Möglichkeiten, sie zu erkennen, hatte er, bevor diese Bücher geschrieben waren? Entweder lernt er seine Pflichten aus sich selbst, oder er braucht sie nicht zu wissen."[62]

Die Legitimation selbst müsste ja analogisch sein. Es gibt keine zeitlose Verwaltung der Legitimationen. Aber es ist auch nicht alles relativ. Alles ist nur Basis für Analogien. Wer die Analogien regeln will, übt Herrschaft aus, Gewalt. Er braucht die anderen dann nicht:

> „Als man den Kalifen Omar fragte, was man mit der Bibliothek von Alexandria machen solle, soll er in folgenden Worten geantwortet haben: Wenn die Bücher dieser Bibliothek Dinge enthalten, die im Widerspruch zum Koran stehen, sind sie schlecht und man muß sie verbrennen. Wenn sie nicht mehr als die Lehre des Koran enthalten, soll man sie gleichfalls verbrennen, denn (dann) sind sie überflüssig."[63]

Die falsche Applikation der Analogie bestände in der Formulierung der Regel, nach der die Analogie in diskursives, situationsunabhängiges Sprechen aufgelöst würde.

---

moi-même. Le plus sociable et le plus aimant des humains en a été proscrit par un accord unanime. Ils ont cherché dans les rafinemens de leur haine quel tourment pouvoit être le plus cruel à mon ame sensible, et ils ont brisé violemment tous des liens qui m'attachoient à eux. [...] Les voila donc étramgers, inconnus, nuls enfin pour moi puis qu'ils l'ont voulu. Mais moi, détaché d'eux et de tout, que suis-je moi-même? Voila ce qui me reste à chercher".

61 Rousseau, Jean-Jacques 1776fa: Träumereien eines einsamen Spaziergängers, In: Ritter, Henning (Hrsg.) 1978: Jean-Jacques Rousseau, Schriften. Bd. II. München-Wien, 637ff. Hier 662: Hervorheb. v. mir, V.L. „La méditation dans la retraite, l'étude de la nature, la contemplation de l'univers forcent un solitaire à s'elancer incessament vers l'auteur des choses et à chercher avec une douce inquietude la fin de tout ce qu'il voit et la cause de tout ce qu'il sent." Rousseau 1776fb, O.C.I, 1014.

62 Rousseau 1762a, 619: Hervorheb. v. mir, V.L. „Tous les livres n'ont-ils pas été écrits par des hommes? Comment donc l'homme en auroit-il besoin pour conoitre ses devoirs et quels moyens avoit-il de les connoitre avant que ces livres fussent faits? Ou il apprendra ces devoirs de lui-même ou il est dispensé de les savoir." Rousseau 1762b, O.C.IV, 620.

63 Rousseau, Jean-Jacques 1750: Abhandlung über die Frage: hat der Wiederaufstieg der Wissenschaften und Künste zur Läuterung der Sitten beigetragen? In: Weigand, Kurt (eingel., übers. und hrsg.) 1971: Jean-Jacques Rousseau, Schriften zur Kulturkritik. Über Kunst und Wissensachaft (1750). 2. erw. und durchges. Aufl.: Hamburg, 1ff. Hier 53: „On dit que le calife Omar, consulté sur ce qu'il fallait faire de la bibliothèque d'Alexandrie, répondit en ces termes: Si les livres de cette bibliothèque contiennent des choses opposées à l'Alcoran, ils sont mauvais, et il faut les brûlez-les encore, ils sont superflus." Rousseau, Jean-Jacques: Discours sur les sciences et les arts. In: Weigand, Kurt (Hrsg.) 1971, 52.

Die Formulierung eines Lehrsatzes (der Moral, der Regel, des Tertium comparationis), nach der die Analogie zu applizieren und zu verstehen wäre, hieße: Herrschaft ausüben über den, der selbständig zu verstehen sucht.

Indem in der modernen Analogie das Allgemeine verweigert wird, verweigert sie sich der Möglichkeit, Herrschaft durch Sprache auszuüben – ohne jedoch auf die Möglichkeit zu verzichten, jemanden durch das Sprechen zur Einsicht zu führen und zum Handeln aufzufordern.

> „Er soll keine Vorschriften geben, er soll erreichen, daß sie gefunden werden.“[64]

Eben das ist die Funktionsweise der Analogie.

7. Und Rousseau?

Ist die Behauptung, alles Sprechen sei analogisch, nicht ein Selbstwiderspruch? Ist die Behauptung, das Prinzip der Moderne **sei** die Analogie, nicht terminologisches Sprechen?

Umgekehrt! Rousseaus Werk ist anders zu lesen als eine terminologische Systematik. Wir müssen sein Werk anders ‚lesen‘: Rousseaus Bücher sind keine Bücher. Sein Werk ist insgesamt Basis für einen Analogieschluss, den der Leser selbst vollziehen muss.

> „An euch ist es, zu erkennen, ob daraus nützliche Betrachtungen über den Gegenstand zu gewinnen sind, um den es sich handelt. Ich unterbreite euch keineswegs die Ansicht anderer oder meine als Richtlinie, ich biete sie euch zur Untersuchung dar.“[65]

Niemand kann sich auf Rousseau berufen, um Gültigkeit für etwas in Anspruch zu nehmen. Man kann ihn aber auch nicht als falsch kritisieren. Man kann ihn weder übernehmen noch negieren. Rousseau kann man nicht in dem Sinne interpretieren, dass er eine gültige oder ungültige Aussage über etwas gemacht hat. Wer sich auf Rousseau beruft, hat ihn schon verlassen.

Rousseau hat lediglich eine Basis geliefert, auf Grund derer derjenige, welcher sie wahrgenommen hat, selbst etwas denken muss. Was er denken soll, ist durch diese Basis zwar angestoßen, aber nicht festgelegt. Es ist aber auch nicht beliebig, weil eben die unmittelbare Evidenz einfordernde Basis Anlass der Reflexion ist.

Ganz in diesem Sinne hat Rousseau sein Werk charakterisiert:

> „Meine Beispiele, die vielleicht für ein Individuum richtig sind, werden für tausend andere falsch sein. Wenn man ihre *Grundidee* begreift, kann man sie aber je nach Bedarf va-

---

64 Rousseau 1762a, 136: Übers. leicht verändert „Il ne doit point donner de preceptes, il doit les faire trouver.“ Rousseau 1762b, O.C.IV, 266.

65 Rousseau 1762a, 535f.: „C'est à vous de voir si l'on peut en tirer des réflexions utiles sur le sujet dont il s'agit. Je ne vous propose point le sentiment d'un autre ou le mien pour régle; je vous l'offre à examiner.“ Rousseau 1762b, O.C.IV, 558.

riieren; die Auswahl hängt vom Studium der individuellen Begabung ab, und dieses Studium von den Gelegenheiten".[66]

Ist also die Behauptung, das Prinzip der Moderne **sei** die Analogie, nicht terminologisches Sprechen? Nein, denn die Sprache wird im terminologischen Sprechen gegen sich selbst gerichtet. Das terminologische Sprechen kann gar nicht einhalten, was es verspricht.

8. Schluss

Die Moderne befindet sich – nicht nur bildungstheoretisch – in einer paradoxen Situation: Sie muss die vorläufig erkannte Welt unter je geänderten Bedingungen je neu gestalten. Es gibt nichts Festes, woran man sich halten kann.

Zugleich ist nicht alles gleichwertig: Auschwitz ist kein Ausflugsziel. Der Archipel Gulag war kein Paradies auf Erden. Guantanamera nicht eine Bürgerin von Guantanamo. Wie können aber zugleich Geltung und Historizität gedacht werden? Im Prinzip der Analogie hat Rousseaus es vorgeführt:

> „So sieht zumindest der Plan aus, dem zu folgen ich mir vorgenommen habe. Der Leser mag entscheiden, ob es mir gelungen ist, ihn zu verwirklichen."[67]

---

[66] Rousseau 1762a, 404: Hervorheb. v. mir, V.L. „Mes exemples, bons peut-être pour un sujet, seront mauvais pour mille autres. Si l'on en prend l'esprit, on saura bien les varier au besoin, le choix tient à l'étude du génie propre à chacun, et cette étude tient aux occasions qu'on leur offre de se montrer." Rousseau 1762b, O.C.IV, 465.

[67] Rousseau 1762a, 134f.: „Pour ne pas grossir inutilement le livre, je me suis contenté de poser les principes dont chacun devoit sentir la vérité. Mais quant aux régles qui pouvoient avoir besoin de preuves je les ai toutes appliquées à mon Emile ou à d'autres éxemples, et j'ai fait voir dans des détails très étendus comment ce que j'établissois pouvoit être pratiqué: tel est, du moins, le plan que je me suis proposé de suivre. C'est au lecteur à juger si j'ai réussi." Rousseau 1762b, O.C.IV, 265.

Bruchlinien der Erinnerung: Das Subjektivitätskonzept Jean-Jacques Rousseaus im Kontext seiner Anthropologie der Kindheit[1]

Christian Moser

Jean-Jacques Rousseau gehört zu den bedeutenden Gestalten der europäischen Ideengeschichte, die in dem Ruf stehen, einen neuen Diskurs begründet zu haben. Sein Name wird nicht bloß mit punktuellen Veränderungen im Denken, sondern mit einem regelrechten Paradigmenwechsel innerhalb der abendländischen Wissenstraditionen assoziiert. Als Diskursbegründer erscheint Rousseau gleich in mehrfachem Sinne: Der *Discours sur l'origine et les fondements de l'inégalité parmi les hommes* (1755) und der *Contrat social* (1762) gelten als Initialzündungen für eine neue Form der politischen Philosophie, die der Französischen Revolution den Boden bereitete. Die *Nouvelle Héloïse* (1761) markiert für viele die Geburt des empfindsamen Romans. In den *Confessions* (1782/88) erkennt man die Gründungsurkunde der modernen Autobiographik, die einer innovativen Spielart der Subjektivität zum Durchbruch verhalf. Der Verfasser des *Emile* (1762) schließlich steht in dem Ruf, der „Entdecker", ja der „Erfinder" der Kindheit zu sein.[2]

Natürlich ist diese hypertrophe Rhetorik des Neuen mit Skepsis zu betrachten. Wer sich näher mit den vorgeblichen Gründungstexten Rousseaus beschäftigt, wird schnell feststellen, dass er darin keineswegs rückhaltlos mit existierenden Denk- und Schreibtraditionen bricht, sondern auf vielfältige, wenngleich idiosynkratische Weise an sie anknüpft. Das Neue ist Resultat einer mehr oder weniger originellen Rekombination überlieferten Gedankenguts. Ideen epikureischer und stoizistischer, rationalistischer und empiristisch-sensualistischer Provenienz werden dabei in eine ebenso spannungsreiche wie produktive Konstellation überführt.

Was für die Ideen und ihre Herkunft gilt, gilt in ähnlicher Weise für ihre diskursiven Kontexte. Um die neue Form von Subjektivität zu erfassen, die bei Rousseau manifest wird, genügt es beispielsweise nicht, sich sein autobiographisches Werk vorzunehmen. Die Autobiographie muss vielmehr in einen Zusammenhang mit den politischen, anthropologischen und pädagogischen Vorstellungen des Genfer Philosophen gebracht werden. So ist die ‚Erfindung' der Kindheit für Rousseaus Konzept der Subjektivität von großer Relevanz. Das zeigt sich vordergründig an dem hohen Stellenwert, den er in den *Confessions* der Darstel-

---

1 Eine stark gekürzte Fassung dieses Aufsatzes ist bereits v. mir erschienen. Vgl. Moser, Christian 2010: Diesseits der Erbsünde? Kindheit, Erinnerung und Subjektivität nach Rousseau. In: Zeitschrift für Ideengeschichte VI/2, 2012, 21-38.

2 Vgl. Rang, Martin 1959: Rousseaus Lehre vom Menschen. Göttingen, 269; ebenso Andresen, Sabine; Hurrelmann, Klaus 2010: Kindheit. Weinheim (u.a.), 18.

lung seiner eigenen Kindheit zuerkennt. Auf einer tieferen Ebene bestimmt sie die Struktur des Subjekts, das in den Texten entworfen wird: Das Subjekt konstituiert sich bei Rousseau über eine spezifische Form von Beziehung, die das Individuum zu seiner Kindheit unterhält. Um dieser Struktur auf den Grund zu gehen, soll Rousseaus Autobiographie im Folgenden zum einen mit seiner Anthropologie der Kindheit, zum anderen mit einschlägigen ideen- und kulturgeschichtlichen Kontexten korreliert werden.

I.

Rousseau hat die Kindheit keineswegs erfunden, er hat mit seiner pädagogischen Theorie vielmehr auf einen grundlegenden Wandel reagiert, der in Europa spätestens seit dem 17. Jahrhundert im Gang war. Die historische Kindheitsforschung weist auf die gravierende Statusänderung hin, die das Kind in den Gesellschaften des 17. und 18. Jahrhunderts erfahren hat. Bis in die Frühe Neuzeit hinein gelten Kinder als verkleinerte Ausfertigungen des Erwachsenen.[3] Man sieht keinerlei Notwendigkeit dafür, das Kind aus der Welt der Erwachsenen auszuschließen und ihm eine eigene Lebenssphäre zuzuweisen. Im Zeitalter der Aufklärung kommt es zu einer nachhaltigen Veränderung dieser Sichtweise. Auf der Basis einer neuen, empirisch-beobachtend verfahrenden Philosophie bricht sich im anthropologischen Diskurs die Einsicht Bahn, dass das Kind in einer besonderen Vorstellungswelt lebt – dass es anders fühlt und anders denkt als der Erwachsene. Damit verbunden ist die zunehmende Bereitschaft, die Kindheit als eine distinkte Lebensphase anzusehen, die eigentümlichen Gesetzmäßigkeiten unterliegt.[4]

Dieser Wandel in der Anthropologie der Kindheit steht in Zusammenhang mit einem tiefgreifenden sozialgeschichtlichen Umbruch. Der historische Aufstieg des Bürgertums bringt die Einrichtung neuer Familienstrukturen mit sich. Als das maßgebliche Familienmodell gilt nun die bürgerliche Kernfamilie. Sie umfasst nicht mehr Angehörige mehrerer Generationen, wozu auch Nicht-Verwandte gehören, sondern reduziert sich auf das Elternpaar und dessen leibliche Kinder. Das hat eine starke Intensivierung der emotionalen Bindung zwischen den Familienmitgliedern zur Folge. Die Trennung von Erwerbs- und Familienleben einerseits, von öffentlichem und privatem Raum andererseits, die mit dem Niedergang der politisch-ökonomischen Einheit des „ganzen Hauses" ein-

---

3 Vgl. zum Folgenden Ariès, Philippe 1975: Geschichte der Kindheit. Aus dem Französischen von Caroline Neubaur und Karin Kersten. München. Ebenso vgl. Gélis, Jacques 1991: Die Individualisierung der Kindheit. In: Ariès, Philippe; Chartier, Roger (Hrsg.): Geschichte des privaten Lebens. Bd. 3. Von der Renaissance zur Aufklärung. Deutsch von Holger Fliessbach und Gabriele Krüger-Wirrer. Frankfurt/M., 313-331.

4 Vgl. Richter, Dieter 1987: Das fremde Kind. Zur Entstehung der Kindheitsbilder des bürgerlichen Zeitalters. Frankfurt/M. Ebenso vgl. Ewers, Hans-Heino 1989: Kindheit als poetische Daseinsform: Studien zur Entstehung der romantischen Kindheitsutopie im 18. Jahrhundert. Herder, Jean Paul, Novalis und Tieck. München.

hergeht,[5] befördert diese Tendenz. Damit verbunden ist eine Neubestimmung der Geschlechterrollen: Die Mutter wird aus dem Erwerbsleben herausgelöst und übernimmt die Funktion, die Familie als eine abgeschlossene Sphäre affektiver Intimität auszugestalten; der Vater dagegen sorgt für deren Subsistenz und vertritt sie nach außen hin im öffentlich-politischen Raum, so wie er umgekehrt im Binnenbereich der Familie als Repräsentant der symbolischen Ordnung der Kultur auftritt.[6] Der Innenraum der Familie steht folglich im Zeichen einer ursprünglich und natürlich erscheinenden, an die Mutter-Instanz gekoppelten Emotionalität, während der vernunftgesetzlich geordnete Außenraum der Kultur mit der Autorität des Vaters assoziiert wird. Das Kind, das in einer solchen Familie aufwächst, verbringt einen Teil seines Lebens in einem vorgesellschaftlichen Schonraum, einem mütterlich kodierten ‚Naturzustand'. Erwachsenwerden beinhaltet für das (männliche) Individuum die Notwendigkeit, diesen Schonraum zu verlassen und in die symbolische Ordnung der Kultur einzutreten.

Die neue Institution der Kernfamilie legt es nahe, den Übergang von der Kindheit zum Erwachsenendasein als eine entscheidende lebensgeschichtliche Schwelle zu modellieren. Der Eintritt in das Mannesalter stellt – ganz ähnlich wie das religiöse Konversionserlebnis – für das (männliche) Individuum eine radikale Zäsur dar, die mit einer Krisenerfahrung verbunden ist. Die bürgerliche Gesellschaft setzt „das Kind, um ihm Konflikte zu ersparen, einem besonders schweren Konflikt aus, dem Widerspruch nämlich zwischen seiner Kindheit und seinem wirklichen Leben".[7] Der Einschnitt zwischen Kindheit und Erwachsenenalter besitzt daher als lebensgeschichtliches Schema einen prekären Status. Er gefährdet die Identität des Subjekts in dem Maße, in dem er für sie konstitutiv ist. Wenn das Kind ein *anderes* Wesen darstellt, das *anders* denkt und fühlt als der Erwachsene, dann wird es schwierig, plausibel zu machen, dass es sich bei diesen beiden noch um ein und dieselbe Person handelt. „Wie ganz verschieden mein [kindliches] Dasein von dem gegenwärtigen! Wie verschieden meine Wünsche und Hoffnungen! Und doch bin ich noch ebenderselbe, der ich damals war", so beschreibt etwa Karl Philipp Moritz die Verunsicherung, die ihn im Rückblick auf seine Kindheit erfasst.[8] Die Konstruktion der Kindheit als einer distinkten Entität macht den Eintritt in das Erwachsenenalter zu einer neuralgischen Angelegenheit, die das Subjekt mit Selbstentfremdung und Identitätsverlust bedroht.

Der veränderte soziokulturelle Status der Kindheit findet im anthropologischen Diskurs der Aufklärung seinen Niederschlag. Gleichwohl gelingt es ihm

5 Zur ökonomischen Einheit des „ganzen Hauses" vgl. Brunner, Otto [2]1968: Das „ganze Haus" und die alteuropäische „Ökonomik". In: Brunner, Otto (Hrsg.): Neue Wege der Verfassungs- und Sozialgeschichte. Göttingen, 103-127.

6 Vgl. Kittler, Friedrich A. [2]1987: Aufschreibesysteme 1800/1900. München, 31-75.

7 Foucault, Michel 1968: Psychologie und Geisteskrankheit. Aus dem Französischen übersetzt v. Anneliese Botond. Frankfurt/M., 123.

8 Moritz, Karl Philipp [2]1993: Beiträge zur Philosophie des Lebens. In: ders.: Werke. Hrsg. v. Horst Günther. Bd. 3. Frankfurt/M., 7-84, hier 19.

zunächst nicht, den problematischen Charakter der Zäsur zwischen Kindheit und Erwachsenenalter zu erfassen und daraus Konsequenzen für die Theoriebildung zu ziehen. In seiner rationalistischen Variante überzeichnet er die Differenz zwischen Kind und Erwachsenem so sehr, dass sich die Frage nach Möglichkeiten der Vermittlung gar nicht erst stellt. Die empiristisch-sensualistische Variante dagegen bekundet ein starkes Interesse an den elementaren Operationen, die für die Psyche des Kindes charakteristisch sind, und versucht daraus die mentalen Fähigkeiten des Erwachsenen abzuleiten. Die genetische Kontinuität, die dadurch hergestellt wird, überspielt jedoch den lebensgeschichtlichen Einschnitt. In dem einen Fall wird die Zäsur zwischen Kindheit und Erwachsenendasein absolut gesetzt, in dem anderen Fall wird sie vernachlässigt. Es ist das Verdienst Jean-Jacques Rousseaus, sie in den Fokus der anthropologischen Reflexion gerückt und die sich daraus ergebenden Folgen für die Problematik der Anthropogenese mit großer Klarheit aufgezeigt zu haben.

Rousseau erhebt das paradoxe Zugleich von Kontinuität und Bruch zum Dreh- und Angelpunkt seines entwicklungspsychologischen Denkens. In seinem Erziehungsroman *Emile ou de l'éducation* wird Kindheit nicht bloß erstmals als in sich geschlossene, eigenen Gesetzen unterliegende Lebensphase beschrieben,[9] darüber hinaus wird die Frage aufgeworfen, wie unter diesen Voraussetzungen der Übergang zum Erwachsenenalter zu bewältigen, die Einheit des Lebens und der Person zu gewährleisten sei. Dementsprechend widmet Rousseau der prekären Übergangsphase – der Schwellenperiode der Adoleszenz – in *Emile* besondere Aufmerksamkeit. Mehr noch: Rousseau identifiziert ein geistiges Vermögen, das die Kluft zwischen Kindheit und Erwachsenendasein zu überbrücken und das Subjekt mit sich selbst zusammenzuschließen vermag. Wenn Karl Philipp Moritz an der bereits zitierten Stelle die „Erinnerung" als das Vermögen preist, das dem Individuum angesichts der drohenden Zersplitterung seines Lebens ein integrales „Gefühl meines Daseins" verschafft,[10] so folgt er dem Muster des Genfer Philosophen. Rousseau weist einer bestimmten Form affektgestützten Erinnerns die Aufgabe zu, die Kindheit zugleich als anders und vertraut, als fremdartigen Ursprung des gegenwärtigen Selbst kenntlich zu machen. In seinen anthropologischen Schriften entfaltet Rousseau dieses Vermögen theoretisch; in seinem autobiographischen Werk führt er seine Anwendung vor. Die praktische Umsetzung treibt jedoch die Widersprüche hervor, die sein Erinnerungskonzept kennzeichnen: Die autobiographische Erinnerung, die den lebensgeschichtlichen Bruch heilen soll, erweist sich letztlich ihrerseits als gebrochen. Die Form der Subjektivität, die Rousseau in seinen autobiographischen Schriften realisiert, ist somit sehr viel komplexer, als es die emphatische Beschwörung des Gefühls glauben macht. Sie weist auf den Subjektbegriff der Moderne voraus, die unter dem Stichwort der Mémoire involontaire an den Rousseau'schen Erinnerungsdiskurs anschließt.

---

9 Vgl. Ewers 1989, 8. Ebenso vgl. Andresen; Hurrelmann 2010, 18f.

10 Moritz ^{2}1993, 19.

II.

Der Zusammenhang zwischen Kindheit, Identitätsbildung und Erinnerung, wie er für die Subjektkonzeption Rousseaus kennzeichnend ist, wird deutlicher, wenn man ihn vor dem Hintergrund der rationalistischen und sensualistischen Anthropologien betrachtet, von denen er sich abzugrenzen trachtet. René Descartes begründet die Notwendigkeit der einschneidenden Selbstreform, die er in seinem *Discours de la méthode* (1637) propagiert, mit einer simplen anthropologischen Gegebenheit. Er weist darauf hin, dass gewöhnliche Menschen im Unterschied zu ihrem Urvater Adam, der von Gott auf einen Schlag als ein perfektes Wesen geschaffen wurde, als unfertige Geschöpfe zur Welt kommen, die einen langen Bildungsweg durchlaufen müssen, ehe sie im Vollbesitz ihrer körperlichen und geistigen Fähigkeiten sind. Besonders problematisch ist seiner Ansicht nach, dass die sinnlichen Vermögen des Menschen früher entfaltet werden als seine Vernunft. Das Kind gilt ihm als ein unfertiger Mensch, der von seinen Begierden angeleitet wird, anstatt dem Vernunftgesetz zu gehorchen. Das hat zur Folge, dass es sich eine Vielzahl von Meinungen und Ideen zu eigen macht, bevor seine Ratio dazu in der Lage ist, richtig über ihren Wahrheitsgehalt zu urteilen. Irrtümer und Vorurteile, deren es sich nicht bewusst ist, schleichen sich in seinen Geist ein:

> „[P]our ce que nous avons tous été enfants avant que d'être hommes, et qu'il nous a fallu longtemps être gouvernés par nos appétits et nos précepteurs [...], il est presque impossible que nos jugements soient si purs, ni si solides qu'ils auraient été, si nous avions eu l'usage entier de notre raison dès le point de notre naissance, et que nous n'eussions jamais été conduits que par elle."[11]

Die verspätete Ausbildung der Vernunft bedingt die Heteronomie des Individuums, seine Abhängigkeit von Eltern und Lehrern, sein Gefangensein in unreflektierten Gewohnheiten. Sie eröffnet ihm laut Descartes aber auch die Möglichkeit, nachträglich – sobald seine Vernunft den Zustand der Reife erlangt hat – von sich selbst Besitz zu ergreifen. Ist die kindliche Entwicklungsphase erst einmal überwunden und sein rationales Vermögen fertig ausgeprägt, so kann es alle Ansichten, die es von außen übernommen hat, einer rückhaltlosen Prüfung unterziehen und sich ihrer wieder entledigen. Mittels einer solchen Selbstreform erschafft sich das Individuum in einer zweiten Geburt sozusagen neu; dieses neue Selbst ist ein Produkt seiner eigenen Vernunfttätigkeit.[12] Descartes säkularisiert das religiöse Konversionsschema: Der neue Mensch, der aus der Selbstreform hervorgeht, verdankt sich nicht der Intervention göttlicher Gnade, sondern dem

[11] Descartes, René 1963: Discours de la méthode pour bien conduire sa raison. In: ders.: Œuvres philosophiques. Textes établis, présentés et annotés par Ferdinand Alquié. Bd. 1. Paris, 580f.

[12] Descartes knüpft somit deutlich an das stoizistische Modell der Selbstprüfung an, wie es etwa in Gestalt der *Selbstbetrachtungen* Marc Aurels vorliegt. Vgl. dazu Moser, Christian 2006: Buchgestützte Subjektivität. Literarische Formen der Selbstsorge und der Selbsthermeneutik von Platon bis Montaigne. Tübingen, 300-316.

autonomen Vernunftgebrauch.[13] Es ist daher nur folgerichtig, dass Descartes im *Discours* die drei visionären Träume verschweigt, die, nach dem Zeugnis von Adrien Baillet, dem ersten Biographen des Philosophen, den Akt der Selbstreform im Ofenzimmer des Ulmer Gasthofes begleiteten.[14] Der Verfasser des *Discours* eliminiert in seinem Bericht alles, was an providentielles Heilsgeschehen erinnern könnte, weil er die Prärogative göttlichen Schöpfertums für sich selbst reklamiert. Die zweite Geburt des cartesischen Vernunftsubjekts soll nach dem Muster der Erschaffung Adams erfolgen: Die Ablösung des alten, fremdbestimmten durch den neuen, autonomen Menschen soll einen punktuellen Akt darstellen, eine klare lebensgeschichtliche Zäsur, keinen langwierigen Übergang, der die Mängel der ersten Geburt – die sukzessive Entfaltung der Anlagen – reproduzieren würde. Wie laut Descartes das Volk am besten regiert wird, das durch das Wirken eines weisen Gesetzgebers auf einen Schlag aus dem Natur- in den Gesellschaftszustand versetzt wurde, so soll auch das Individuum einen sauberen Schnitt vollziehen, der es ein für alle Mal von seinem Herkommen ablöst.[15]

Descartes formuliert somit das anthropologische Axiom, das der rationalistischen Konzeption des Subjekts zugrunde liegt: Die Tatsache, dass der Mensch nicht als perfektes adamitisches Wesen zur Welt kommt, ist demnach in paradoxer Weise sowohl für seine Heteronomie verantwortlich (sie liefert ihn der Kontingenz seiner Herkunft, den Einflüssen des Klimas, der Kultur, der Eltern und Erzieher aus) als auch der Garant seiner Autonomie (er selbst kann vollenden, was Gott bzw. die Natur unvollendet ließ – er kann, wie Christoph Martin Wieland formuliert, „sein eigener zweiter Schöpfer sein" und somit die Kontingenz seiner Geburt auslöschen).[16] Die Selbstreform zielt darauf ab, die Kindheit retrospektiv zu eliminieren, daher spielt das Erinnerungsvermögen dabei keine konstitutive Rolle.

Die rationalistische Anthropologie konstruiert eine tiefe Kluft zwischen der Kindheit und dem Erwachsenenalter. Das entwicklungspsychologische Denken, das aus der empiristischen Philosophie hervorgeht, unternimmt dagegen den Versuch, diese Kluft zu überbrücken. Sie erkennt in der Sinnlichkeit des Kindes nicht

---

13 Vgl. Kamlah, Wilhelm 1961: Der Anfang der Vernunft bei Descartes – autobiographisch und historisch. In: Archiv für Geschichte der Philosophie 43, 70–84, hier 80. „Zum christlichen Verständnis der Vernunft gehörte seit dem Platoniker Augustin die Lehre von der Illumination durch Gott [...]. Descartes' Vernunft aber soll ihren Anfang, wie keinem Menschen, so auch keinem Gott zu danken haben."

14 Zu Descartes' Traumvisionen vgl. Baillet, Adrien 1970 [1691]: La vie de Monsieur Des-Cartes. Première partie. Réimpression de l'édition de Paris, 1691. Genève, 81-84. Zum systematischen Verschweigen der Visionen im *Discours* vgl. Kamlah 1961, 79f.

15 Descartes 1963 [1637], 580.

16 Wieland, Christoph Martin 1967 [1770]: Beiträge zur geheimen Geschichte des menschlichen Verstandes und Herzens. In: Wieland, Christoph Martin 1967: Werke. Hrsg. v. Fritz Martini u. Hans Werner Seiffert. Bd. 3. München, 197–266, hier: 231. Zu den Strategien der Aufklärung, das Skandalon einer kontingenten Geburt auszulöschen, vgl. Schneider, Helmut J. 2011: Genealogie und Menschheitsfamilie. Dramaturgie der Humanität von Lessing bis Büchner. Berlin.

das Andere der Vernunft, sondern ihren verborgenen Ursprung. In diesem Sinne charakterisiert der englische Philosoph John Locke seine Vorgehensweise als „historical, plain method“ – er gibt sich als ein Geschichtsschreiber des menschlichen Verstandes aus, der die Operationen des Denkens auf ihre einfachen, ursprünglichen Elemente zurückführt, wie sie sich beim Kind in Reinform manifestieren: auf „sensation“ und „reflection“ nämlich, die sinnliche Wahrnehmung der Außenwelt und die introspektive Beobachtung der eigenen Geistesaktivität.[17] Aus diesen elementaren Operationen leitet Locke alle höheren Verstandesvermögen ab, die als gewordene und erworbene nur auf dem Wege der historischen Rekonstruktion aufgeschlüsselt werden können. Die genetische Geschichtserzählung des Philosophen hat ihr Pendant auf der Ebene der individuellen Selbstwahrnehmung des Subjekts. Auch das Individuum erfährt sich selbst als eine Geschichte – nicht als eine Substanz, ein vorgegebenes Sein, sondern als eine temporal gestreckte Relation, die sich konkret in Form bewusster Erinnerung realisiert:

> „That with which the consciousness of this present thinking thing *can* join itself, makes the same person, and is one self with it, and with nothing else; and so attributes to itself, and owns all the actions of that thing, as its own, as far as that consciousness reaches, and no further; as every one who reflects will perceive.“[18]

Das Selbst ist demnach die Erfahrung, die es sich erinnert, selbst gemacht zu haben. Locke gründet das Subjekt auf der Fähigkeit zur mnemonischen Selbstaneignung.[19] Während das cartesische Subjekt in einem punktuellen Akt der Reform von sich selbst Besitz ergreift, indem es seine (kindliche) Vergangenheit ausstreicht, nimmt das Locke'sche Subjekt sich selbst durch Erinnerung in Besitz. Es ist all das, was es sich durch Erinnerung zueignet. Darin – wie in der genetischen Methode überhaupt – bekundet sich eine Aufwertung kindlicher Erfahrung. Doch die dadurch eröffnete Möglichkeit, kindliches Wahrnehmen und Denken als andersartig zu erfassen, wird durch die spezifische Form, die Locke der Entwicklungsgeschichte verleiht, wieder durchkreuzt. Sowohl die Geschichte, die der Philosoph von der Entwicklung des menschlichen Verstandes erzählt, als auch die Geschichte, mittels derer das Subjekt über seine eigenen Erfahrungen Rechenschaft ablegt, steht im Zeichen einer bruchlosen Kontinuität. In ihrer Locke'schen Variante erlaubt die empiristische Anthropologie es nicht, die Zäsur zwischen Kindheit und Erwachsenenalter zu denken.

Das gilt auch noch für die sensualistische Radikalisierung des empiristischen Ansatzes, wie sie der französische Philosoph Étienne Bonnot de Condillac be-

[17] Locke, John 1959 [1690]: An Essay Concerning Human Understanding. Collated and annotated by Alexander Campbell Fraser. Bd. 1. New York, 27 (Introduction), 123 (II.i.3f.).

[18] Locke 1959 [1690], Essay. Bd. 1, II.xxvii.17; (Hervorhebung im Original).

[19] Assmann, Aleida 2009: Erinnerungsräume. Formen und Wandlungen des kulturellen Gedächtnisses. 4., durchges. Aufl. München, 98: „die Ich-Konstitution ist die Resultante eines kontinuierlichen, produktiven Akts der Selbstaneignung vergangener Erfahrungen und zukünftiger Möglichkeiten“.

treibt. Condillac wirft Locke vor, bei seinem Rückgang auf das Ursprüngliche nicht weit genug vorgedrungen zu sein. Er habe „consciousness“ und „reflection“ als elementare Verstandesvermögen vorausgesetzt, anstatt zu berücksichtigen, dass es sich auch hierbei um komplexe, erworbene Fähigkeiten handele, die sich aus der einzigen wirklich elementaren Geistestätigkeit entwickelt haben, der „sensation“.[20] Indem Condillac das Reflexionsvermögen als ein relativ spätes Produkt der psychischen Entwicklung ausweist, bestimmt er die frühe Kindheit als einen Zustand reiner Sinnlichkeit und pointiert somit ihre Alterität. Diese wird jedoch auch bei ihm durch das kontinuitätsstiftende Vermögen der Erinnerung wieder relativiert. Condillac zufolge konstituiert die Erinnerung das Subjekt als bruchlose Einheit mit sich selbst.

Erst Rousseau bringt die Zäsur zwischen Kindheit und Erwachsenenalter theoretisch in ihrer ganzen Tragweite zur Geltung. Im Anschluss an Condillac bestimmt er die Reflexion als ein Vermögen, das sich im Kind sehr spät entwickelt. Seiner Auffassung nach tritt es gar so spät in Erscheinung, dass seine Entstehung das Ende der Kindheit und den Übergang zur Daseinsform des Erwachsenen markiert. Das Kind ist ein reines Empfindungswesen; es steht laut Rousseau ganz im Banne der „sensation“, die es in sich selbst und die Welt der sinnlich erfahrbaren Dinge einschließt. Die Reflexion dagegen eröffnet dem Menschen eine vollkommen neue Sphäre – die Sphäre der Mitmenschen, die nicht mehr als Dinge, sondern als moralische Wesen mit eigenem Willen wahrgenommen werden, die Sphäre der sozialen Beziehungen mithin. Die Reflexion leitet sich zwar genetisch von der Empfindung ab, sie versetzt den Menschen aber unvermittelt in eine andere Welt.

Das Reflexionsvermögen beinhaltet die Fähigkeit, Urteile zu fällen. Sie geht einerseits kontinuierlich aus dem Empfindungsvermögen hervor, denn auch die Empfindung urteilt: „Dans la sensation, le jugement est purement passif, il affirme qu'on sent ce qu'on sent.“[21] Andererseits macht sich in ihr eine ganz neue Qualität geltend. Der Schritt von der Empfindung zur Reflexion erfolgt in dem Moment, in dem das Urteil aktiv wird und vergleichend verfährt. Das in sich selbst zentrierte Sinnenwesen des Kindes wird dadurch aus seiner Selbstgenügsamkeit herausgerissen. Sobald es urteilt und sich mit anderen vergleicht, gründet das Selbstbewusstsein des Menschen nur noch auf dem Urteil derer, die es beurteilt: „[il] ne sait vivre que dans l'opinion des autres et c'est […] de leur seul jugement qu'il tire le sentiment de sa propre éxistence.“[22] Der Erwachsene leidet somit unter einer doppelten Selbstentfremdung. Er reflektiert sich im Urteil der anderen und verfehlt dadurch sein wahres Selbst. Gleichzeitig lebt in ihm aber

20 Vgl. De Condillac, Étienne Bonnot 1984 [1754]: Traité des sensations. Paris, 257–268.

21 Rousseau, Jean-Jacques 1964: Émile ou de l'éducation. Émile et Sophie. In: Rousseau, Jean-Jacques 1969: Œuvres complètes. Bernard Gagnebin; Marcel Raymond (Hrsg.). Bd. 4. Paris, 481.

22 Rousseau, Jean-Jacques 1964: Discours sur l'origine et les fondemens de l'inégalité parmi les hommes. In: Rousseau, Jean-Jacques 1964: Œuvres complètes. Bernard Gagnebin; Marcel Raymond (Hrsg.). Bd. 3. Paris, 193.

die Erinnerung an das erfüllte Selbstgefühl der Kindheit fort – er vergleicht sich mit dem Kind, das er einmal war, und erfährt sich auch in dieser Hinsicht als defizitär. Der Bruch mit sich selbst ist für das Ich des Erwachsenen konstitutiv.

Doch beinhaltet der Rückblick auf die Kindheit, der den Erwachsenen mit seiner Andersartigkeit konfrontiert, nicht auch die Möglichkeit, diesen Bruch zu heilen? Kann das Subjekt nicht gerade in der Erinnerung die verlorene Einheit mit sich selbst wiederfinden? Wie Locke und Condillac schreibt auch Rousseau dem Erinnerungsvermögen die Aufgabe zu, die Identität des Subjekts zu verbürgen.[23] Doch bei ihm zieht der entwicklungsgeschichtliche Bruch, der das Sinnenwesen des Kindes vom Reflexionswesen des Erwachsenen trennt, auch das Gedächtnis selbst in Mitleidenschaft. Das Kind erinnert sich anders als der Erwachsene:

> „Quoique la mémoire et le raisonnement soient deux facultés essentiellement différentes; cependant l'une ne se développe véritablement qu'avec l'autre. Avant l'age de raison l'enfant ne reçoit pas des idées mais des images [...]. Je dis donc que les enfans n'étant pas capables de jugement n'ont point de véritable mémoire. Ils retiennent des sons, des figures, des sensations, rarement des idées, plus rarement leurs liaisons."[24]

Das Kind besitzt kein Gedächtnis im eigentlichen Sinne, sondern nur eine sinnliche Vorform desselben. Das kindliche Gedächtnis ist ein Bilder- und Gefühlsgedächtnis, wogegen das Gedächtnis des Erwachsenen die durch Urteil und Vergleich gewonnenen Ideen sowie deren Verknüpfung mit anderen Vorstellungen enthält. Während Locke nicht zwischen der Erinnerungstätigkeit des Kindes und des Erwachsenen unterscheidet, hypostasiert Rousseau zwei grundsätzlich von einander verschiedene Formen des Erinnerns. Es zeigt sich, dass das Erinnerungsvermögen, das den entwicklungsgeschichtlichen Bruch heilen soll, seinerseits in sich gebrochen ist. Das Gedächtnis teilt sich in ein kindliches Sinnen- und ein erwachsenes Reflexionsgedächtnis. Paradoxerweise befähigt aber gerade diese innere Spaltung des Erinnerungsvermögens das Subjekt, die Kluft zwischen Kindheit und Erwachsenenalter zu überbrücken. Denn die primitive Vorform des Gedächtnisses geht mit dem Eintritt in die Adoleszenz nicht restlos verloren, als verborgene Kehrseite des Reflexionsgedächtnisses dauert sie vielmehr im Erwachsenen fort. Ein Stück der Kindheit überlebt in ihm, und zwar in Gestalt der Bilder, Töne und Empfindungen, die seinem Gedächtnis in frühester Zeit eingeprägt wurden. Sie erlauben es, die verschüttete Kindheit affektiv wiederaufleben zu lassen und die verlorene Einheit des Selbst qua Erinnerung zu restituieren.

Rousseau entfaltet sein Konzept des affektiven Gedächtnisses in seinen autobiographischen Schriften. Damit verbunden ist das Postulat, dass diese Form des Erinnerns eine Rede zu begründen vermag, die das sprechende Ich mit sich selbst zusammenschließt und seine Identität verbürgt. Das affektgestützte Erinnern, so behauptet Rousseau, konstituiert ein autobiographisches Subjekt, das bruchlos

[23] Vgl. Rousseau 1969, 590.
[24] Ebd., 344.

mit sich eins ist. De facto löst seine autobiographische Praxis dieses Postulat jedoch nicht ein. Vielmehr bringt sich der Bruch, der das Selbst durchzieht, auch in seinem Schreiben zur Geltung, ja, das Erinnern verdankt gerade ihm seine affektive Kraft.

III.

Rousseau erläutert das Modell der Mémoire affective in einigen programmatischen Passagen seiner *Confessions* sowie in den darauf bezüglichen Vorstudien, den „Ébauches des Confessions".[25] Der Grundgedanke des Modells ist simpel und schließt unmittelbar an die sensualistische Entwicklungspsychologie an: Das Gefühl eröffnet deshalb einen unmittelbaren Zugang zur Vergangenheit des Kindes, weil das Kind ein Sinnen- und Gefühlswesen ist. Das Kind empfindet Gefühle demnach in außerordentlicher Stärke und Reinheit; die noch unbeschriebene Tafel seiner Seele ist zudem für solche Gefühlseindrücke besonders empfänglich, so dass sie sich mit größter Intensität und Deutlichkeit einprägen. Spätere Empfindungen löschen diese frühen Gefühlseindrücke laut Rousseau nicht aus – im Gegenteil, „[elles] modifient celles qui les suivent" und geben ihnen eine bestimmte Richtung.[26] Hinterlassen die durch Reflexion gebrochenen Erfahrungen, die der Erwachsene macht, in der Seele nur blasse Spuren, die schnell wieder verwischen, so erhalten sich die ursprünglichen Gefühlseindrücke des Kindes in unverminderter Stärke. Sie sind dem Erwachsenen, der sich erinnert, als solche präsent. Dementsprechend behauptet Rousseau: „Je puis faire des omissions dans les faits, des transpositions, des erreurs de dates; mais je ne puis me tromper sur ce que j'ai senti".[27] Hinsichtlich der äußerlichen Fakten sind Gedächtnisirrtümer stets möglich, nicht aber hinsichtlich der Gefühle, die durch sie hervorgerufen wurden – sie sind dem Subjekt auch nach Jahren noch in ihrer ursprünglichen Form gegenwärtig.

---

25 Der Begriff der Mémoire affective stammt nicht von Rousseau. Er wurde vielmehr erst gegen Ende des 19. Jahrhunderts durch den Experimentalpsychologen Théodule Ribot geprägt (vgl. dazu Perrin, Jean-François 1996: Le Chant de l'origine: la mémoire et le temps dans les Confessions de Jean-Jacques Rousseau. Oxford, 10). Der Begriff wanderte in den durch vitalistische, phänomenologische und neuropsychologische Ansätze dominierten Erinnerungsdiskurs des frühen 20. Jahrhunderts ein, von wo aus er schließlich auch die Rousseau-Forschung infiltrierte, insbesondere die Arbeiten der Genfer Schule (vgl. Poulet, Georges 1993: Études sur le temps humain. Bd. 1. Paris, 201-235; Raymond, Marcel 1962: Jean-Jacques Rousseau. La quête de soi et la rêverie. Paris). Auch die gegenwärtige Rousseau-Forschung verwendet den Begriff (vgl. etwa Perrin 1996; Klaiber, Tilo 2004: Ce triste Système. Anthropologischer Entwurf und poetische Suche in Rousseaus autobiographischen Schriften. Tübingen, 48 u. pass.), freilich ohne mit hinreichender Insistenz die Frage zu stellen, ob er zur Beschreibung der autobiographischen Praxis Rousseaus überhaupt tauglich ist.

26 Rousseau, Jean-Jacques 1959a: Les Confessions. In: Rousseau, Jean-Jacques 1959: Œuvres complètes. Bernard Gagnebin; Marcel Raymond (Hrsg.). Bd. 1. Paris, 174.

27 Ebd., 278.

Rousseau zieht aus seiner Einsicht in die mnemonische Kraft der Affekte klare Konsequenzen und erhebt das Gefühl zum alleinigen Leitfaden seiner Autobiographie. In einem programmatischen Passus der *Confessions* heißt es, dass er nicht beabsichtige, seine Lebensgeschichte als Kette von Tatsachen zu rekonstruieren; Relevanz besitze für ihn allein „la chaîne des sentimens qui ont marqué la succession de mon être".[28] Für das Verfahren des Autobiographen bedeutet das zunächst einmal, dass er darauf verzichten muss, von äußerlichen Hilfsmitteln des Gedächtnisses Gebrauch zu machen – insbesondere von schriftlichen Aufzeichnungen (Tagebuchnotizen, Briefen etc.). Rousseau erklärt, den ersten, seiner Kindheitsgeschichte gewidmeten Teil der *Confessions* ganz aus dem Gedächtnis geschrieben zu haben („toute écrite de mémoire").[29] Die Schrift führt ein Moment der Mittelbarkeit und der Reflexion in die Beziehung ein, die der Autobiograph zu seinen Gefühlen unterhält. Es geht ihm aber gerade darum, die Gefühle, die sich in seiner Seele lebendig erhalten haben, unmittelbar zum Ausdruck zu bringen. Nicht die äußere Geschichte der Begebenheiten, wie sie sich durch schriftliche Zeugnisse beglaubigen lassen, sondern die innere Geschichte seiner Seele („l'histoire de mon ame") will er erzählen: „pour l'écrire fidellement je n'ai besoin d'autres mémoires: il me suffit [...] de rentrer au dedans de moi."[30]

Verbunden mit der Absage an den Gebrauch schriftlicher Dokumente ist die Weigerung des Autobiographen, seine Memoria in der Manier eines augustinischen Selbsthermeneuten zu durchforschen und nach verschütteten Gedächtnisinhalten zu fahnden. Akzeptabel sind für Rousseau nur solche Erinnerungen, die sich seinem inneren Blick spontan darbieten, die ihm sozusagen wie von selbst zufallen, ohne mühsam aus der Verborgenheit hervorgezerrt werden zu müssen. Autobiographische Erinnerung darf keine Arbeit sein: „Je dirai chaque chose comme je la sens, comme je la vois, sans recherche, sans gêne, sans m'embarrasser de la bigarrure."[31] Der Erinnerungsdiskurs soll spontan ergehen und ein transparenter Ausdruck dessen sein, was der Autobiograph im Moment des Schreibens empfindet. Zu diesem Zweck muss alles vermieden werden, was ihn dazu veranlassen könnte, über seine Erinnerungen zu reflektieren – sie zu deuten, zu klassifizieren oder zu beurteilen. Reflexion würde die Unmittelbarkeit des Erinnerungsgefühls zerstören. Rousseau ist davon überzeugt, dass sich aus seiner Selbstdarstellung am Ende ein einheitliches Bild der Persönlichkeit ergibt, aber er versagt es sich, an diese Ganzheit zu denken, sie deutend oder stilisierend vorwegzunehmen. Sie soll vielmehr von selbst aus den Gefühlserinnerungen, die er in seiner Autobiographie ausbreitet, hervorgehen: „Quand j'écris, je ne songe

---

28 Ebd.

29 Ebd., 277.

30 Ebd., 278.

31 Rousseau, Jean-Jacques 1959b: Ébauches des Confessions. In: Rousseau, Jean-Jacques 1959: Œuvres complètes. Bernard Gagnebin; Marcel Raymond (Hrsg.). Bd. 1. Paris, 1154.

point à cet ensemble, je ne songe qu'à dire ce que je sais et c'est de là que resulte l'ensemble et la ressemblance du tout à son original."[32]

Welche konkreten Konsequenzen hat dieser (vorgebliche) Verzicht auf totalisierende Deutung für das autobiographische Schreibverfahren? Eine erste Konsequenz besteht darin, dass der Autobiograph es vermeidet, unter seinen Erinnerungen eine Auswahl zu treffen. Rousseau will vielmehr *alles* sagen, was ihm in den Sinn kommt, ohne zwischen bedeutenden und unbedeutenden Erinnerungen zu unterscheiden: „Ce n'est pas à moi de juger de l'importance des faits, je les dois tous dire".[33] Zweitens konzentriert er sich, um dem Ganzen nicht vorzugreifen, auf die Präsentation der Teile. Er verfährt in der Darstellung seiner Kindheit äußerst ‚kleinteilig' und ergeht sich in der weitschweifigen Darstellung von Einzelheiten („[d]es longs détails").[34] Zum einen soll durch ein derartiges Anhäufen von Details das totalisierende Urteil aufgeschoben werden. Zum anderen steht das Verfahren im Dienste des Lustprinzips:[35] Die eingehende Darstellung von Einzelheiten aus der Kindheit erlaubt es dem Autobiographen, die erinnerten Gefühle noch einmal intensiv auszukosten. Je umständlicher das Erzählen, desto größer die Erinnerungsfreude: „qu'on me laisse conter le plus longuement qu'il me sera possible, pour prolonger mon plaisir."[36]

Rousseau verfolgt mithin in den *Confessions* die Strategie einer radikalen Naturalisierung der Erinnerung. Er konzipiert das Erinnern als eine medienunabhängige, von Reflexion vollkommen freie Tätigkeit, die im unmittelbaren affektiven Selbstbezug des Autobiographen gründet. Der Autobiograph greift in keiner Weise dirigierend in den Prozess der Erinnerung ein, sondern liefert sich passiv den Affekten aus, die von ihm Besitz ergreifen. Auf diesem Wege wird nicht einfach nur eine Brücke in die Vergangenheit geschlagen, die Vergangenheit lebt vielmehr in Gestalt eines authentischen, ungebrochenen Gefühls als erfüllte Präsenz wieder auf. Was bestimmte Perioden seines Lebens – etwa den Aufenthalt des Heranwachsenden in der ländlichen Idylle von Charmettes – auszeichnete, war laut Rousseau die besondere Qualität des Gefühls, das in ihm dadurch ausgelöst wurde. Von diesem Gefühl behauptet der Autobiograph, dass es ihm auch jetzt noch in vollkommener Frische gegenwärtig sei: Er entsinnt sich dieser längst vergangenen Zeit, als dauerte sie noch an („comme s'il duroit encore").[37]

So weit das Programm der Mémoire affective und des daraus abgeleiteten Schreibverfahrens, wie Rousseau es in den *Confessions* präsentiert. Ehe der Frage nachgegangen werden kann, ob die autobiographische Praxis des Genfer Philoso-

32 Ebd., 1122.

33 Rousseau 1959a, 175. – Zu Rousseaus utopischem Anspruch, alles über sich zu sagen, vgl. auch Jean Starobinski: Rousseau. Eine Welt von Widerständen. Aus dem Französischen von Ulrich Raulff. München/Wien 1988, 280-298.

34 Rousseau 1959a, 174.

35 Vgl. Neumann, Bernd 1970: Identität und Rollenzwang. Frankfurt/M., 61.

36 Rousseau 1959a, 22.

37 Ebd., 226.

phen diesem Programm entspricht, gilt es zunächst einmal, seinen Stellenwert innerhalb der Problemgeschichte abendländischer Subjektivität und der Gattungshistorie der Autobiographie zu ermitteln. Für das Vorhaben, die Kindheitserinnerung zum Dreh- und Angelpunkt seiner Selbstdarstellung zu erheben, findet Rousseau in der neuzeitlichen Autobiographik keinerlei Vorbild. Wie innovativ sein Programm ist, geht aus den Rezeptionszeugnissen seiner ersten Leser hervor, die mit Unverständnis auf die Mitteilung vermeintlich belangloser Kindheitsanekdoten reagierten.[38] Das Muster einer Autobiographie, die der Kindheitsdarstellung Bedeutung zumisst, liegt Rousseau jedoch in Gestalt der spätantiken *Confessiones* (ca. 400) des Kirchenvaters Aurelius Augustinus vor Augen, auf die er mit dem Titel seiner eigenen Selbstdarstellung anspielt. Tatsächlich lässt sich Rousseaus Konzept der Mémoire affective als systematischer Gegenentwurf zum augustinischen Modell autobiographischer Erinnerung verstehen. Wenn Augustinus sich seiner Kindheit zuwendet, so nicht, weil er ihr irgendeinen positiven Wert für seine Lebensgeschichte zuschreibt, sondern, im Gegenteil, weil sie den Unwert des von der Erbsünde gezeichneten Menschen symbolisiert.[39] Am Eingang der *Confessiones* wirft der Kirchenvater die Frage auf, ob er die Geschichte seiner „infantia", seiner frühen Kindheit, erzählen solle, obwohl er sich nicht an sie erinnern könne.[40] Augustinus bejaht diese Frage aus zweierlei Gründen: Zum einen habe er bereits als Infans gesündigt und müsse Gott dafür durch sein Bekenntnis Abbitte leisten. Zum anderen sei es notwendig, die vom Infans begangenen Sünden zu beichten, *gerade weil* er sich nicht daran erinnern könne, denn die Erinnerungslücke sei für das gefährliche (Fort-)Wirken der Sünde symptomatisch. Das Dogma der Erbschuld besagt ja eben dies: Jeder Mensch trägt als adamitische Erblast eine Schuld mit sich, über die er von sich aus nichts wissen kann; er wird durch eine Sünde belastet, die er sich nicht erinnert, begangen zu haben.[41] Und dennoch ist diese verborgene Sünde ein integraler Bestandteil seiner selbst, der sich auf sein ganzes Wollen und Handeln auswirkt. Denn die Strafe, mit der Gott die Menschen für die adamitische Ursünde geschlagen hat, besteht laut Augustinus darin, dass ihnen ihr verderbliches Tun nicht bewusst wird.[42] Die Ursünde wirkt in der Seele als verborgene Kraft weiter.[43] Sie legt ihren Schatten mithin auf jedes Verge-

38 Vgl. die bei Perrin 1996 angeführten Zeugnisse: 68.

39 Zum Folgenden vgl. auch Moser 2006, 437-443.

40 Augustinus, Aurelius 1981: Confessionum libri XIII. Hrsg. v. Luc Verheijen. Turnhout, I.6.9.

41 Die augustinische Erbsündenlehre, so erläutert Kurt Flasch, sieht „die Einheit des menschlichen Bewußtseins als einen entbehrlichen Begleitumstand moralisch bewertbarer Handlungen" an (Flasch, Kurt 1980: Augustin. Einführung in sein Denken. Stuttgart, 197).

42 Gott bestraft den Sünder dadurch für sein Vergehen, dass er ihn mit Blindheit gegenüber seinen sündhaften Motiven schlägt: Vgl. Augustinus 1981, I.18.27, II.2.2.

43 Zu diesem Aspekt der augustinischen Theorie der Erbsünde vgl. die Ausführungen von Brown, Peter 1991: Die Keuschheit der Engel. München (u.a.), 413–427. – Augustinus selbst erörtert die durch die Erbsünde bedingte Spaltung seines eigenen Willens ausführlich in: Augustinus 1981, VIII.8.20–VIII.11.27. Eine ausführliche dogmatische Explikation seiner Erbsündelehre bietet er im 13. und 14. Buch von *De civitate Dei*.

hen, dessen sich der Mensch schuldig macht – und zwar dadurch, dass sie ihn dazu veranlasst, sein korruptes Tun vor sich selbst zu verbergen.

Die Schuld, die der Infans auf sich lädt, ist folglich exemplarisch für die menschliche Sünde überhaupt. Das Kind erscheint als Repräsentant par excellence der menschlichen Schwäche und Gefallenheit; die Erinnerung an die Kindheit avanciert zum Paradigma schlechthin für die Analysearbeit, die der Autobiograph leisten muss, um das verborgene Wirken der Sünde aufzudecken. Diese Analysearbeit besitzt ein prekäres Ansehen. Einerseits muss sich der Autobiograph retrospektiv in die Psyche des Kindes vertiefen, um der Sünde auf die Spur zu kommen: „Was habe ich Armseliger denn an dir geliebt, o du mein Diebstahl, den ich begangen [...]?“, so forscht Augustinus etwa der Motivation für den berühmten Birnendiebstahl nach, dessen er sich als Junge schuldig machte.[44] Andererseits muss der Autobiograph verhindern, dass der sündhafte Affekt, nach dem er in seinem Gedächtnis fahndet, in der Vergegenwärtigung wieder auflebt. Er laviert zwischen Nähe und Distanz, zwischen Identität und Alterität, was ihm nur dadurch gelingen kann, dass er seine Bekenntnisrede auf Gott hin öffnet und – im doppelten Sinne des Wortes – *mit* Gott spricht. Der eigentliche Modus der augustinischen Bekenntnisrede ist das Du, nicht das Ich. Der Autobiograph spricht im Vorgriff auf das Urteil, das Gott über den Sünder fällt, aber er markiert diesen Vorgriff zugleich als ein fehlbares Vor-Urteil. Immer wieder wendet er sich in direkter Anrede an Gott, um sich seiner Position als eines schwachen Menschen zu vergewissern, der nur mit göttlichem Gnadenbeistand zur Erkenntnis der Sünde gelangen kann. Der hermeneutische Dialog mit Gott erlaubt es Augustinus, eine zusätzliche Ebene der Reflexion in seinen Bekenntnisdiskurs einzuziehen, sein Erinnern mithin reflexiv zu brechen.

Rousseaus Programm autobiographischer Erinnerung steht dem augustinischen Modell in allen wesentlichen Punkten diametral entgegen. Die Kindheit gilt ihm nicht als Ausbund sündhafter Selbstspaltung, sondern als ein verlorener Zustand der Unschuld, der Fülle und der Ganzheit. Die Erinnerung daran vollzieht sich nicht durch mühsame selbsthermeneutische Entzifferungsarbeit und unter Rekurs auf äußerliche Zeugnisse, sie soll vielmehr spontan, zwanglos und ungesucht ergehen, um die Vergangenheit im Affekt wiederaufleben zu lassen. Und schließlich soll der autobiographische Diskurs, der sich darauf stützt, keine dialogisch-reflexive Dimension ausbilden, sondern monologischer Selbstausdruck eines mit sich identischen Subjekts sein: Wenn Rousseau das Urteil über seine Person an den Leser der *Confessions* delegiert, so geschieht dies allein zu dem Zweck, sich selbst von der Urteils- und Reflexionstätigkeit zu entlasten. Auf diese Weise kann der Autobiograph sich rückhaltlos dem „sentir“, der Affektivität seines Erinnerns ausliefern, um ganz mit der Rede, die sie zum Ausdruck bringt, eins zu werden.

---

44 Augustinus 1981, II.6.12. (Übersetzung nach: Bekenntnisse, übersetzt, mit Anmerkungen versehen und herausgegeben von Kurt Flasch und Burkhard Mojsisch. Stuttgart 1989, 65.)

Diese Rede benötigt keinen göttlichen Bürgen der Wahrheit mehr – als unmittelbarer, authentischer Gefühlsausdruck bürgt sie vielmehr für sich selbst.[45] Der Rousseau'sche Autobiograph usurpiert somit die Position Gottes.[46]

IV.

Das Programm der Selbstdarstellung, das Rousseau in den *Confessions* entfaltet, gibt sich einen dezidiert anti-augustinischen Anstrich. Es verheißt die Möglichkeit, das gebrochene Selbst auf dem Wege der affektiven Erinnerung zu restituieren. Die Komplexität, Widersprüchlichkeit und auch Modernität des Rousseau'schen Autobiographie-Projekts bekundet sich jedoch darin, dass er es damit nicht bewenden lässt, sondern zugleich ein alternatives Modell affektiven Erinnerns skizziert, das die Prämissen des ersten in Frage stellt. Dieses alternative Modell wird sehr viel diskreter und ohne programmatischen Anspruch in den Text eingebracht. Dafür erweist es sich aber als bestimmend für die spezifische Spielart der Mnemographie, die Rousseau in den *Confessions* praktiziert. Wo das offizielle Programm den absoluten Vorrang der „sensation" propagiert, da trägt das inoffizielle Modell der unhintergehbaren Gebrochenheit des Erinnerungssubjekts Rechnung. Mehr noch: Es zieht eine reflexive Ebene in die autobiographische Rede ein, die den Text nicht (wie bei Augustinus) auf eine transzendentale (extratextuelle) Instanz hin öffnet, sondern ihn autoreferentiell in sich selbst spiegelt. Das autobiographische Subjekt konstituiert sich letztlich als Textsubjekt, als Selbstreflexion des Textes oder als allegorische Autobiographie der Schrift.[47]

Wiederholt weist Rousseau auf eine Eigentümlichkeit seines Wahrnehmungsverhaltens hin. Der kognitive und affektive Gehalt der Gegenstände offenbart sich ihm in der Regel nicht durch unmittelbare Erfahrung, sondern erst retrospektiv, im Aufschub der Erinnerung: „je ne vois bien que ce que je me rappelle"; „les objets font moins d'impression sur moi que leurs souvenirs".[48] Es ist also, entgegen den Prinzipien der sensualistischen Psychologie, gerade nicht der erste Eindruck, der ein klares Bild von dem wahrgenommenen Gegenstand oder ein intensives Gefühl hervorruft. Erkenntnis und Gefühl entstehen vielmehr erst nachträglich, in der Reflexion auf die Wahrnehmung, in der Erinnerung daran. Das aber bedeutet, dass die Erinnerung, anstatt ein bereits existierendes und im

45 „Au reste, je ne m'épuiserai point à protester de ma sincérité: si elle ne s'apperçoit pas dans cet ouvrage, si elle n'y porte pas témoignage d'elle même, il faut croire qu'elle n'y est pas." (Rousseau, Jean-Jacques 1959c: Mon Portrait. In: Rousseau, Jean-Jacques 1959: Œuvres complètes. Bd. 1. Bernard Gagnebin; Marcel Raymond (Hrsg.). Paris, 1120-1129, hier: 1123.

46 So auch Blumenberg, Hans 1996: Die Legitimität der Neuzeit. Erneuerte Ausgabe. Frankfurt/M., 122f.

47 Vgl. Meyer, Eva 1989: Die Autobiographie der Schrift. Basel (u.a.).

48 Rousseau 1959a, 114f., 174.

Gedächtnis gespeichertes Gefühl zu aktualisieren, dieses allererst hervorbringt.[49] Das zeitliche Intervall, das die Wahrnehmung von der Erinnerung trennt, ist für das Gefühl (wie auch für die Erkenntnis) konstitutiv. Die Erinnerung reproduziert nicht bloß, sondern produziert – sie füllt die Erfahrungslücke aus, die durch die unmittelbare Wahrnehmung hinterlassen wurde. Das ‚offizielle' Modell der Mémoire affective wird dadurch auf den Kopf gestellt.

Tatsächlich orientieren sich alle konkreten Beispiele für affektives Erinnern, die Rousseau in den *Confessions* vorführt, an dem zweiten, inoffiziellen Modell. Im sechsten Buch schildert er etwa die glückliche Zeit, die er gemeinsam mit seiner „Maman", der zugleich als Mutter-Ersatz und als Geliebte fungierenden Madame de Warens, in der ländlichen Abgeschiedenheit von Charmettes verbrachte. Eine Anekdote soll demonstrieren, wie stark sich jene Zeit und das daran gekoppelte Gefühl dem Gedächtnis des Autobiographen eingeprägt haben. Der Erzähler berichtet von einer kleinen Entdeckung am Wegesrand, die „Maman" auf einem Spaziergang machte:

> „En marchant elle vit quelque chose bleu dans la haye et me dit: voila de la pervenche encore en fleur. Je n'avois jamais vû de la pervenche, je ne me baissai pas pour l'examiner, et j'ai la vue trop courte pour distinguer à terre les plantes de ma hauteur. Je jettai seulement en passant un coup d'œil sur celle-là, et près de trentes ans sont passés sans que j'aye revû de la pervenche, ou que j'aye fait attention. En 1764 étant à Cressier avec mon ami M. du Peyrou, nous montions une petite montagne au sommet de laquelle il a un joli salon qu'il appelle avec raison Belle-vue. Je commençois alors d'herboriser un peu. En montant et regardant parmi les buissons je pousse un cri de joye: *ah voila de la pervenche*; et c'en étoit en effet. Du Peyrou s'apperçut du transport, mais il en ignoroit la cause [...]."[50]

Die Episode, die man in der Rousseau-Forschung als Vorwegnahme der Proust'schen Mémoire involontaire gelesen hat,[51] ist dazu angetan, das, was sie eigentlich belegen soll, in Frage zu stellen. Sie zeigt nicht auf, wie der Autobiograph eine in der Vergangenheit gemachte intensive Erfahrung zu einem späteren Zeitpunkt mit gleicher Intensität in der Erinnerung wiederbelebt. Im Gegenteil, Rousseau unternimmt alles, um die Defizienz der ursprünglichen Wahrnehmung herauszuarbeiten: Er sah das Immergrün nur im Vorübergehen und aus großem Abstand; aufgrund seiner Kurzsichtigkeit war er zudem nicht dazu in der Lage, es von den anderen Pflanzen in der unmittelbaren Umgebung zu unterscheiden. Folglich gewann er nur ein sehr flüchtiges, verschwommenes Bild von dem Objekt; es hinterließ keinen starken Eindruck. Dieses Bild kann erst Jahre später aufgeklärt werden, als Rousseau, bewaffnet mit dem Fachwissen und dem technischen Instrumentarium des Botanikers (wozu insbesondere ein Vergrößerungsglas

---

49 Bereits bei Rousseau lässt sich also jene Nachträglichkeitsstruktur feststellen, die Aleida Assmann zufolge ein Kennzeichen des romantischen Erinnerungsmodells darstellt. Vgl. Assmann 2009, 105f.

50 Rousseau 1959a, 226.

51 Poulet 1993, I, 35; Raymond 1962, 52-60; Klaiber 2004, 61f.

zu zählen ist), die Pflanzenwelt einem genauen Studium unterwirft.[52] Der Botaniker, der sich mit seinem mikroskopischen Blick in die Details der pflanzlichen Organe vertieft, ist eine treffende Metapher für den Autobiographen, der mit genüsslicher Weitschweifigkeit die Einzelheiten seiner Kindheitsgeschichte ausbreitet. Nicht das Kind, sondern erst der sich erinnernde Erwachsene nimmt diese Einzelheiten (wie mit der Lupe) überhaupt wahr. Das Gefühl, das ihn dabei erfasst, wird durch seine Tätigkeit allererst hervorgebracht – der genau hinschauende Botaniker, nicht der oberflächlich sehende Spaziergänger empfindet „joye". Der Wahrnehmungs- und Gefühlsausfall, der das Erleben in der erinnerten Situation kennzeichnet, bildet die Voraussetzung dafür, dass das spätere Erinnern als erfüllte Präsenz erfahren werden kann. Er eröffnet dem Erinnern einen imaginären Freiraum. Das vermeintliche Wiedererkennen und Wiedererleben ist in Wirklichkeit ein Neuerschaffen.

Ein weiteres instruktives Beispiel für die Funktionsweise der Mémoire affective findet sich im Eingangskapitel der *Confessions*, das der frühen Kindheit Rousseaus gewidmet ist. Der Autobiograph berichtet über seine Tante Suzon, mit der ihn nach dem Tod seiner Mutter eine innige Beziehung verband. Rousseau glaubt, dass er ihr seine Leidenschaft für die Musik zu verdanken hat, denn sie pflegte ihm „avec un filet de voix fort douce" Lieder vorzusingen, von denen einige mitunter wieder in seinem Gedächtnis auftauchen:

> „Diroit-on que moi, vieux radoteur, [...] je me surprends quelquefois à pleurer comme un enfant en marmotant ces petits airs d'une voix déja cassée et tremblante? Il y en a un surtout qui m'est bien revenue tout entier, quant à l'air; mais la seconde moité des paroles s'est constamment refusée à tous mes efforts pour me la rappeller, quoiqu'il m'en revienne confusément les rimes. Voici le commencement, et ce que je pu me rappeller du reste.
>
> Tircis, je n'ose
> Ecouter ton Chalumeau
> Sous l'Ormeau;
> Car on en cause
> Déja dans nôtre hameau.
>
> .... un berger
> .... s'engager
> .... sans danger;
> Et toujours l'épine est sous la rose.
>
> Je cherche où est le charme attendrissant que mon cœur trouve à cette chanson: c'est un caprice auquel je ne comprends rien; mais il m'est de toute impossibilité de la chanter jusqu'à la fin, sans être arrêté par mes larmes. J'ai cent fois projetté d'écrire à Paris pour

[52] Zum Zusammenhang zwischen den botanischen Studien Rousseaus und seiner Autobiographik vgl. Moser, Christian 2003: Sich selbst darstellende Natur: Naturwahrnehmung und autobiographische Praxis bei Jean-Jacques Rousseau. In: Claudia Albes; Christiane Frey (Hrsg.): Darstellbarkeit. Zu einem philosophisch-ästhetischen Problem um 1800. Würzburg, 157-180.

> faire chercher le reste des paroles, si tant est que quelqu'un les connoisse encore. Mais je suis presque sûr que le plaisir que je prends à rappeller cet air s'évanouiroit en partie, si j'avois la preuve que d'autres que ma pauvre tante Suson l'ont chanté."[53]

Rousseaus Erinnerung an das Lied ist lückenhaft. Anstatt diese Lücken zu verbergen und so die vollkommene Wiederauferstehung der Vergangenheit im autobiographischen Erinnerungsdiskurs zu suggerieren, stellt er sie im Text offen zur Schau.[54] Warum scheut der Autobiograph davor zurück, den Liedtext aus anderen Quellen zu vervollständigen? Zum einen demonstriert er auf diese Weise, dass es ihm mit seinem Vorhaben, keine externen Hilfsmittel des Gedächtnisses zuzulassen, ernst ist. Der lückenhafte Text ist ein Authentizitätsmarker – er verweist auf ein Erinnern, das unmittelbar aus dem affektiven Selbstbezug des Autobiographen hervorgeht. Rousseau signalisiert, dass er nicht darauf abzielt, die Vergangenheit faktisch exakt zu rekonstruieren, sondern darauf, den gegenwärtigen Prozess des Erinnerns abzubilden, in dem das Vergangene in affektiver Form aktualisiert wird. Zum anderen aber wäre das Auffüllen der Lücken aus fremden Quellen ein Zeichen dafür, dass das Lied auch von unbeteiligten Personen gesungen wurde und ein allgemeines Kulturgut darstellt. Rousseau sieht es aber offenbar als sein ganz persönliches Besitztum an, als ein ganz privates Souvenir: Es soll allein ihm und seiner Tante Suzon angehören. In dem Lied materialisiert sich die intime Beziehung der beiden, die Mutter-Kind-Dyade, die ein narzisstisches Selbstverhältnis begründet. Die Beteiligung der anderen käme einer Vertreibung des Individuums aus diesem Paradies gleich, einem Einbruch der symbolischen Ordnung in die Sphäre des Imaginären. Die Erinnerung scheint diesen mütterlichen Schutzraum des Imaginären wiederherstellen zu können – sie etabliert im Gefühl (im „charme attendrissant") eine direkte Verbindung zwischen dem Sich-Erinnernden und der Mutterfigur.

Paradoxerweise ist es aber nun gerade eine *Lücke*, ein das Lied unübersehbar durchziehender *Bruch*, der für diese *Verbindung* konstitutiv ist. Allein die Lücke vermag zu beglaubigen, dass das Lied das persönliche Eigentum Rousseaus darstellt. Die Lücke ist aber zugleich auch das Zeichen für die unüberwindliche Kluft, die das Vergangene von der Gegenwart abtrennt, für das Scheitern des Versuches, diese Kluft zu überwinden. Es sind also ausgerechnet die Lücken der Erinnerung, in denen das Tote und Vergangene wieder ‚lebendig' wird und sich affektiv zur Geltung bringt. Das Gefühl, das dem Vergangenen den Schein unmittelbarer Präsenz verleiht, ist in Wirklichkeit eine Funktion des irreduziblen Bruchs, der das vergangene vom gegenwärtigen Selbst abspaltet. Signifikanterweise ist der Autobiograph nicht dazu fähig, die alten Lieder, an die er sich erinnert, zu Ende zu singen: Überwältigt von seinen Gefühlen, ist er dazu genötigt,

---

53 Rousseau 1959a, 11f.

54 Philippe Lejeune weist zu Recht auf Rousseaus „dramatische Inszenierung dieser Gedächtnislücke" hin. S. hierzu: Lejeune, Philippe 1994: Der autobiographische Pakt. Frankfurt/M., 128.

die Performance *abzubrechen*, und attestiert somit die Unmöglichkeit, das Vergangene vollkommen zu vergegenwärtigen. Das Gefühl erzwingt den Abbruch, weil es ein Produkt des Bruchs ist.

Mehr noch: Der alternde Autobiograph singt das Lied, das in seiner Erinnerung aufsteigt, „d'une voix déja *cassée* et tremblante". Die Gebrochenheit der Stimme verweist nicht nur auf den Bruch zwischen Gegenwart und Vergangenheit, sondern auch auf die feine Stimme („un filet de voix"), mit der Suzon dem Kind das Lied in ferner Vergangenheit vorsang. Der Ausdruck „un filet de voix" evoziert, wie Jean-François Perrin darlegt,[55] die Nähe des Todes. Die Stimme der Tante war so fein, dass sie gleichsam nur noch mit einem Faden am Leben hing. Das Lied, dessen der Autobiograph sich entsinnt, gemahnt somit nicht an eine verlorene Fülle. Es indiziert vielmehr einen originären Entzug. Denn der Tod, der in der Stimme der Tante mitschwang, ist der Tod der Mutter, die durch Suzon ersetzt werden sollte. Der Autobiograph selbst fühlt sich für diesen Tod verantwortlich: „je coûtai la vie à ma mère, et ma naissance fut le premier de mes malheurs."[56] Vom ersten Moment seiner Existenz an hat er im Bruch, in der Trennung leben müssen. Er hat sich immer schon in einer Sphäre der Surrogate und Stellvertretungen befunden. Die erfüllte Kindheit, die durch die Mémoire affective zu bewahren wäre, hat es mithin nie gegeben. Der vom Protagonisten der Autobiographie unbewusst verschuldete Tod der Mutter bildet das strukturelle Pendant zur augustinischen Erbsünde. Er programmiert ein Erinnern (und ein Subjekt), das auf seine eigene Gebrochenheit reflektiert und diese in den Lücken und Brüchen des Textes allegorisch ausstellt.

V.

Nicht nur zur augustinischen Erbschuld gibt es bei Rousseau ein Gegenstück, auch die Reflexivität autobiographischen Erzählens, die das Bekenntniswerk des Kirchenvaters charakterisiert, hat in den *Confessions* eine Entsprechung. Die Reflexivität des Erzählens realisiert sich hier allerdings nicht in Form eines hermeneutischen Dialoges, der den Text auf Gott hin öffnet. Rousseaus Erinnerungsszenarien bilden vielmehr eine allegorische Dimension aus; ihre Bildlichkeit verweist weniger auf die textexterne Referenz des vergangenen Ichs und seinen transzendentalen Garanten als auf die Gegenwart des Erinnerns und seine rein textuelle Verfasstheit.[57] Wo die augustinische Reflexivität den Text öffnet, da tendiert das Rousseau'sche Pendant dazu, den Text selbstreferentiell in sich abzuschließen. Die allegorischen Erinnerungsepisoden in den *Confessions* versinnbildlichen den Entzug des Referenten und exponieren ihren literarischen Charakter,

55 Vgl. Perrin 1996, 70f.

56 Rousseau 1959a, 7.

57 Zur allegorischen Dimension der autobiographischen *écriture* Rousseaus vgl. Williams, Huntington 1983: Rousseau and Romantic Autobiography. New York 1983, 143-146.

der als der eigentliche Generator von Affektivität kenntlich gemacht wird: „qu'on me laisse conter le plus longuement qu'il me sera possible, pour prolonger mon plaisir."[58] Die Erinnerungsfreude erweist sich am Ende als eine Lust am Text, die aus dem Bruch mit der referentiellen Gegenständlichkeit hervorgeht.

Tatsächlich sind fast alle episodischen Erzählungen, die Rousseau in den *Confessions* der Mémoire affective unterstellt, Geschichten der aufgeschobenen Erfüllung eines gegenständlichen Begehrens – und in diesem Sinne unvollendete, *abgebrochene* Geschichten. Ein besonders aussagekräftiges Beispiel ist die im ersten Buch mitgeteilte Geschichte vom Apfeldiebstahl, die als Kontrafaktur des augustinischen Birnendiebstahls gelesen werden kann. Unter der Knute eines ungerechten Meisters hat sich der kleine Jean-Jacques zum Dieb entwickelt. Diese Dieberei des jungen Lehrlings ist nicht etwa der Ausdruck kindlicher Sündhaftigkeit, sondern das Ergebnis einer ungerechten Gesellschaftsordnung, in der die Herrschenden den Untergebenen die Mittel zur Befriedigung der notwendigsten Lebensbedürfnisse vorenthalten. Sie entspringt zudem seiner Abneigung gegen das Medium des Geldes, das sich der unmittelbaren Bedürfnisbefriedigung als Hindernis in den Weg stellt. Jean-Jacques stiehlt, weil er Hunger hat und um sich gegen diese unnatürliche Ordnung aufzulehnen. Er hat es auf einen Apfel in der verschlossenen, durch ein vergittertes Fenster nur dem Blick zugänglichen Speisekammer seines Meisters abgesehen. Der Autobiograph berichtet umständlich von mehreren vergeblichen Versuchen Jean-Jacques', sich des Apfels zu bemächtigen, von dem Bemühen des Jungen, einen Bratspieß zu verlängern und zur Apfeljagdwaffe umzufunktionieren, schließlich, nachdem die begehrte Frucht fast schon in die Hände des Diebs gelangt ist, von der Notwendigkeit, die Ausführung des Projekts noch einmal auf den folgenden Tag zu verschieben:

> „Le lendemain retrouvant l'occasion belle, je tente un nouvel essai. Je monte sur mes treteaux, j'alonge la broche, je l'ajuste, j'étois pret à piquer ... malheureusement le dragon ne dormoit pas. Tout à coup la porte de la dépense s'ouvrre; mon maître en sort, croise les bras, me regarde, et me dit: courage ... *la plume me tombe des mains.*"[59]

Derselbe Satz, der die völlige Identifizierung des Erzählers mit dem Helden der Erzählung und die restlose Vergegenwärtigung des Vergangenen anzuzeigen scheint, eröffnet eine Kluft, die die Möglichkeit solcher Identität ausschließt. Die Vertauschung des Bratspießes mit der Schreibfeder macht die Episode allegorisch lesbar als Reflexion auf ein Schreibverfahren, das die Distanz zu seinem Gegenstand – eben jene allegorische Distanz! – in einer stets erneuerten Bewegung des Aufschubs reproduziert und gerade dadurch Affektivität generiert. Der Diebstahl ist zugleich Allegorie des Diebstahls, den der Autobiograph begeht, wenn er seiner Rede eine gegenständliche Referenz zuschreibt. Eben diese allegorische Überdeterminierung verhindert einen solchen Diebstahl: Der Erzähler, der seinen Be-

58 Rousseau 1959a, 22.
59 Ebd., 34 (Hervorhebung von mir, C.M.).

richt *abbricht* und die Feder sinken lässt, bringt nicht (nur) die im Affekt verbürgte Wiederauferstehung des Vergangenen gestisch zum Ausdruck, er nimmt (zugleich) auf der Ebene allegorisierender Selbstkommentierung die Position des den Diebstahl vereitelnden Meisters (des meisterhaften Erzählers) ein. Das Abbrechen der Erzählung erzeugt und vernichtet in ein und derselben kontrollierten Bewegung die Illusion von der Auferstehung des vergangenen Ichs im Text.

Der Autobiograph bekundet in diesem Zusammenhang seine Verachtung für das Geld. Bei genauerem Hinsehen zeigt sich freilich, dass er nicht das Geld an sich verachtet. Im Gegenteil, er schätzt den Besitz von Geld, weil dieser ihm ein Gefühl der Freiheit und der imaginären Fülle vermittelt.[60] Was er hasst, ist der enttäuschende Moment, in dem Geld gegen einen konkreten Gegenstand eingetauscht, die imaginäre Fülle durch ein armseliges Stück Realität ersetzt werden muss. Als *reines* Medium, dem nichts Reales entspricht, ist das Geld für ihn akzeptabel. Dem Medium und Zeichensystem Geld korrespondiert das Medium Schrift und das Zeichensystem Literatur. In der Apfeldiebstahl-Episode häuft der Autobiograph die Instrumente, Hindernisse und Medien an (Gitter, Trog, Bratspieß, verlängernder Stab, Meister), die *zwischen* das Subjekt und den begehrten Gegenstand ins Mittel treten, um den Tausch des Mediums gegen den Gegenstand hinauszuzögern und schließlich ad infinitum aufzuschieben. Der Autobiograph will in der Sphäre reiner Medialität verharren, weil er nur hier ganz bei sich sein kann. In Episoden wie diesen zeichnet sich die Vorstellung eines absoluten autobiographischen Textes ab, der kein außertextuelles Subjekt mehr kennt. Sie weist somit weit in die Zukunft voraus – auf Formen der Subjektivität, wie sie die Literatur der Moderne und Postmoderne entwickeln wird.

60 Vgl. ebd., 38: „l'argent qu'on possede est l'instrument de la liberté; celui qu'on pourchasse est celui de la servitude".

Jean-Jacques Rousseaus Entdeckung der Geschichte des Bösen im philosophischen und erbsündentheologischen Diskurs

Eine Auseinandersetzung mit Susan Neiman

Michael Schulz

Die US-amerikanische Philosophin Susan Neiman feiert in ihrem im Jahr 2002 erschienen Buch *Evil in Modern Thought* Jean-Jaques Rousseaus (1712-1778) *raisonnement hypothétique* über den Naturzustand des Menschen als Meilenstein in der philosophischen Auseinandersetzung mit der Frage nach dem Bösen. In ihrem Buch mit Untertitel *An Alternative History of Philosophy* präsentiert sie Rousseau als einen der Denker, der ihre These bestätigen soll, nach der in den letzten 300 Jahre die westliche Philosophie nicht allein durch erkenntnistheoretische Fragen vorangetrieben wurde.[1] Vielmehr habe die Theodizeeproblematik sich massiv der Reflexion aufgedrängt (25). Das Erdbeben von Lissabon am Allerheiligentag 1755 und die Grauen von Auschwitz markieren Neiman zufolge den zeitgeschichtlichen Rahmen für die denkerische Herausforderung des philosophischen Diskurses. Die mit diesen Namen verbundenen physischen und moralischen Übel hätten zum Zusammenbruch des Weltverständnisses geführt. Diese Ereignisse des natürlichen und moralischen Übels bedrohten und bedrohen unsere Fähigkeit, uns in der Welt zu orientieren, in der weder Sinn noch Gerechtigkeit einfach zuhandene Größen darstellten. Neiman sieht die Philosophie mit der Forderung nach Verstehbarkeit der durch diese Übel verrätselten Welt konfrontiert. Zugleich konstatiert sie, dass alle Anstrengungen, auf die Weltverrätselung durch das natürliche und moralische Übel eine befriedigende Antwort zu finden, nicht von allseits anerkannten Erfolgen gekrönt wurden, zumal nicht nach Auschwitz. In Rousseaus Philosophie erkennt die US-amerikanische Philosophin jedoch eine Deutung vor allem des moralischen Bösen, die ihr bis in die Gegenwart hinein als belastbar und für ein Verstehen der Welt als hinreichend erscheint.

In diesem Beitrag möchte ich Rousseau indirekt durch Susan Neiman zur Sprache bringen mit dem Ziel, zu zeigen, worin nach Auffassung dieser Philosophin der bleibende Beitrag Rousseaus in der Theodizeedebatte besteht. Die Rousseau-Deutung Neimans diskutiere ich im Vergleich mit der christlichen Erbsündenlehre, da sie Neiman als Kontrastfolie für Rousseaus Entdeckung der Ge-

---

[1] Vgl. Neiman, Susan 7. Aufl. 2004 (1. Aufl. 2002): Evil in Modern Thought. An Alternative History of Philosophy. Princeton; Oxford; Neiman, Susan 6. Aufl. 2011 (1. Aufl. 2006): Das Böse denken. Eine andere Geschichte der Philosophie. Frankfurt/M. In der Regel wird aus der deutschen Übersetzung zitiert. Die eingeklammerten Zahlen im Text sind die Seitenangaben der deutschen Ausgabe.

schichtlichkeit des Bösen dient. Das Ziel dieses Beitrags ist dezent apologetisch: Indem Parallelen und Unterschiede zwischen der christlichen Hamartiologie (Sündenlehre) und Rousseaus Urzustandserzählung dargestellt werden, soll Neimans systematische Spitze ihrer Rousseau-Deutung entkräftet, aber durchaus der systematischen Intention Neimans folgend die kriteriologische Bedeutung von Rousseaus Urzustandsprojektion für die Theologie herausgestellt werden.

1. Rousseau – der wissenschaftliche Philosoph des Bösen

Neiman formuliert die These: Rousseau hat „als erster das Problem des Bösen philosophisch behandelt", indem er etwas anbietet, „was einer Lösung nahekommt" (79). Sie bezieht sich mit ihrer Einschätzung vor allem auf Rousseaus 1755 erschienenen zweiten *Diskurs über den Ursprung und die Grundlagen der Ungleichheit unter den Menschen* (*Discours sur l'origine et les fondements de l'inégalité parmi les hommes*) sowie auf Rousseaus Erziehungsphilosophie in *Émile* aus dem Jahr 1762.

Dass Rousseau mit diesen Werken der erste Philosoph des Bösen sei, sagt Neiman nicht in Unkenntnis der Philosophiegeschichte. Rousseau biete aber eine *natürliche Erklärung* für den aktuellen Zustand des modernen Menschen an, der nach Einschätzung Rousseaus durch vielfältige Formen der Entfremdung in Gesellschaft, Kultur und Wissenschaft gekennzeichnet ist. Diese natürliche Erklärung des Übels präzisiert Neiman als „wissenschaftlich im Gegensatz zu theologisch" (81). Dieser Gegensatz zwischen wissenschaftlicher und theologischer Erklärung macht Rousseau jedoch nicht, so Neiman, zum Opponenten des christlichen Glaubens. Und das Attribut „wissenschaftlich" müsse ohnehin in einem weiteren Sinn verstanden werden. Gemeint ist eine empirische Orientierung, die mit psychologischen Analysen und philosophischen Interpretationen verbunden wird (81).

Die theologische Erklärung, die Rousseau zurückweisen soll, bezieht sich Neiman zufolge auf die von Augustinus geprägte Erbsündenlehre und ihre Implikate wie Soteriologie und Gnadenlehre. Ein überzogener Augustinismus, der mit einem anthropologischen Pessimismus koinzidiert, prägt die Zeit Rousseaus.[2] Mit Augustinus kann Rousseau zwar das verheerende Ausmaß der moralischen Misere des Menschen beschreiben. Aber sowohl bei Bestimmung der Ursache für die Misere als auch bei den Angaben zu deren Überwindung weicht Rousseau von Augustinus bzw. dem Christentum ab. Die negative Entwicklung des Menschen wird in Abgrenzung von Augustinus nicht theozentrisch, sondern rein anthropozentrisch aufgefasst. Nicht eine unfassliche unmittelbare Sünde gegen Gott markiert

2 Vgl. dazu Cladis, Mark S. 1995: Tragedy and Theodicy: A Meditation on Rousseau and Moral Evil. In: The Journal of Religion 75, 181-199; Cladis, Mark S. 1996: Rousseau's Soteriology: Deliverance at the Crossroads. In: Religious Studies 32, 79-91. Cladis positioniert Rousseaus Denken zwischen zwei Extremen, die es gleichzeitig bestimmen: zwischen einem augustinistischen Pessimismus und einem humanistischen Optimismus.

den Anfang und das weitere Geschick der Menschheitsgeschichte; vielmehr führt das Vergehen des sich kulturell entwickelnden Menschen die Misere herbei. Auf diese unterschiedliche Diagnostik kommt es Neiman zufolge an. Rousseau bietet im *Emile* – bezeichnender Weise im Glaubensbekenntnis des savoyischen Vikars – eine kurzgefasste Anleitung an, um diesen Urzustand des Menschen zu erreichen und die folgenreichen Verfehlungen zu identifizieren. „Nimm unsre verhängnisvollen Fortschritte weg, nimm unsre Irrtümer und Laster weg, alles Menschenwerk, und alles ist gut."[3] Nicht Gotteswerk, keine göttliche Strafe in Gestalt natürlicher Übel lastet seit Adam auf dem von Adam herkommenden Menschen, sondern bloß Menschenwerk: ein „Missbrauch unsrer Fähigkeiten", durch die die natürlichen Übel erst „spürbar" werden.[4] Subtrahiert man mit Rousseau den Missbrauch menschlicher Fähigkeiten in Form eines vermeintlichen Fortschritts, dann erglänzt das ursprüngliche Gutsein des Menschen. „Alles ist gut" – Neiman erkennt in Rousseau einen Apologeten dieses theodizeestabilisierenden Grundsatzes, den der englische Dichter und Schriftsteller Alexander Pope aus biblisch-theologischen Motiven formulierte (73, 97). Man könnte Neiman so verstehen, dass Rousseau mit seiner natürlichen Erklärung den ersten Teil einer Anthropodizee offeriert: eine Rechtfertigung des Menschen. Diese Anthropodizee manifestiert sich in der These: Trotz der düsteren Realität, die den Menschen als Quelle des Bösen entlarvt, ist er ursprünglich gut. Im zweiten Teil seiner Anthropodizee erklärt Rousseau, wie der Mensch diese Gutheit wieder in sich erwecken kann.

2. Kontingente universelle Bosheit

„Die Menschen sind schlecht."[5] Rousseau konstatiert diesen dramatischen Sachverhalt in einem umfangreichen Verteidigungsbrief an den Erzbischof von Paris, Christophe de Beaumont (1703-1781), der zuvor Rousseaus Erzählung *Emile* in einem Schreiben verurteilt und indiziert hatte.[6] Zur Begründung seiner Behauptung beruft sich Rousseau auf das alltäglich Erlebte: „Eine traurige und lange Erfahrung enthebt uns des Beweises."[7] In seinem Diskurs über die *Ungleichheit unter den Menschen* hat er diese Erfahrung in einer Kultur- und Gesellschaftskritik breit genealogisch erörtert – und man könnte meinen – in gedanklicher Nähe zur Erbsündenlehre. Man vernimmt bei Rousseau geradezu ein Echo der 2. Synode von Orange aus dem Jahr 529, die im Anschluss an Augustinus formulierte, dass sich

---

3 Rousseau, Jean-Jacques 1995a: Emile oder Über die Erziehung (1762), hrsg. v. Rang, Martin. Stuttgart, 576.

4 Ebd., 575.

5 Rousseau, Jean-Jacques 1995b: Über den Ursprung der Ungleichheit unter den Menschen (1755). In: Rousseau, Jean-Jacques, 5. Aufl. 1995: Schriften zur Kulturkritik, hrsg. v. Weigand, Kurt. Hamburg, 111.

6 Vgl. Rousseau, Jean-Jacques 1912: Brief an Christophe de Beaumont. Frankfurt/M., 15, 19.

7 Rousseau 1995b, 111.

die menschliche Natur seit ihren Anfängen verändert habe, und zwar zum Schlechteren hin: *in deterius*.[8]

Doch dem Erzbischof schreibt Rousseau nicht, um sich als Schüler Augustins zu empfehlen. Die entgegengesetzte Absicht motiviert ihn. Er wiederholt seine Überzeugung vom Gutsein des Menschen und stellt sie der Hamartiologie von der grundlegenden Perversion des Menschen entgegen. Er bringt seinen Unmut über die Erbsündenlehre deutlich zum Ausdruck.[9] Sie gehöre nicht zu den Glaubenssätzen, die die abrahamitischen Religionen miteinander verbinden könnten. Vielmehr verdunkle sie Gottes Gerechtigkeit. Sie könne nicht zu einer vernunftgemäßen Religion gehören, die der Mensch als vernunftbegabtes und soziales Geschöpf pflegt.[10] Neiman bringt Rousseaus Einwände auf den Punkt, indem sie zu bedenken gibt: Wenn das Böse unvermeidlich in jedes Leben einbricht, so stellt sich die Frage, weshalb sich unter dieser Voraussetzung das Ringen um Sittlichkeit noch auszahlen soll? „Wenn die menschliche Natur durch eine falsche Entscheidung im Garten Eden korrupt wurde, machen unsere einzelnen Entscheidungen auch nicht mehr viel aus.“ (83) Also muss Rousseau zufolge gegenüber aller Schlechtigkeit des Menschen dessen Gutheit gewahrt werden. Es muss gelingen, die Verfallenheit des Menschen von seinem Wesenskern überzeugend zu trennen. Auch nach biblisch-christlicher Auffassung kommt der Mensch, wie Rousseau formuliert, aus den Händen des Schöpfers und „ist gut“.[11] Trotz dieser gedanklichen Nähe zum Christentum wendet sich der Erzbischof gegen Rousseau. Warum?

Der episkopale Widerspruch steht im Zusammenhang mit der Kategorie, die die Trennung zwischen Gutsein und Schlechtigkeit des Menschen erfolgreich erlaubt und durch die kulturkritischen Analysen Rousseaus angedeutet wird. Neiman zufolge operiert Rousseau mit der Kategorie der *Geschichte* (83). Rousseau erzählt eine Kulturgeschichte, aus der der Mensch hervorgeht – so wie er sich mit eigenen Händen gemacht hat. Dadurch setzt er sich vom biblischen Verständnis ab. Was retrospektiv in der Erzählung vom Sündenfall als singuläres Ereignis dargestellt wird, transformiert Rousseau zu einer langen Geschichte der Depravation, deren Ereignisse aber – und das ist entscheidend – radikal kontingent sind. Das „zufällige Zusammenwirken äußerer Ursachen“ setzt ungeplant, unabsichtlich diese Negativentwicklung in Gang – ein Zusammenwirken, „das ebenso gut auch nie hätte stattfinden können“.[12] Während beispielsweise Hegel zufolge der

---

8 DH 371 = Denzinger, Heinrich [42]2009: Enchiridion symbolorum definitionum et declarationum de rebus fidei et morum / Kompendium der Glaubensbekenntnisse und kirchlichen Lehrentscheidungen, hrsg. v. Hünermann, Peter. Freiburg; Basel; Wien [Abk. DH s.u. Anm. 17].

9 Vgl. Rousseau 1912, 19, Anm. 3.

10 Vgl. ebd., 16, 58, 68-70; Cladis 1996, 85.

11 Rousseau 1995a, 107.

12 Rousseau 1995b, 189.

Sündenfall der Logik folgt, „einmal ist allemal",[13] sind die Depravationsereignisse nach Rousseaus Deutung in ihrer Reichweite und Effizienz begrenzt: Einmal ist auch nur einmal, so schwerwiegend ein zufälliges Geschehnis, das die moralische Erosion provoziert, auch sein mag und so sehr es Teil einer faktisch unaufhaltsamen Entwicklung ist. Aber ein andermal könnte die Entwicklung anders verlaufen – aufgrund anderer Ereignisse, die alternative Entscheidungen hervorrufen. Kontingent, nicht notwendig ist zwar auch nach theologischem Verständnis die Ursünde; aber sie ist nicht einfach durch eine andere zufällige Ereignis- und Entscheidungsfolge zu neutralisieren. Dazu ist wesentlich mehr erforderlich. Erforderlich ist der geschichtliche Akt der Erlösung, der nur von Gott her kommen kann. Darum liegt die zweite Provokation in Rousseaus Überzeugung, dass die Kontingenz der Negativentwicklung nicht nur deren Überwindung in Aussicht stellt, sondern dass diese Überwindung schon durch zufällige Ereignisse eingeleitet und durch menschliche Reaktionen darauf realisiert werden kann – mit anderen Worten: dass der Mensch selbst der Dramatik seines Absturzes entkommt, es also keiner göttlichen Initiative bedarf, um das Erlösungsgeschehen überhaupt erst möglich zu machen. Mehr noch: Man muss nicht nur auf zufällige neue Ereignisse warten, die alternative Entscheidungen zum Besseren initiieren. Vielmehr kann der Mensch umgekehrt durch Entscheidungen neue geschichtliche Ereignisse herbeiführen, die die Wende zum Besseren einleiten. Das mit *Emile* verbundene Programm der Erziehung verwendet die Kategorie der Geschichte in dieser optimistischen Ausrichtung. Weil das Böse im Prinzip keine unabwendbare Komplizenschaft aller Menschen begründet, kann der Mensch es therapieren. Er kann mittels alternativer Entscheidungen eine neue Geschichte schreiben. Gegen diesen Gedanken wendet sich insbesondere der Pariser Erzbischof. Der Erzieher scheint Christus, den Erlöser, zu ersetzen.[14] Das Bekenntnis des savoyischen Vikars im Erziehungsbuch *Emile* kommt tatsächlich ohne Rekurs auf eine christologisch begründete Soteriologie aus.

Den Freiraum, den Rousseau durch die Implementierung der Geschichtskategorie gewinnt, bezieht er nicht nur auf das Individuum, sondern gleichfalls auf das Kollektiv der Menschen. Seine staatsphilosophischen Überlegungen zum Gesellschaftsvertrag schildern die neue Geschichte kollektiver Rettung (101).[15]

Für Neiman signalisiert die zweifache Provokation, die von Rousseaus Philosophie des Bösen ausgeht, die Neuheit, die diese Philosophie in der Geistesgeschichte darstellt. Die Dogmen von der Erbsünde, Erlösung und Gnade rechnet

[13] Hegel, Georg Wilhelm Friedrich 1984: Vorlesungen über die Philosophie der Religion, Teil 3: Die vollendete Religion (=Hegel, Georg Wilhelm Friedrich: Ausgewählte Nachschriften und Manuskripte, Bd. 5), hrsg. v. Jaeschke, Walter. Hamburg, 49, 69.

[14] Vgl. Rousseau 1912, 15-16.

[15] Vgl. Rousseau, Jean-Jacques 2010: Du contrat social. Vom Gesellschaftsvertrag, hrsg. v. Brockard, Hans. Stuttgart, 1. Buch, Kap. 6: 30-37.

Rousseau zu den allenfalls nur lokal bedeutsamen Konkretionen einer allgemeinen, überkonfessionellen Welt- und Zivilreligion deistischen Zuschnitts; auf globaler Ebene spielen diese Dogmen keine Rolle.[16] Ihre Suspension gibt nach der erwähnten Einschätzung Neimans den menschlichen Entscheidungen zugunsten besserer Lebensverhältnisse erst eine positive Relevanz. Suspendiert wird nicht das Dogma von der Vorsehung Gottes. Die US-amerikanische Philosophin argumentiert, dass Rousseaus Absicht, die geschichtlichen Prozesse für das Elend des Menschen und für dessen mögliche Beseitigung sichtbar zu machen, ihn gerade zum „Kronzeugen der Vorsehung" avancieren lässt (84). Denn es gereiche Gott zur Ehre, den Menschen mit einer Erkenntnisfähigkeit ausgestattet zu haben, mit der er die Gründe seiner Depravation durchschaut, und mit deren Hilfe er auch Mittel zur Überwindung seiner Misere findet. Das Mittel heißt aber eben nicht Zerknirschung und Buße, sondern Wissen und Entschiedenheit dank erlangter Selbsterkenntnis. Diese sozusagen horizontal ausgerichtete Anthropodizee ist dennoch Theodizee. Denn nur ein zum Guten wandelbarer Mensch aus eigener Hand rechtfertigt seinen Schöpfer, dessen Hand er entsprang.

Der augustinistische Grundzug der Erbsünden- und Erlösungslehre konnte in der Zeit Rousseaus dazu führen, dass nicht nur die erbsündliche Korruption der menschlichen Natur in extremer Weise betont wurde, sondern dass man selbst die postbaptismale Situation des Christen mit dem Verweis auf eine bleibende Bedrohung durch die Sünde immer noch in sehr dunklen Farben malte. Dass der Christ, gestärkt durch die Taufe, dem Bösen erfolgreich Widerstand zu leisten und es persönlich zu überwinden vermag,[17] wurde ungenügend zur Geltung gebracht. Rousseau weist den Pariser Erzbischof auf das Defizit hin, dass die sündenüberwindende Kraft der Taufe theologisch kaum herausgestellt werde.[18] Diese

---

16 Vgl. ebd., 4. Buch, Kap. 8: 287-313.

17 Offizielle katholische Lehre ist, dass die Taufe die Ursünde tilgt und von dieser nur ein Hang zur Sünde im Menschen zurückbleibt. Diese (nicht Sünde genannte) Inklination zum Bösen (Konkupiszenz) bleibt im Getauften „ad agonem" zurück, d.h. zur tatkräftigen Aneignung und persönlichen Ratifikation der gratis empfangenen Taufgnade. Den Getauften sieht man grundsätzlich mit der Kraft ausgerüstet, dem Hang zum Bösen zu widerstehen, so dass er dem Menschen prinzipiell nicht schaden kann (Konzil von Trient: Dekret über die Ursünde vom 17.06.1546. In: DH 1515 [s.o. Anm. 8]). Der Getaufte wird also geradezu aufgerufen, seine Erlösung durch Christus persönlich und tatkräftig anzueignen. Von einem ausweglosen Verhängnis des Bösen, in dem selbst der Getaufte verstrickt bleibt, so dass seine Anstrengungen für das Gute letztlich umsonst sind, geht die katholische Lehre nicht aus. Auch die lutherische Auffassung zielt auf eine Überwindung der Sünde, die zwar im Getauften zurückbleibt, aber von Christus dominiert wird (peccatum regnatum), so dass der Gerechtfertigte in guten Werken Zeichen seiner Erlösung setzen kann und soll (Gemeinsame Erklärung zur Rechtfertigungslehre des Lutherischen Weltbundes und der Katholischen Kirche vom 31.10.1999, Nr. 28-30.) http://www.vatican.va/roman_curia/pontifical_councils/chrstuni/documents/rc_pc_chrstuni_doc_31101999_cath-luth-joint-declaration_ge.html, gesehen am 11.07.2013). Die kalvinistische Prädestinationslehre kann in ihrer Übersteigung zu der Auffassung führen, menschliches Handeln sei angesichts der göttlichen Vorherbestimmung zur Errettung oder Verdammnis irrelevant.

18 Vgl. Rousseau 1912, 16-21.

theologische Problematik muss mitbedacht werden, wenn man gegen Rousseaus These Einspruch erhebt, nach der das Böse durch die Kunst der Pädagogik überwunden werden kann. Eine definitive Überwindung des Bösen in der Menschheitsgeschichte gelingt aber weder nach Rousseaus Auffassung noch nach christlicher Glaubensüberzeugung. Dass Rousseaus Kritik an der Theologie des Getauften und Erlösten aber von der Theologie positiv aufgegriffen werden kann, wird am Ende dieses Beitrags deutlich.

3. *Wissenschaftlicher Tun-und-Ergehen-Zusammenhang*

Die Modernität Rousseaus hinsichtlich der Theodizeeproblematik macht Neiman an einem dritten Theorieelement fest: an der Entflechtung des moralischen Übels, des Bösen, vom physischen Übel (76-77). Diese Verbindung beider Übel ist typisch für den alttestamentlich begründeten Tun-und-Ergehen-Zusammenhang, von dessen Existenz das Christentum nicht nur eschatologisch (wie etwa auch Kant), sondern ebenso protologisch überzeugt ist. Die protologische Entflechtung rettet nach Neimans Einschätzung Gott vor dem Vorwurf, dem Menschengeschlecht unverhältnismäßig harte Strafen für die Verfehlungen der Stammeltern auferlegt zu haben, eine nicht-endende Strafe für unendliche Schuld (81). Übel betrachtet Rousseau wissenschaftlich, d.h. als natürliche Faktoren. Wenn sie keine göttlichen Strafen darstellen, dann kann und soll man sie zu Recht bekämpfen. Ihre Ursachen sind zu erforschen, um Maßnahmen gegen sie einzuleiten – wie auch im Fall des sittlichen Absturzes des menschlichen Fortschritts. Die wissenschaftliche Diagnose ermöglicht die Therapie: Bei der Fahndung nach den Ursachen physischer Übel kann ersichtlich werden, dass sie durch ein falsches Handeln oder eine falsche Lebensweise hervorgerufen werden. Die dekadente Lebensweise von Reichen führt Rousseau zu dieser Einsicht (89).[19] Die Natur und nicht Gott fungiert dann als Zuchtmeister, um den Menschen zur sittlichen Optimierung seines Lebensstils anzuhalten.[20] Der Tun-und-Ergehen-Zusammenhang wird von Rousseau also wissenschaftlich restituiert; die Möglichkeit einer wissenschaftlich fundierten Theodizee zeichnet sich ab.

In *Emile* wird die theodizeerelevante Bedeutung des natürlichen Tun-und-Ergehen-Zusammenhangs bildungstheoretisch operationalisiert. Der Erzieher soll die natürlichen Gesetze pädagogisch nutzen bzw. in seiner Erziehung fingieren; er studiert die Natur und erzieht unter ihrer Regie.[21] Dadurch wird vermieden, dass der zu erziehende Mensch in Abhängigkeit vom Erzieher gerät und vornehmlich daran interessiert sein könnte, dem Pädagogen zu gefallen, um seine Ziele zu erreichen. In einer falschen Abhängigkeit der Menschen voneinander

[19] Vgl. Rousseau 1995b, 98-101.
[20] Vgl. Rousseau 1995a, 109.
[21] Vgl. ebd., 154.

sieht Rousseau einen der Gründe für die moralische Depravation.[22] Das Erziehungskonzept muss eine dazu gegenläufige Vision verfolgen und der Verwirklichung der Freiheit dienen.[23]

In seiner Erzählung *Emile* bietet Rousseau einzelne typisierende Elemente einer Pädagogik, die unter den Bedingungen der depravierten Zivilisation zu einem Höchstmaß an Selbstübereinstimmung führen soll, zu einer integrierten Persönlichkeit.[24] Das Ziel der Erziehung ist also die nur gesellschaftlich ermöglichte Restitution der ursprünglichen Selbstübereinstimmung und Selbstgenügsamkeit des natürlichen Menschen, der das „absolute Ganze" ist,[25] freilich jetzt auf einer höheren Stufe. Rousseau zufolge gibt die dank Erziehung zu sich gekommene Persönlichkeit dem zivilisatorischen Fortschritt eine positive Wende, hin zu mehr Menschlichkeit und Glück. Neiman unterstreicht, dass Rousseau zufolge ein Erziehen und Leben nach dem Tun-und-Ergehen-Zusammenhang der Natur durchaus einen diesseitigen Zusammenklang von Tugend und Glück erfahren lässt, nicht erst im Jenseits (89-90). Während der Erzieher durch seine natürliche Methodik der Vorsehung auf die Sprünge hilft, so Neiman (100), muss man diese Vorsehung ebenso im selbständig gewordenen Menschen, der der Zivilisation Menschlichkeit verleiht, verwirklicht sehen. Er ist sozusagen die lebendige Anthropodizee – freilich in einer durch die Natur und nicht durch die Gnade ermöglichten Weise. Nach christlicher Überzeugung ist es die Gnade der Taufe, die die Desintegration der Person durch die ursprüngliche Sündenmacht entscheidend relativiert und eine gegenteilige Entwicklung einleitet, sofern der Getaufte dazu die lebenspraktischen Weichen stellt. Eine integrierte Persönlichkeit ist Frucht der erneuerten Gottesbeziehung, die eine mitmenschliche – auch eine erzieherische – Vermittlung einschließt.

4. Erdbeben als Erzieher und Rätsel

Rousseaus wissenschaftliche, postchristliche Theodizee muss freilich auch für natürliche Übel eine Erklärung anbieten, die sich nicht unmittelbar als Folge menschlichen Fehlverhaltens begreifen lassen. Neiman stellt Rousseau zur Rede und verlangt von ihm Auskunft. Doch sie muss einräumen, dass ihr Rousseaus Auskunft zunächst nicht sonderlich gefällt. Zynisch mag sie klingen, „feeble",[26] schwach, „läppisch" (99), urteilt Neiman. Denn Rousseau macht den Betroffenen des Erdbebens von Lissabon auch noch Vorhaltungen. In einem Brief an Voltaire, in dem Rousseau dessen Gedicht über die Katastrophe von Lissabon kri-

---

22 Vgl. Rousseau 1995b, 186-189.

23 Vgl. Rousseau 1995a, 195.

24 Vgl. ebd., 195: „Der wahrhaft freie Mensch will nur das, was er kann, und tut nur, was ihm passt".

25 Ebd., 112: „Der natürliche Mensch ist sich selbst alles. Er ist die ungebrochene Einheit, das absolute Ganze…".

26 Neiman 2004, 55.

tisch kommentiert, greift Rousseau die Einwohner der portugiesischen Stadt fast an, weil sie sich nicht erdbebenkonform verhalten hätten. Nicht das Erdbeben hätte sie getötet, sondern die von ihnen viel zu hoch gebauten Häuser, die sie unter sich begruben. Sie blieben auch noch nach den ersten Erdstößen in der Stadt, um lieber ihr Hab und Gut zu retten, anstatt aus der Stadt zu fliehen, weshalb sie von ihren Häusern erschlagen wurden, die von den weiteren seismische Aktivitäten endgültig zum Einsturz gebracht wurden.[27] Aber, relativiert Neiman ihren eigenen Einwand, diese Härte der Argumentation gründe wiederum in Rousseaus Überzeugung von den menschlichen Möglichkeiten, sich naturkonform zu verhalten (99). Die Naturübel zeigen gewissermaßen, was die Vorsehung dem Menschen zu meistern zutraut. Offenbar sind Naturübel unvermeidbar, vermeidbar aber ist menschliches Fehlverhalten angesichts dieser Übel. Gegenüber Voltaire wiederholt Rousseau seine Überzeugung, dass die Welt mit ihren unvermeidbaren Naturübeln gut ist, gut genug zumindest, wenn man das naturgemäße Verhalten des Menschen einkalkuliert. Neiman deutet Rousseaus Verständnis der Naturübel also in strikter Übereinstimmung mit Rousseaus These von der Genese und Überwindung des moralischen Übels (99). Der zynische Zwischenton in Rousseaus Theodizee, so wird man folgern müssen, geht auf Kosten ihrer wissenschaftlichen Qualität. Wissenschaftlich kann man nur mit den Kräften der Natur rechnen, zu denen es in dieser Welt keine Alternativen gibt.

Die traditionelle Theologie zur Zeit Rousseaus sah in den Naturübeln die unumgänglichen dunklen Konturen und scharfen Kontraste im schönen Gesamtbild der Schöpfung. Unmittelbar auf die Ursünde bezog man diejenigen Naturübel, die in Genesis 3 angeführt werden wie etwa die Geburtsschmerzen oder die Mühen, die menschliche Arbeit macht. Verheerendere Wirkungen der Sünde verzeichnete man im moralischen Bereich des Menschen: seine Anfälligkeit für die Sünde, die Ungeordnetheit seiner Impulse und Triebe (Konkupiszenz), den Mangel an Gottes- und Nächstliebe, die geistige Desorientierung, zu der auch eine Verrätselung der Welt durch die Naturübel gehört. Wenn der Tod nicht als natürliches Phänomen, sondern als Folge der Sünde bezeichnet wird (Röm 6, 23), dann ist damit auf seine „Erlebnisdimension" abgezielt, nicht auf das biologische Ereignis. Der Tod ist das den Menschen definitiv isolierende Geschehen und insofern Manifestation der Sünde, die den Menschen von Gott und Mitmenschen isoliert; der Tod ist der finale Akt einer Desintegration des Menschen, die mit der Sünde ihren Anfang nimmt. Die Lösung der Theodizeeproblematik kann nach diesen Vorgaben nur im Verhältnis des Menschen zu Gott gefunden werden.[28]

---

27 Vgl. Voltaires Gedicht über die Katastrophe von Lissabon und Rousseaus Brief über die Vorsehung. In: Breidert, Wolfgang (Hrsg.) 1994: Die Erschütterung der vollkommenen Welt. Darmstadt, 53-93.

28 Vgl. Schulz, Michael 2009: Theodramatisches Urereignis: die Sünde Adams und die Wandlung des Menschen zum Schlechteren. In: Hoping, Helmut; Schulz, Michael (Hrsg.) 2009: Unheilvolles Erbe? Zur Theologie der Erbsünde. Freiburg, 192-232.

Wer im von Gott intendierten und die Heilsgeschichte bestimmten Verhältnis zu Gott lebt, dem erst erschließt sich der Schöpfungssinn. Dem gereicht alles zum Guten, sagt Paulus (Röm 8, 28). Der sieht in den Naturübeln ein Zeichen für die Welt im Werden, das sich eschatologisch erfüllt (Röm 8, 18-30). Trotz Rousseaus Abgrenzung von dieser theologischen Deutung menschlicher Defizienzen bietet seine Liste mit den Etappen des Depravationsprozesses durchaus Elemente einer Phänomenologie der Folgen der Erbsünde. Wie aber gelingt die Erkenntnis, dass der aktuelle Zustand des Menschen von Defizienzen entstellt wird, die nicht zum Wesensbestand des Menschen gehören?

5. Die Erkenntnisprinzipien des Urzustandes

Neiman erörtert diese Frage nach dem Erkenntnisprinzip und nach der Gattung der Urzustandserzählung Rousseaus. Zuerst sei Rousseaus Erkenntnisprinzip diskutiert und der mit ihm erhobene Anspruch, die Genese des Bösen in einer nicht mehr zu überbietenden Ursprünglichkeit zu erklären. Ein Vergleich mit der biblischen Urstandserzählung bietet sich zur Diskussion der Ursprünglichkeit von Rousseaus Urzustandsprojektion an.

Neiman gibt den eingangs erwähnten Hinweis, dass Rousseau zufolge die menschliche Selbsterkenntnis als erste Quelle für die Erkenntnis des Urzustandes fungiert (93). Auf diese Quelle verweist Rousseau gleich zu Beginn seines Vorwortes im zweiten Diskurs; er hebt zugleich die kaum zu unterschätzende Schwierigkeit hervor, Selbsterkenntnis zu erlangen.[29] Dennoch ist ihm kein anderer Gang möglich, will er nicht auf traditionelles Material, wie die biblischen Stoffe, zurückgreifen. Die Selbstbeobachtung erlaubt, die Analyse gesellschaftlicher und kultureller Vorgänge vorzunehmen sowie Natur und Kultur einigermaßen voneinander abzugrenzen. Selbstverständlich sind diese Selbstbeobachtung wie auch ihre Analyse wiederum kulturell bedingt, genauso wie die Begriffe Kultur und Natur. Ein Metadiskurs, der nochmals das verwendete Instrumentarium der Analyse in seiner kulturellen Prägung analysiert, ist von Rousseau nicht zu verlangen. Er reflektiert aber sehr wohl den epistemischen Status seiner Einsichten.

Die Biographie Rousseaus fungiert als zweite Quelle für die Erkenntnis dessen, was den natürlichen Menschen ausmacht (89-90). Rousseau empfand bei gesellschaftlichen Ereignissen in Salons, Parks und Theatern Langeweile und Überdruss. Diese Gefühle offenbarten ihm die Künstlichkeit des Lebens der Reichen und Schönen und dokumentierten ihm die Selbstentfremdung des Menschen, seine Nichtübereinstimmung mit sich selbst, das Leiden an überzogenen Bedürfnissen. Rousseau weigert sich, diese prekäre Situation als notwendiges Resultat der Naturausstattung des Menschen zu betrachten. Reiseberichte über rezente

[29] Vgl. Rousseau 1995b, 62-67.

Naturvölker – die Kariben – bilden eine weitere Ressource.[30] Diese dienen Rousseau allerdings nicht dazu, nun den Naturzustand historisch auszuweisen. Vielmehr deutet er die Lebensweise indigener Populationen als Hinweise auf bereits postnatürliche Entwicklungsstufen, die jedoch noch näher am Ursprung liegen.

Rousseau hält seine Untersuchungsergebnisse nicht „für historische Wahrheiten". Er gesteht ein, dass er selbst nur „hypothetische und bedingte" Überlegungen biete, „die eher zur Erhellung der Natur der Dinge geeignet sind als zum Beweis ihres tatsächlichen Ursprungs".[31] Der Ursprung des Menschen entzieht sich in seiner historischen Realität, „vielleicht hat es ihn gegebenen", mutmaßt Rousseau.[32] Diese erkenntnistheoretische Bescheidenheit belegt, dass Rousseau sich bei aller Selbstbeobachtung bewusst ist, dass die empirischen Ressourcen für seine Urzustandsprojektion knapp bemessen sind, aber sie sollen ausreichen. Mit den biblischen Ätiologien teilt seine protologische Anthropologie den projektiven Status, der ebenfalls aus einer Selbstbeobachtung gewonnen wird, allerdings im Licht der Heilsgeschichte, die enthüllt wie Mensch und Welt von Gott her sein sollten und sein könnten und wie unterschiedlich-defizitär dazu die menschliche Realität ist. Leitmodell ist dabei der Stammvater Israels, Abraham (s.u.).

6. *Ätiologien der Genesis und bei Rousseau*

Trotz aller Abgrenzung Rousseaus von der biblischen Urgeschichte kontextualisiert die Forschung verstärkt Rousseaus Urzustandserzählung innerhalb der sogenannten Gattung der *Bibelepik*.[33] Es handelt sich dabei um Narrative, die erstmalige Ereignisse erzählen, die in der Menschheitsgeschichte allmalig werden: Der Tod Abels wird zur ersten Mordgeschichte stilisiert, die Gestalt des Noach ermuntert zum Gründungsmythos *Der erste Schifffahrer*. Und natürlich kann im Reigen dieser Ursprungsdichtung die Erzählung von der ersten Sünde nicht fehlen. In seiner Erzählung *Emile* bietet Rousseau eine ganze Abfolge des Motivs vom ersten Mal in der Geschichte eines Individuums. Insbesondere der zweite Diskurs schildert die ersten Male der kulturellen Entwicklung des Menschen. Rousseaus wissenschaftlicher und posttheologischer Ansatz steht nicht nur in einem Zusammenhang mit der Bibelepik. Hinzu kommen auch bibelexterne Inspirationen: Urzustandserzählungen anderer Autoren aus Antike und Aufklärung (s.u.). Rousseau verfährt frei

---

30 Vgl. Rippel, Philipp 1998: Nachwort. In: Rousseau, Jean-Jacques 1998: Abhandlung über den Ursprung und die Grundlagen der Ungleichheit unter den Menschen. Stuttgart, 174-214, bes. 209.

31 Rousseau 1995b, 81.

32 Ebd., 67.

33 Vgl. dazu Berchtold, Jacques 2012: Rousseau und Gessner. Die Pastorale der Ursprünge und der Ursprung des Bösen. In: Delhom, Pascal; Hirsch, Alfred (Hrsg.) 2012: Rousseaus Ursprungserzählungen. München, 175-192, hier 175.

mit diesen Vorlagen. Denn er will Kraft der Selbstbeobachtung auch noch hinter die Texte zurückgehen, die den Urzustand des Menschen schildern.

Rousseau übersteigt die biblische Urgeschichte, da sich seiner Auffassung nach die Geschichte vom ersten Menschenpaar im Garten Eden nicht mehr auf einer natürlichen Ebene, sondern bereits auf einer höheren Kulturstufe abspiele. Der biblische Adam[34] ist kein Solitär.[35] Die Partnerin wird Adam zugeführt, weil die Tiere dem gerade nicht tierhaften Menschen nicht entsprechen. Als ursprüngliche Entwicklungsstufe postuliert Rousseau hingegen den natürlichen Menschen als robustes, instinktgesteuertes, nicht sozialisiertes Wesen in großer Nähe zu den Tieren. Das Zusammentreffen mit dem anderen Geschlecht erfolgt zufällig. Reproduktion, nicht die Pflege einer Partnerschaft steuert das sexuelle Bedürfnis.[36] Der biblische Text zielt auf die ursprüngliche Komplementarität von Mann und Frau ab. Der erste Schöpfungsbericht (Gen 1, 1-2,4a) erklärt schlicht, dass der Mensch als Mann und Frau geschaffen wird (Gen 1, 17). Der Mensch existiert niemals als Solitär. Eine derartige Vereinzelung wäre eher als sekundäres Resultat der Sünde zu betrachten. Der zweite (ältere) Schöpfungsbericht (Gen 2, 4a-25) bestätigt diese Einsicht. Die Frau wird als Hilfe des Mannes aus dessen Seite gebildet (Gen 2, 18), was zuerst nach einer Asymmetrie im Verhältnis von Mann und Frau klingt und in der Tat auch als Hinweis auf die Unterordnung der Frau unter den Mann ausgelegt wurde (1 Tim 2, 11-13). Dennoch zielt der Text erneut auf die Einsicht in die Komplementarität beider Geschlechter. Diese weibliche Hilfe entspricht nämlich dem Mann (Gen 2, 23: „Das endlich ist Bein von meinem Bein / und Fleisch von meinem Fleisch…“). Durch die Frau entdeckt der Mann seine eigene Identität, was einem Solitär nicht möglich wäre. Die Entsprechung und Hilfe, die die Frau darstellt, wird nicht punktuell, situationsbezogenen verstanden, sondern als permanente Realität der unverbrüchlichen Partnerschaft: Sie werden „ein Fleisch“ (Gen 2, 24). Diese monogame „Naturehe“ stellt der biblische Autor nicht einer solitären Existenz des Menschen, sondern einer polygamen Eheform entgegen, die vor allem von wohlhabenden und politisch mächtigen Männern seiner Zeit (königlicher Harem)[37] angezielt und gepflegt wurde. Der Rekurs auf die Natur bzw. Schöpfung dient – wie bei Rousseau – als Gesellschafts- und Kulturkritik. Schließlich verweist das Stichwort „Hilfe“ auf Gott selbst. Gott wird als die Hilfe vorgestellt, die dem Menschen zuteil wird (Ps 70, 2; 140, 8). Insofern vermittelt die Frau als Hilfe des Mannes Gottes Assistenz. Mit anderen Worten: Die Gemeinschaft von Mann und Frau wird zur ursprünglichen Gotteserfahrung. Aus christlicher Perspektive spiegelt sich in der ursprüng-

---

34 Zu Gen 1-3 vgl. den klassischen Kommentar von Westermann, Claus 3. Aufl. 1983: Genesis, 1. Teilband, Kapitel 1-11. Neukirchen-Vluyn, 1-380; Ruppert, Lothar 1992: Genesis. Ein kritischer und theologischer Kommentar, 1. Teilband: Gen 1,1-11,26. Würzburg, 23-175.

35 Wahrscheinlich haben Vorformen des rezenten Textes nur von der Erschaffung Adams gesprochen. Vgl. Ruppert 1992, 118. Verbindlich für Auslegung ist der vorliegende Text.

36 Vgl. Rousseau 1995b, 192-193.

37 König Salomos Harem umfasst 1000 Frauen: 1 Kön 11, 3.

lichen Sozialität des Menschen das Mysterium der Trinität: Gottes interne „Sozialität" als wesenhafte Beziehungseinheit von Vater, Sohn und Geist. Kein Ich, sondern das Wir ist das „Uratom" der Wirklichkeit.

Immerhin räumt Rousseau ein, dass der naturbelassene Mensch Mitleid gekannt habe, das schon im Tierreich anzutreffen sei: eine gewisse Solidarität in Notfällen.[38] Dieser Rekurs auf ein ursprüngliches Mitleid relativiert Rousseaus Vision von einem gänzlich unsozialen Status des Naturmenschen. Rousseaus Anthropologie vom ursprünglichen Solitär bietet eine ursprüngliche Vision vom Menschen, wenn man die Ehe ausschließlich als gesellschaftliche und kulturelle Konstruktion auffasst – eine Konstruktion, die Rousseau als höchst problematisch empfindet, wie er dem Pariser Erzbischof zu verstehen gibt.[39] Für den biblischen Autor besteht die falsche gesellschaftliche Konstruktion in der Polygamie; ihr gegenüber beruft er sich auf die ursprüngliche, schöpfungstheologisch begründete natürliche Monogamie.

Während Rousseau zufolge der ursprüngliche Mensch über keine Sprachkompetenz verfügt und sich nur mit tierähnlichen Warnschreien verständigt, stellt der biblische Text den Menschen als Wesen vor, das von Natur aus über Sprache verfügt. Der Mensch setzt sich durch die Sprache nicht nur von den Tieren ab. Kraft der Sprache gibt er den Tieren Namen. Er bildet auf diese Weise Gottes Schöpfertum durch das Wort nach (Gen 1, 26; 2, 19). Durch das Wort empfängt der Mensch außerdem Gottes Gebot (Gen 2, 16-17). Die Gemeinschaft von Mann und Frau ist unmittelbar eine des Wortes: sprechend identifiziert und benennt der Mann (isch) die „Männin" (ischáh) als die von und aus ihm (und nicht aus dem Tierreich) Genommene, als die ihm im Menschsein Wesensgleiche (Gen 2, 23). Diese Gemeinschaft im Wort ist ebenso unmittelbar wertbestimmt, insofern die ersten Worte aneinander von bleibender Treue handeln. Dementsprechend erfolgt auch die Verführung zur Sünde durch ein Gespräch. Das erste Menschenpaar wird nach der Sünde von Gott zur *Rede* gestellt. Die gegenseitige Schuldzuweisung von Adam und Eva geschieht in Form gegenseitiger Vorhaltungen (Gen 3, 1-5; 9-13). In einer gleichsam evolutionstheoretischen Sicht hat Rousseau sicherlich Recht, dass die Entwicklung der Sprache bei einfachen Vorformen anhebt. Aus biblischer Sicht beginnt der Mensch erst mit der Anrede durch Gott, wodurch das theologische Wesen des Menschen dokumentiert wird.

Wegen der mangelnden gesellschaftlichen Lebensweise sieht Rousseau beim Naturmenschen keine besonderen moralischen Vorstellungen von Gut und Böse, Verpflichtungen, Tugenden oder Lastern. Das ursprüngliche Gutsein des Menschen ist von vormoralischer Qualität und bezieht sich auf die Übereinstimmung des Menschen mit sich, auf dessen Freiheit von Entfremdung. Der biblische Text deutet das ursprüngliche Gutsein als ontologisches Qualitätsmerkmal der göttlichen Schöpfung. Im Fall des Menschen schließt dieses Gutsein die Fähigkeit zur

38 Vgl. Rousseau 1995b, 170-177.

39 Vgl. Rousseau 1912, 61, Anm. 11.

Sittlichkeit ein. Den Stammeltern wird zugetraut, Gottes Gebot zu befolgen. Die Erkenntnis von Gut und Böse ist daher nicht erst ein Resultat der Gebotsübertretung durch das Essen von den verbotenen Früchten des Baumes aus der Mitte des Gartens. Rousseau hingegen deutet (wie z.B. auch Kant und Hegel) die Sünde des Menschen als Schritt ins volle, kulturbestimmte Menschsein, da nur der Griff nach der verbotenen Frucht die Erkenntnis von Gut und Böse vermitteln soll.[40] Das Gebot zielt aber darauf, dass der Mensch nicht von sich aus gegen Gott und sein Gebot festlegen kann und soll, was für ihn „gut" und „böse" ist, d.h. dem eigentlichen Wortsinn nach, was für ihn lebensdienlich und lebensschädlich ist. Die „Gesellschaftskritik" des biblischen Textes richtet sich auf eine autonomistische Definition des Lebensdienlichen und Lebensschädlichen: Der Turmbau zu Babel (Gen 11) symbolisiert die Problematik von Gesellschaften und Kulturen, die Lebensdienliches und Lebensschädliches in Opposition zu Gott festlegen.

Lebensdienlich ist die Prokreation; in ihr verwirklicht der Mensch seine Teilhabe an Gottes Schöpfermacht. Rousseau zufolge zeigt sich im Zeugen von Nachkommen ganz prosaisch nur der natürliche Lebensdrang. Die Kinder bleiben bei der Mutter, bis sie selbst auf Nahrungssuche gehen können. Den biblischen Text interessiert diese Frage der Erziehung nicht. Er stellt die Kinder theologisch als Segen Gottes dar (Gen 1, 28).

Das biblische Narrativ würdigt Adams Arbeit als natürliches, ursprüngliches Kulturschaffen. Denn im Garten Eden fällt dem Menschen (adám) die Aufgabe des Gärtners und Bauern zu, der den Ackerboden (adamáh), aus dem er als Erdling stammt, zu bebauen und zu behüten hat (Gen 2, 5.15). Die paradiesische Arbeit setzt Gottes Arbeit an der Schöpfung fort. Eine derartige zivilisatorische Professionalität jenseits von Jäger- und Sammlerkulturen ist weit entfernt von Rousseaus Portrait des natürlichen Menschen. Die paradiesische Arbeit zeigt außerdem, dass der Garten Eden keinem märchenhaften Schlaraffenland gleicht, in dem die gebratenen Tauben in den geöffneten Mund fliegen. Nur gleicht die ursprüngliche Arbeit im Garten Eden nicht der Schufterei nach der Sünde (Gen 3, 17-19). Die Arbeit gehört jedenfalls zur Natur des Menschen. Rousseau nimmt sie nur in ihrer entfremdeten Form wahr, die aus biblischer Sicht sekundär ist.

Im Garten Eden gibt es keinen Streit um Territorialbesitz. Die Schöpfung gehört ohnehin dem Menschen, dem alles untertan sein soll. Der Mensch ist Gottes Bild und Gleichnis, weil er Gottes königliche Herrschaftsfunktion in seiner Herrschaft über alles Lebendige abbildet (Gen 1, 26-30). Die Expansion des Menschengeschlechts, klimatische Änderungen und der Zwang zur Ressourcensicherung führen nach Rousseau dazu, Landbesitz abzustecken und Territorien gegen andere zu verteidigen. Steht am Anfang der Menschheit eine anfänglich natürliche Selbstliebe, der *amour de soi*, der im postulierten Urzustand des Menschen

---

[40] Vgl. Gagnebin, Bernard 1971: Jean-Jacques Rousseau: Sur le péché d'Adam et le salut universel. Fragment inédit. In: Dix-huitième siècle, nr. 3, 41-50, bes. 42: „… il semble selon moi que le péché d'Adam l'ait ennoblie en développant son esprit et le rendant capable de raison".

auf eine Selbsterhaltung zielt, die dem anderen nicht schadet, so bedingen die genannten äußeren Umstände eine depravierte Form der Selbstliebe, den *amour propre*.[41] Diese Eigenliebe überlagert die ursprüngliche Anlage zum Mitleid und ermöglicht emotional den Krieg um Land. Aus der Sicht der Heiligen Schrift gehören die Bedingungen, die zum Bösen veranlassen, bereits zu den Folgen der Sünde. Dass die Expansion des Menschengeschlechts, die von Gott her sein soll, zum Bösen verführt, macht dies besonders deutlich. Ursprünglicher ist daher die Freiheit, die Bedingungen schafft, die ihrerseits zum Bösen verleiten.

Das Bild eines geordneten Gartens mit einer Mitte, in dem der verbotene Baum steht, und folglich mit einer von der Mitte entfernten Peripherie (Gen 2, 9), scheint weit weniger ursprünglich als das von einer sich selbst überlassenen Botanik. Für die biblischen Autoren ist der Garten ursprünglicher als die sich selbst überlassene Natur, weil er Gottes ordnende Macht offenbart, die am Anfang steht und ungeordnete, chaotische Zustände immer schon hinter sich zurückgelassen hat. Nur der Mensch kann den Kosmos ins Chaos stürzen. Als Einbruch des Chaos werden darum auch die physischen Übel verstanden, vor allem der Tod, der die physische Korruption des Menschen einleitet, die sich zuerst auf geistig-moralischer Ebene ereignete (Gen 2, 17; 3, 3.19, s.o.). Rousseau zufolge können die Naturübel den natürlichen Menschen weniger plagen. Stets kann er auf die Hausapotheke der Natur zurückgreifen. Der Tod gehört wie selbstverständlich zur Natur; er löst keine abgründigen Fragen aus. Nur für den kulturellen Menschen, der nach Rousseaus Maßstab der Akteur des biblischen Textes ist, werden Schmerzen, Krankheit und Tod zu einem Problem, das den Sinn des Daseins verdunkelt.

Bedrückende Herrschaft und Abhängigkeitsverhältnisse, die die Ungleichheit unter den Menschen fördern (zuerst im Verhältnis von Mann und Frau), gehören durchaus in Übereinstimmung mit Rousseau auch zu den biblischen Folgen einer Selbstliebe, die über die Affirmation der eigenen Existenz hinausgeht (Gen 3, 16). Während in der theologischen Perspektive der Heiligen Schrift der Grund für eine ungerechte Ungleichheit unter den Menschen in der Sünde gesehen werden muss, ist es in Rousseaus anthropologischer Perspektive exklusiv ein Mangel an Altruismus, der aus den unverhofft auftretenden Mängeln der Lebensumstände resultiert.

Ergänzend sei angemerkt, dass die Genese staatlicher Autorität und Herrschaft in der christlichen Tradition auf zwei unterschiedliche Motive zurückgeführt wird. Die eine Tradition sieht in der Sünde gegen Gott und im daraus folgenden mangelhaften Altruismus ein wichtiges Motiv für die Ausbildung einer gesellschaftlichen und staatlichen Ordnung mit Autoritätsprinzip (Augustinus, Luther). Eine andere Tradition argumentiert mit dem sozialen Charakter des Menschen und führt die Genese staatlicher Autorität und Herrschaft auf die gegensei-

---

41 Vgl. Rousseau 1995b, 168-171.

tige Ergänzungsbedürftigkeit der Menschen zurück, die sich ursprünglich im Verhältnis von Mann und Frau darstellt (Thomas v. Aquin).[42]

7. Die Frage nach der größeren Ursprünglichkeit des Bösen und den Bedingungen der Freiheit

Kommen wir nochmals zur Frage nach der größeren Ursprünglichkeit der Urzustandserzählung Rousseaus zurück. Im Rekurs auf kontingente Naturnotwendigkeiten, die Anlass zum Bösen werden, sieht Rousseau seine eigentliche Erklärung des Bösen. Diese äußeren Naturnotwendigkeiten provozieren nicht die Tat eines Einzelnen wie Neiman hervorhebt (85); sie rufen einen *kollektiven* Prozess menschlicher Reaktionen hervor, die in ihrer Summe die Depravation des Menschengeschlechts einleiten. Diese Vorstellung von einem kollektiven Prozess scheint wissenschaftlicher zu sein als der biblische Hinweis auf die Tat eines Menschheitsrepräsentanten. Diese Vorstellung scheint vor allem, wie Neiman betont, „reale Bedingungen" (82) der Freiheit in Erwägung zu ziehen, die der jeder Freiheitstat vorausgehen und insofern ursprünglicher sind als die Tat selbst. Insofern bietet Rousseau eine ursprünglichere Erklärung des Bösen als das Buch Genesis. In der Berücksichtigung von realen Freiheitsbedingungen bei der Erklärung des Bösen sieht Neiman den geistesgeschichtlichen Fortschritt, den Rousseau befördert.

Wie sehr man die natürlichen Bedingungen der menschlichen Freiheit im Urzustand berücksichtigen muss, wird an Rousseaus Reflexion über die Schwachheit des Menschen ersichtlich, die den Menschen geprägt haben soll, der gerade dem Tierreich entwachsen ist. Ein derart noch schwaches „kindhaftes" Wesen sei unfähig zu Entscheidungen, die die ganze Menschheit betreffen sollen. Der Rekurs auf die Bedingungen ursprünglicher Freiheit führt Rousseau dazu, Gottes Gebot an die Stammeltern als väterliche Mahnung zu deuten und nicht als unerbittliches Gesetz, dessen Zurückweisung ungeheure Konsequenzen nach sich zieht. Die Konstruktion der Ursünde, die die natürlichen Realbedingungen menschlicher Freiheit nicht einkalkuliert, disqualifiziert Rousseau als Blasphemie.

Rousseau gibt zu verstehen, dass das Buch Genesis zwar eine Erklärung des Bösen anbieten möchte, indem es eine Bedingung menschlicher Freiheit nennt: den Satan. Rousseau überzeugt jedoch die Bezugnahme auf die satanische Bedingung menschlicher Freiheit nicht. Er erklärt dem Pariser Erzbischof, dass durch dieses Motiv die ausschlaggebenden Naturumstände, die bei der Genese des Bösen beteiligt sind, eher verdeckt als aufgedeckt werden und man so nicht erfahre, wodurch der Mensch dem Teufel verfiel.[43]

---

42 Vgl. Thomas von Aquin: De regimine principum I, 1. Zu Augustinus' und Thomas' Herrschaftsverständnis; vgl. Dyson, Robert W. 2010a: Introduction. In: Dyson, Robert W. (Hrsg.) 7. Aufl. 2010: Aquinas. Political Writings. Cambridge, XVII-XXXVI, bes. XXIV-XXXVI.

43 Vgl. Rousseau 1912, 18-20.

In biblischer Perspektive steht die menschliche Freiheit zuerst unter Idealbedingungen, die durch den Garten Eden symbolisiert werden; allein diese Idealbedingungen entsprechen der Güte Gottes. Unter diesen Bedingungen soll sich die Freiheit in der Gemeinschaft mit Gott realisieren. Um angesichts dieser optimalen Bedingungen dennoch die Wende zum Bösen zu erklären, muss ein Anstoß von außen kommen, durch den diese Idealbedingungen in Frage gestellt werden. Dem Satan gelingt es, ein Misstrauen in Gottes Güte plausibel zu machen, einen Verdacht aufkeimen zu lassen, dass dem Menschen etwas vorenthalten wird: dass die Bedingungen seiner Freiheit also doch nicht optimal sind. Die erzählerische Einführung der Figur des Satans berücksichtigt noch ein weiteres wichtiges anthropologisches Datum: die Rezeptivität des Sinnenwesens Mensch. Demnach muss der Mensch durch Äußeres über die Sinne auf die Idee des Bösen gebracht werden. Paul Ricoeur bringt in vortrefflicher Weise die anthropologische Funktion des Teufels zum Ausdruck, wenn er sagt, dass die menschliche Sünde – urtypisch – einen Akt darstellt, durch den der Mensch einer Versuchung nachgibt.[44] Die ursprüngliche Form der Versuchung kann aber nicht durch einen Menschen erfolgen. Die Versuchung eines Menschen durch einen anderen setzt bereits einen sündigen Menschen voraus. Also muss der Ursprung der Sünde einen „transmenschlichen" Ursprung haben. Dieser Ursprung kann weder in Gott liegen, der gut ist, noch in der Materie, da das Böse zuerst eine geistige Größe darstellt. Der nicht mehr zu hintergehende Ursprung des Bösen kann also nur in einem nicht-sinnengebundenen Geistwesen liegen, für das die Moderne freilich Substitute sucht. Es ist das Böse in seiner Unbedingtheit, in seiner nicht mehr zu überbietenden Ursprünglichkeit.

Bei diesem unhintergehbaren Geisturspruug des Bösen stößt folglich jede Erklärung des Bösen an eine Grenze. Es können eben keine weiteren Bedingungen mehr angeführt werden, um die Bosheit dieses Geistgeschöpfs zu erklären. Diese Einsicht besagt bezüglich der Natur des Bösen: Es entspringt dem freien Geist als das Falsche, Sinnlose, Unlogische, Absurde, Nichtige. Das Böse macht die Schöpfung als Setzung von Sein und Sinn wieder rückgängig. Da Erklären die Angabe von Gründen, der Hinweis auf eine nachvollziehbare Logik, einen Sinn – auf etwas (irgendwie noch) Positives, Seinshaftes bedeutet, das Böse aber genau das Gegenteil davon ist, entzieht es sich einer Erklärung. Diese Unerklärbarkeit des Bösen stellt kein Scheitern menschlicher Erkenntnisbemühungen dar. Sie entspringt vielmehr dem metaphysischen Wesen des Bösen. Dieser Sachverhalt kommt bei Neiman nicht zur Geltung. Zu sehr fixiert sie den von Rousseau entwickelten Gedanken der Erklärung des Bösen durch die Analyse der Realbedingungen menschlicher Freiheit. Die ursprünglichste und wesenhafte Erklärung des Bösen ist die, die bei dessen Irrationalität und Nichtigkeit ansetzt. Die Erklärung von Bedingungen der Freiheit trägt wesentlich zum Verständnis einer Untat bei, folgt aber sachlogisch „später" auf die Erklärung des Bösen in seinem Wesen.

---

[44] Vgl. Ricoeur, Paul 3. Aufl. 2002: Symbolik des Bösen. Phänomenologie der Schuld II. Freiburg; München, 292.

Nicht in einer biblischen, aber sehr wohl in einer theologischen Hinsicht kommt Rousseaus Projektion des Urzustandes ein logischer Primat zu. Rousseau knüpft faktisch an die gnadentheologisch motivierte Konstruktion des „status naturae purae“ an.[45] Gemeint ist die im 18. Jh. geläufig werdende hypothetische Konstruktion eines Status des Menschen, der sachlogisch jeder Gottesbeziehung vorausgeht. Mit dieser theologischen Konstruktion wollte man bestimmen, was ausschließlich menschlich und was bereits göttliches Gnadenhandeln am Menschen ist. Auf diese Weise beabsichtigte man, die Freiheit der Gnade theoretisch zu sichern. Durch diese These wies man die mittelalterliche Vorstellung von der Natur des Menschen zurück. Diese Vorstellung knüpfte an Aristoteles‘ Naturkonzept an und ging über dieses hinaus, indem man eine natürliche Dynamik im Menschen annahm, die nicht nur auf ein natürliches Ziel, sondern auf die Gnade ausgerichtet ist. Man sah den Menschen von einer natürlichen Dynamik bestimmt, die in der übernatürlichen Gottesschau ihre Erfüllung findet. Mit anderen Worten: Die Natur sollte sich im Übernatürlichen vollenden. Zwecks theoretischer Sicherung der Freiheit der göttlichen Gnade, aber auch zur Sicherung des Naturbegriffs (nach dem die Natur nur ihr gemäße, also natürliche und nicht übernatürliche Ziele haben kann), widersprach man diesem Konzept einer apriorischen dynamischen Verbindung von Natur und Gnade. Faktisch lief diese Trennung von Natur und Gnade auf eine theologische Säkularisierung der menschlichen Natur hinaus. Hier setzt Rousseau an. Er rekapituliert mit seiner Projektion vom Urzustand und der Vorstellung von einer in sich ruhenden, selbstgenügsamen Natur des Menschen die theologische Konstruktion einer reinen Natur, die *sachlogisch vor* jeder lebendigen Gottesbeziehung zu positionieren ist. Ebenso wenig ist deshalb in der Menschheitsgeschichte eine apriorische Dynamik auf ein eschatologisches Ziel hin auszumachen. Die Geschichte ist nicht der verlängerte Arm einer final von Gott festgelegten Natur, wie Robert Spaemann betont.[46] Alles bleibt unbestimmt und der Selbstbestimmung des Menschen anheimgestellt. Auch Rousseaus Vorstellung von der Perfektibilität[47] des Menschen ändert nichts an der Unbestimmtheit der Natur. Rousseau bezeichnet mit dem Begriff der Perfektibilität nur, so Ursula Reitemeyer, eine „Bedingung“ für den Übergang von der Natur zur Geschichte.[48] Andere zufällige Bedingungen müssen, wie erläutert, hinzutreten, damit es auch faktisch zu diesem Übergang kommt. Von sich aus ist die Natur des Menschen unbestimmt – das ist ihre *Ursprünglichkeit.*

Spaemann zufolge spiegelt sich in Rousseaus Natur- und Perfektibilitätsauffassung die Problematik der bereits spätscholastischen These von der „potentia oboe-

45 Vgl. dazu die luziden Analysen von Spaemann, Robert 2008: Rousseau – Mensch oder Bürger. Stuttgart, 102-113.

46 Vgl. ebd., 17, 37, 90 u. ö.

47 Vgl. Rousseau 1995b, 106-109, 188-189.

48 Reitemeyer, Ursula 1996: Perfektibilität gegen Perfektion. Rousseaus Theorie gesellschaftlicher Praxis. Münster, 21.

dientialis" wider, die man der natura pura zuschrieb.[49] Gemeint ist damit, dass die reine Natur des Menschen nur eine passive gehorsamkeitliche Potenz, d.h. eine Offenheit für Gottes Gnadenhandeln besitzt – eine bloß passive Nichtrepugnanz der Gnade. Unklar wird dadurch, weshalb Gott das „Glück der Gerechten"[50] sein soll. Zu Rousseaus Konzept der Zivilreligion gehört immerhin dieses eschatologische Dogma. Rousseaus Verständnis der Perfektibilität der menschlichen Natur schließt *nur nicht* aus, dass Gott das Letztziel des Menschen sein kann. Aber an sich ist der natürliche Mensch alles für sich in selbstgenügsamer Weise; auf diese Selbstgenügsamkeit zielt ebenso die Erziehung. Angesichts dieser „Selbstgerechtigkeit" des Menschen wird Gott als das Glück der Gerechten redundant.

Eine theologisch ernst zu nehmende Kritik an Rousseau kann nur mit einer Gewissenserforschung einhergehen. In dieser Gewissenserforschung muss man sich bewusst werden, wie sehr diese Rousseau-Kritik in erster Linie eine theologische Selbstkritik sein muss, die ein Überdenken des eigenen Naturbegriffs erzwingt. Erst im 20. Jh. ist dies durchschlagend gelungen.

8. Rousseaus Abgrenzungen von nicht-biblischen Urzustandsprojektionen

Rousseau beansprucht, nicht nur hinter das biblische Menschenbild zurückzugehen. Er setzt sich auch von alternativen Projektionen des Urzustandes ab, die seiner Auffassung nach das Ursprüngliche nicht erreichen und Kulturelles mit der Natur des Menschen vermischen. Wegen der kulturbedingten Innovation moralischer Kategorien widerspricht Rousseau dem Bild, das Thomas Hobbes vom natürlichen Menschen zeichnet. Dieses Bild zeigt einen von Aggressivität besessenen Menschen, der im Wissen um seine sittliche Problematik nach einer starken staatlichen Ordnung greift, um sich vor sich selbst zu schützen. Die These von einem primordialen Mitleid der Menschen stellt Rousseau der These von Hobbes entgegen.[51] Wie wenig mit diesem Mitleid das Niveau moralischer Werte erreicht ist, wird nochmals daran ersichtlich, dass Rousseau weder Hobbes' noch Hugo Grotius' Auffassung teilt, nach der der ursprüngliche Mensch Vorstellungen von natürlichen Rechten und Pflichten besessen habe. Rousseau teilt außerdem Hugo Grotius' biblisch inspirierte These nicht, nach der Gott dem Menschen die ganze Schöpfung zur Herrschaft übergeben hat und folglich im Naturzustand jeder das Recht auf alles hatte, auch auf alles Land. Diese Vorstellung setzt nach Rousseau einen Menschen mit einem Rechtsbewusstsein voraus, über das der natürliche Mensch nicht verfügt haben soll.[52] Selbstredend grenzt sich Rousseau sowohl

---

49 Vgl. Spaemann 2008, 103-104.

50 Rousseau 2010, 311.

51 Vgl. Rousseau 1995b, 90-91, 166-171; vgl. ausführlich zu Folgendem Baudach, Frank 1993: Planeten der Unschuld – Kinder der Natur. Die Naturstandsutopie in der deutschen und westeuropäischen Literatur des 17. und 18. Jahrhunderts. Tübingen, 61-95, 509-519.

52 Vgl. Rousseau 1995b, 218-219.

von Samuel von Pufendorfs Ableitung des Staates aus der ursprünglichen natürlichen Sozialität des Menschen ab als auch von John Lockes Projektion, der zufolge im Urzustand alle Menschen durch ein sittliches Naturgesetz füreinander verpflichtet gewesen sein sollen.

In einer gewissen gedanklichen Nähe zur biblischen Erzählung und zu Naturzustandstheorien, die die ursprüngliche Sozialität des Menschen herausstellen, bewegt sich eine Sequenz der Kulturentwicklung, die Rousseau im Anschluss an den ursprünglichen Zustand des Menschen projiziert. Vor der endgültig moralisch abschüssigen, aber kulturell aufsteigenden Evolution des Menschen verortet Rousseau in der Tradition antiker Autoren wie Seneca eine mittlere Phase, ein Goldenes Zeitalter.[53] Für Rousseau ist diese goldene Mittelzeit durch einen Ausgleich der Spannungen geprägt. Das Zusammenleben der Menschen in Familie und Sippe hat begonnen, was zur Genese von kulturellen Werten führt und differenzierte menschliche Gefühle weckt. Hütten werden errichtet, Dorfgemeinschaften entstehen, die Sprache gewinnt an Bedeutung. Bei dieser Herausbildung von menschlichen Gesellschaften regt sich nach Rousseau auch das gefährliche Streben nach gesellschaftlicher Anerkennung; man sucht Bevorzugungen, d.h. die Ungleichheit unter den Menschen wächst, was die Fähigkeit zum Mitleid beeinträchtigt. Nur „infolge eines verhängnisvollen Zufalles“[54] konnte der Mensch nach Einschätzung Rousseaus diesen Zustand verlassen. Erneut sind es natürliche Umstände und darauffolgende menschliche Reaktionen, die die weitere Entwicklung einleiten.

In den letzten beiden Abschnitten steht zuerst Neimans Qualifikation der Urzustandserzählung Rousseaus als Mythos zur Debatte. Es schließt sich eine abschließende Auseinandersetzung mit Neimans These an, dass Rousseaus Philosophie des Bösen vom Verhängnischarakter der Erbsündenlehre befreie.

9. Der Realgehalt der philosophischen und theologischen Ätiologie

Neiman spart sich weitgehend ein ausführliches Referat über den Depravationsprozess, denn sie konstatiert knapp: „Die Erzählung ist nicht wichtig.“ (85). Rousseau präsentiere keinen Beitrag zur Paläoanthropologie oder Vorgeschichte, sondern einen Mythos – so wie letztlich jede Ursprungserzählung mythisch sei (86). Inwieweit stimmt diese Einschätzung? Eine ähnliche Frage betrifft auch die biblische Urstandserzählung.

Ohne an dieser Stelle in die Debatte um den Mythosbegriff eintreten zu wollen, muss man festhalten, dass mythische Ursprungserzählungen in der Regel die allgemeinen und vor allem invarianten Bedingungen konkreter Geschichte klären wollen, selber jedoch keine konkrete oder reale Geschichte erzählen. Lediglich im Kleid der Erzählung veranschaulichen Ursprungsgeschichten das, was zu jeder Zeit

53 Vgl. ebd., 200-213; Baudach 1993, 58-60.
54 Rousseau 1995b, 209.

immer und überall geschieht, ohne jedoch jemals in unvordenklicher Zeit historisch geschehen zu sein.[55] Mit anderen Worten: Der Mythos illustriert die transzendentalen Bedingungen von Freiheit und Geschichte, die gerade nicht immer wieder zur Disposition stehen und verändert werden können. Der Mythos bebildert daher eher das Verhängnis des Bösen als die Vorstellung, zu jeder Zeit könne man neu ansetzen und der bisherigen Geschichte eine alternative Wendung geben. Mit anderen Worten: Die These Neimans von der profilierten Geschichtlichkeit des Bösen steht und fällt mit der Frage, inwieweit der fiktionale Charakter der Ätiologie Rousseaus doch eine realgeschichtliche Dimension einschließt.

Frank Baudach erläutert in seiner Studie über Naturstandsutopien,[56] dass die soziologisch orientierte Rousseau-Forschung den Naturzustand als einen bloßen Begriff vom Menschen deutet, der als rein fiktive Gegengröße zur Kritik der Gegenwart dient und mit historischen Zuständen nichts zu tun hat. Eine *Geschichte* des Bösen wäre damit auch bloße Fiktion. Unter dieser Voraussetzung entzöge man Neimans Rousseau-Deutung den Boden unter den Füßen; Rousseaus Beitrag zur Theodizeethematik bliebe unkenntlich.

Baudach stellt gegenüber dieser soziologischen Deutung fest:[57] Zwar ist einzuräumen, dass der Begriff vom natürlichen Menschen von Rousseau als Norm für seine Gesellschaftskritik konstruiert wird, dass Rousseau aber dennoch mit einer genetischen Definition des Menschen arbeitet, die durchaus bei sozusagen empirisch ausweisbaren, wahrnehmbaren Eigenschaften des Menschen ansetzt wie beim Selbsterhaltungstrieb und beim Mitleid. Das Verfahren einer genetischen Definition des Menschen, so Baudach, übernimmt Rousseau von Thomas Hobbes, der es sozialphilosophisch einsetzt. Zuvor fand es bei Galileo Galilei naturwissenschaftliche Verwendung. Auf diese Zusammenhänge macht Baudach zufolge Ernst Cassirer aufmerksam. Danach gibt nur eine genetische oder kausale Definition Auskunft über eine Realität. Die genetisch-empirische Orientierung der Argumentation Rousseaus spricht folglich dagegen, dass die tatsächliche Geschichte der Menschheit ausgeblendet wird, obgleich ihr wirklicher Verlauf nicht bekannt ist. Bei der von Rousseau intendierten Beurteilung der moralischen Depravation der Gegenwart benötigt er normative Aussagen. Deren Basis ist aber kein reiner Begriff vom natürlichen Menschen, keine bloße Konstruktion und Spekulation, sondern eine zumindest wahrscheinliche Menschheitsgeschichte. Sie verknüpft die normierenden Elemente der Urzustandsfiktion mit der Gegenwart. Nur diese Verknüpfung berechtigt zur Kritik am aktuellen Zustand.

---

55 Vgl. schon Sallust (gest. 35 / 34 v. Chr.): De diis et mundo, 4: „Es ist nicht so, als hätten sich diese Dinge jemals konkret ereignet, denn sie existieren zu jeder Zeit; die Sprache aber kann nur im Nacheinander zum Ausdruck bringen, was der Verstand auf einmal erkennt und umfasst."

56 Vgl. Baudach 1993, 515.

57 Vgl. ebd., 516-517.

Im Blick auf Neimans These ist also zu argumentieren, dass Rousseau in der Tat keinen bloßen Mythos konstruiert, sondern eine wahrscheinliche (hypothetische) Geschichte des Bösen erzählt, auf deren Einzelheiten es zwar in der Tat nicht ankommt, die aber Geschichte genug ist, um das Böse aus dem Begriff des Menschen herauszunehmen und es als nicht-notwendige, kontingente Größe verständlich zu machen. Nur dieser Ansatz zum Verständnis Rousseaus kann den von ihm beanspruchten Vorsehungsgedanken rechtfertigen und die Pädagogik als ein Mittel gegen das Böse legitimieren. Nur dieser Ansatz wird Rousseaus Anthropodizee gerecht: Der Mensch ist im Kern noch gut – auch wenn es oft anders aussehen mag. Der gute Kern gibt Hoffnung für die Zukunft.

Die Komplexität des ontologischen Status von Rousseaus Urzustandsprojektion zu bestimmen, steht in Parallele zur theologischen Diskussion.[58] Sieht man in der Urgeschichte ausschließlich die Veranschaulichung transzendentaler Bedingungen der Freiheit, wird es schwierig, die Kontingenz des Bösen zu behaupten. Die unterschiedlichen Erzählsequenzen Schöpfung – Sünde machen in ihrer Differenz auf die sachlogische Differenz zwischen dem Begriff des Menschen und der Sünde aufmerksam. Insofern ist die Sünde Geschichte und nicht Teil des menschlichen Wesens. Sie ist nicht unausweichliche Folge der Endlichkeit, Begrenztheit und Fehlbarkeit des Menschen. Die Sündenlehre will nicht nur Gott, sondern vor allem auch die Endlichkeit entlasten, Einfallstor der Sünde zu sein. Soll die Sünde andererseits eine alle Menschen betreffende geschichtlich zugewachsene Bestimmung sein, dann muss sie sich im Anfang der Menschheit ereignen, so sehr sich auch dieser Anfang – zumal unter den Prämissen der Evolutionstheorie – jeder empirischen Zugänglichkeit entzieht und dieser Anfang daher nur, wie im Fall von Rousseau, postuliert und projektiert werden kann. Zur Erkenntnis dieses Anfangs führt in der biblischen Logik ein positives Bild vom Menschen, wie es das Buch Genesis im Blick auf den Stammvater Israels zeichnet: Abraham. Seine Geschichte (ab Gen 12) folgt auf die der Urgeschichte (Gen 1-11). Die Souveränität seines Handelns, Gottes Ruf gehorsam zu folgen, wird zum Bild des vom Schöpfer ursprünglich gemeinten Menschen. Er ist der zweite Adam.[59] Von diesem positiven Bild aus, von der Erfahrung des guten, weil radikal gottbezogenen Menschen werden die Negativposten des Menschseins reflektiert.

10. Gelebte Anthropodizee als Theodizee

Die Hinweise auf die literarische Qualität und den abrahamitischen Konstruktionspunkt für die Auslegung der biblischen Urgeschichte veranlassen zu einer

58 Vgl. dazu Ruppert, Lothar 1994a: „Urgeschichte“ oder Urgeschehen? Zur Interpretation von Gen 1-11. In: Ruppert, Lothar 1994: Studien zur Literaturgeschichte des Alten Testaments. Stuttgart, 66-88.

59 Vgl. so Ruppert, Lothar 1994b: Der Jahwist – Künder der Heilsgeschichte. In: Ruppert, Lothar 1994: Studien zur Literaturgeschichte des Alten Testaments. Stuttgart, 11-33, hier 29.

weiteren Anmerkung, die Neimans Rousseau-Deutung betrifft. Neiman entnimmt Rousseaus säkular-wissenschaftlicher Urzustandsgeschichte die These, dass die biblisch begründete Sündenlehre dem Sinn des menschlichen Kampfes gegen das Böse den Boden unter den Füßen entzöge und die volle Geschichtlichkeit des Bösen sozusagen nur Adam und Eva vorbehalte, aber ansonsten auf eine demotivierende Verhängnisvorstellung hinauslaufe (82-83).

Die Theologie hat in der Vergangenheit auf derartige im Namen Rousseaus geführte Einwände mit einer Art „Tu-quoque"- Argument geantwortet. Man macht darauf aufmerksam, dass die von Rousseau beschriebene faktische Zwangsläufigkeit des Depravationsprozesses, der zwar in seiner Kontingenz keinen festgelegten Verlauf kennt, aber dennoch als Variante einer Verhängnisvorstellung aufgefasst werden kann. Nachdem die Unschuld des Anfangs verloren ist und moralische Kategorien durch Sozialisierung zur Verfügung stehen, ist die Menschheitsgeschichte in einer bleibend prekären Situation; schon die Emergenz der moralischen Kategorien fällt mit der Emergenz des Bösen zusammen. Das Gute, das nicht zuletzt dank pädagogischer Therapie möglich wird und aus einem freien, Geschichte setzenden Akt des Menschen entspringt, wird immer von dunklen Schatten begleitet. Nach Einschätzung manches katholischen Dogmatikers propagiere Rousseau daher einen anthropologischen Pessimismus, der nicht einmal von der Erbsündenlehre katholischer Prägung vertreten werde.[60]

Dass katholische Theologie Rousseau in anderer Weise kommentieren kann, wurde deutlich. Rousseaus Kritik verpflichtet dazu, die Erbsündentheologie von jeder Theorie eines Fatalismus zu befreien und umgekehrt das heilschaffende Potential herauszustellen, das durch die Erlösung eröffnet ist. Analoges gilt es für die protestantische Theologie festzuhalten: Wenngleich sie markant die soteriologische Impotenz des Menschen betont, um die Gnade der Erlösung nicht menschlich zu konditionieren, schließt sie keinesfalls eine Kooperation mit der gottgewirkten Erlösung aus, im Gegenteil.[61] Im Hinblick auf Rousseaus Hoffnung auf eine positive Veränderung der menschlichen Natur – und in Folge der Gesellschaft – gibt es mithin theologische Anhaltspunkte. Es ist einzuräumen, dass oft die Kategorie der Erlösung ganz in den Binnenraum menschlicher Innerlichkeit verbannt wurde. Dadurch wurde eine von Neiman zu Recht scharf kritisierte quietistische Haltung begünstigt (79). Dass Erlösung auch eine wirklichkeitsverändernde Dynamik einschließen muss, die bis ins Soziale und Politische hineinreicht, wurde in der Moderne nicht immer deutlich. Dementsprechend sind Rousseaus Thesen, von der Humanisierung des Menschen durch Erziehung und der Gesellschaft durch einen Gesellschaftsvertrag, Kriterien für eine Theolo-

[60] Vgl. zusammenfassend Köster, Heinrich 1982: Handbuch der Dogmengeschichte, Bd. II/3c: Urstand, Fall und Erbsünde. Von der Reformation bis zur Gegenwart. Freiburg; Basel; Wien, 145-148.

[61] Vgl. die am 31.10.1999 vom Lutherischen Weltbund und von der Katholischen Kirche verabschiedete Gemeinsame Erklärung zur Rechtfertigungslehre, Nr. 21, 23, 37, 39.

gie der Erlösung – und der Theodizee. Die Befreiungstheologie ist ein prominentes Beispiel, das dieses Kriterium erfüllt. Sie setzt ein modifiziertes Verständnis von Natur und Gnade voraus: eine dynamische Beziehung der menschlichen Natur auf Erlösung und Gnade, die sich im Einsatz für gerechtere Lebensverhältnisse manifestiert und im „Glück der Gerechten“ ihre Erfüllung findet. Zur Theodizee der Befreiungstheologie gehört der gesellschaftliche und soziale Einsatz von Christen, durch den die Rede von Gott angesichts eklatanter Unrechtsverhältnisse nicht zur billigen, zynischen Vertröstung wird.[62] Befreiende Erlösung lebende Menschen sind gelebte Anthropodizee, durch die eine überzeugendere Theodizee ermöglicht wird. Zumindest kann sich die Theologie heute ein entspannteres Verhältnis zu Rousseau leisten und die Intuition von der Geschichtlichkeit und Kontingenz des Bösen rezipieren. Nicht nur Philosophen, sondern auch Theologen an die Geschichtlichkeit des Bösen und damit an seine prinzipielle Überwindbarkeit erinnert zu haben, ist wohl in der Tat das bleibende Verdienst Rousseaus.

---

[62] Vgl. die paradigmatischen Überlegungen des peruanischen „Vaters“ der Befreiungstheologie Gutiérrez, Gustavo 1990: Wie kann man von Ayacucho aus von Gott reden? In: Concilium 26, 68-74.

Rousseaus dialektische Anthropologie

Paul Geyer

1. Discours sur les sciences et les arts *(1749/50)*

Mit seinem *Ersten Discours*, dem *Discours sur les sciences et les arts*, leitet Rousseau die Krise der Klassischen Aufklärung zur Mitte des 18. Jahrhunderts ein.[1] In dieser Schrift antwortet er auf eine Preisfrage der Académie von Dijon, die lautet:

> „Si le rétablissement des Sciences et des Arts a contribué à épurer les mœurs"(1238).[2]
>
> Ob die Wiederherstellung der Wissenschaften, Techniken und Künste zur Läuterung der Sitten beigetragen habe.

Die Frage zielt ins Zentrum des aufklärerischen Optimismus: die Hoffnung auf politisch-gesellschaftlichen Fortschritt durch Fortschritte in den Wissenschaften, der Technik und den Künsten. „Rétablissement des Sciences et des Arts" meint die Renaissance, nach dem angeblich dunklen Mittelalter, und die Klassische Aufklärung[3] hofft, die Renaissance zu überbieten und zum Abschluss zu bringen. Rousseau nutzt diese Vorlage, um sich gleich in seiner ersten veröffentlichten Schrift, die auch den Preis errang und ihn berühmt machte, zum Aufklärungskritiker, zum Kultur- und Zivilisationspessimisten aufzuschwingen. Seine Antwort auf die Titelfrage des *Discours* lautet:

> „nos ames se sont corrompuës à mesure que nos Sciences et nos Arts se sont avancés à la perfection" (9);
>
> unsere Seelen sind in dem Maße der Verderbnis anheimgefallen, wie unsere Wissenschaften, Techniken und Künste sich vervollkommnet haben.

Diese einfache Umkehrung des Fortschrittsoptimismus in Pessimismus ist nun aber genauso undialektisch gedacht wie sein klassisch-aufklärerisches Gegenstück. Das zeigt sich daran, dass Rousseau sich bei der Ursachenanalyse der angeblichen gesellschaftlichen Korruption in Zirkelschlüsse verwickelt. An anderen Stellen dreht er nämlich den Kausalnexus des letzten Zitats um:

> „Les Sciences et les Arts doivent donc leur naissance à nos vices "(17).
>
> Die Wissenschaften und Künste verdanken ihre Geburt also unseren Lastern.

---

1 Die folgenden Überlegungen fassen meine Ausführungen in [2]2007: *Die Entdeckung des modernen Subjekts. Anthropologie von Descartes bis Rousseau.* Würzburg, zusammen.

2 Rousseau, Jean-Jacques 1964: *Œuvres Complètes*, éds. B. Gagnebin/M. Raymond, vol. 3, Paris (Pléi.).

3 Begriff in Anlehnung an Michel Foucaults „âge" oder „épistémè classique", die er von der ersten Hälfte des 17. bis in die zweite Hälfte des 18. Jahrhunderts reichen lässt (Foucault, Michel 1966: *Les mots et les choses.* Paris, 60-225).

Wissenschaften und Künste wären in diesem Sinne ursprünglich eine Art Palliativ für die verderbte menschliche Wesensnatur. Was aber war nun zuerst da, die moralische Korruption oder die Wissenschaften und Künste, wie Rousseau sonst behauptet? Was nur im Zirkel definiert werden kann, kann überhaupt (noch) nicht gedacht werden.[4] Weder die von ihm geschmähten Encyclopédistes, die die Welt durch Vulgarisierung des Wissens zu verbessern hoffen, noch Rousseaus moralistischer Zivilisationspessimismus treffen offensichtlich die reale Dynamik historischer Bewusstseinsentwicklung. Wo aber Monokausalitätskonstruktionen in Zirkelschlüssen aufeinanderprallen, helfen historisch-dialektische Denkfiguren weiter, um den integrierten Strukturwandel von Praxis und Wissen zu verstehen. Und Rousseau zeigt im *Ersten Discours* bereits Ansätze zu einer historischen Phänomenologie des Bewusstseins, die die Titelfrage des Discours einfach aushebelt, weil von Fortschritt oder Rückschritt des Bewusstseins *dann* nicht mehr so eindeutig zu sprechen ist, wenn die historische Entwicklung zu etwas ganz Anderem führt, das gar nicht mehr so ohne weiteres mit dem Vorangegangenen zu vergleichen ist.

Rousseau unterscheidet, noch etwas holzschnittartig, zwei Typen des menschlichen Bewusstseins, zwei menschliche Lebensformen: eine gute und eine schlechte, eine unentfremdete und eine entfremdete, eine Lebensform der Eigentlichkeit und eine der Uneigentlichkeit, eine des Seins und eine des Scheins. Aber so, wie er die beiden Typen beschreibt, entpuppen sie sich schon als Phasen in der historischen Entwicklung des Bewusstseins und der Zivilisation, die gar nicht mehr wertend-abwertend einander gegenüber gestellt werden können. Den einen, für ihn positiven Typus fasst Rousseau unter den Begriff der „vertu". Die Mentalität dieses Zivilisationstyps charakterisiert er durch folgende Leitwerte:

> „amour de la patrie (9); religion (19, 22); obéissance aux loix (14); désintéressement (14); simplicité (11); innocence (11); heureuse ignorance (12, 15); facilité de se pénétrer réciproquement"(8);
>
> Vaterlandsliebe; Religion; Gesetzestreue; Uneigennützigkeit; Einfachheit; Unschuld; glückliche Unmündigkeit; wechselseitige Transparenz.

„Glückliche Unmündigkeit" als Übersetzung für „heureuse ignorance" ist nicht ganz wörtlich, ich habe es in Anspielung auf Kants viel zitierte, aber völlig unsinnige Definition der Aufklärung als „Ausgang des Menschen aus seiner selbstverschuldeten Unmündigkeit"[5] gewählt. Beide Begriffe zeugen von undialektischem Denken. Kants Antwort nimmt eine unzulässige Schuldzuweisung vor („selbst schuld!"): Wie kann man ein unmündiges Selbst dafür verantwortlich machen, dass es unmündig ist? Und Rousseau vertritt hier (und nur hier) noch die sentimental-unhistorische Position des „Zurück zur (glücklicheren, authenti-

4 Vgl. Henrich, Dieter 1989a: „Die Anfänge der Theorie des Subjekts (1789)". In: Honneth, Axel (Hrsg.) 1989: *Zwischenbetrachtungen im Prozeß der Aufklärung*, FS Habermas. Frankfurt/M., 106-170; hier 137.

5 Kant, Immanuel 1968a: „Beantwortung der Frage: Was ist Aufklärung?". In: Kant, Immanuel 1968: *Theorie-Werkausgabe*, hrsg. v. W. Weischedel. Darmstadt, Bd. 11, 53-61, hier: 53.

scheren etc.) Natur". Er meint mit den hier angeführten Leitwerten, sieht man von der sentimentalen Übersteigerung einmal ab, traditionalistische, geschlossene Gesellschaften mit vorwiegend landwirtschaftlicher Produktionsweise und einer heroisch-kriegerischen Ethik, für die er beispielhaft das antike Sparta und das frühe Rom anführt. Diesem Ideal einer relativ wenig ausdifferenzierten Zivilisationsstufe, auf der der Einzelne seine Identität noch vorwiegend in der Identifikation mit seiner Gruppe und deren Werten findet, stellt Rousseau die dezentrierte Identität seiner eigenen gesellschaftlichen Formation gegenüber. Wichtigste Triebkraft des Individuums zu seiner Zeit ist für Rousseau

> „la fureur de se distinguer"(19);
>
> die Wut, sich hervorzutun / sich auszuzeichnen / sich zu unterscheiden,

die sich mit einer Fassade von Gemeinnützigkeit und Bescheidenheit tarne. Diese Doppelmoral zersetze das Gemeinwesen in einen losen Verband konkurrierender Interessen. Hinter dem Schein gesellschaftlich konformen Verhaltens verbergen sich nach Rousseau egoistische Antriebe, sich auf Kosten der anderen Vorteile zu verschaffen. Und Rousseau beschreibt ansatzweise auch die gesellschaftliche Formation, mit der sich diese Bewusstseinsform entwickelt hat:

> „Les anciens Politiques parloient sans cesse de mœurs et de vertu; les nôtres ne parlent que de commerce et d'argent [...]. Nous avons des Physiciens, des Géomètres, des Chymistes, des Astronomes, des Poëtes, des Musiciens, des Peintres; nous n'avons plus de citoyens"(19, 26).
>
> Die Politiker der Alten redeten immerfort von Sitten und Tugend; unsere reden nur noch von Handel und Geld. Wir haben Physiker, Geometer, Chemiker, Astronomen, Poeten, Musiker, Maler; wir haben keine Staatsbürger mehr.

Es handelt sich um eine stark ausdifferenzierte, offen konkurrenzielle Gesellschaftsform auf handelskapitalistischer Grundlage, in der die Beziehungen zwischen den Individuen vorwiegend über Geldverhältnisse definiert sind. In dieser gesellschaftlichen Formation ist die Identität des Einzelnen gleichsam privatisiert, bzw. in einen privaten und einen öffentlichen Teil aufgespalten. Der Einzelne identifiziert sich weniger mit dem Gemeinwesen als mit gesellschaftlichen Teilsystemen und sucht seine Identität zunehmend in Differenz zu den Anderen, die er freilich immer noch zum materiellen Austausch und zur Anerkennung seiner Andersheit braucht; nachdem vorher, in geschlosseneren Gesellschaften, das Bewusstsein des Einzelnen in seiner Differenz zum Anderen noch schwach ausgeprägt war.[6] Damit erweist sich aber die Ausgangsthese des *Ersten Discours* von der korrumpierenden Wirkung des wissenschaftlichen und künstlerischen Fortschritts als einseitig. Gegen Ende des *Discours* nimmt Rousseau denn auch – fast unmerklich – eine Veränderung seiner Ausgangsthese vor:

6 Auch in Anlehnung an Weber, Max 1904/05: *Die protestantische Ethik.*

„D'où naissent tous ces abus, si ce n'est de l'inégalité funeste introduite entre les hommes par la distinction des talens et par l'avilissement des vertus?"(25)

Woher rühren all diese Missstände, wenn nicht von der verderblichen Ungleichheit, die durch die Ausdifferenzierung der Talente und durch die Herabwürdigung der Tugenden unter die Menschen kam?

Nicht mehr die Wissenschaften und die Künste werden monokausal als Ursachen der Verderbnis angeführt, sondern die Ungleichheit. Und damit sind schon nicht mehr nur soziale Ungerechtigkeiten gemeint, sondern die Ausdifferenzierung der gesellschaftlichen Teilsysteme und die Abspaltung des Einzelbewusstseins vom Kollektiv. Der Weg zum *Zweiten Discours*, dem *Diskurs über die Ungleichheit*, ist vorgezeichnet.

2. Discours sur l'inégalité *(1755)*

2.1. Zertrümmerung der Metaphysik

Im November 1753 veröffentlicht die Académie von Dijon wieder eine Preisfrage, die Rousseau wie gerufen kommt. Sie fragt,

„Quelle est la source de l'inégalité parmi les hommes, et si elle est autorisée par la loi naturelle"[7](64).

Was die Quelle der Ungleichheit unter den Menschen sei und ob sie durch das Naturrecht gerechtfertigt werde.

Die Titelfrage des Zweiten Discours zielt auf die klassischen Naturrechtslehren. Die Naturrechtslehrer beriefen sich auf die allen Menschen gleiche Natur, das ursprüngliche Wesen *des* Menschen, um zu begründen, wie die Menschen ihrer *Natur* gemäß am besten leben sollten. Welches politische und rechtliche System ist für die menschliche Natur am besten geeignet, was ist gemäß der allgemeinen menschlichen Wesensnatur Recht und Unrecht, eben Natur-Recht? In der Tradition der Naturrechtslehrer vor Rousseau war zwar umstritten, *was* genau diese gemeinsame ursprüngliche Natur aller Menschen sei, aber alle Denker gingen davon aus, *dass* es solch eine zeitlos immergleiche Wesensnatur des Menschlichen geben müsse. Rousseau aber distanziert sich polemisch von diesem Axiom und zerstört damit die Grundlage der klassisch-aufklärerischen Denkform, wenn er spricht von

„ce bel adage de morale, si rebatu par la tourbe Philosophesque, que les hommes sont par tout les mêmes"(n. X; 340);

jenem schönen, vom philosophasternden Pack sattsam wiedergekäuten Moralspruch, dass die Menschen überall die gleichen seien.

7 Rousseau, Jean-Jacques [2]1990: *Discours sur l'inégalité / Diskurs über die Ungleichheit*, Krit. Ed. mit Übs. und Kommentar von Heinrich Meier. Paderborn etc.

Als Signal für diesen wohl einschneidendsten Paradigmawechsel der Wissensgeschichte überhaupt, der bis heute vom Mainstream-Denken nicht realisiert ist, ändert Rousseau die Académie-Frage im Titel der Erstveröffentlichung (1755) seines *Zweiten Discours*, der dieses Mal zu revolutionär war, um prämiert zu werden, und nennt ihn

> „*Discours sur l'origine et les fondemens de l'inégalite parmi les hommes*"(3).
>
> *Diskurs über den Ursprung und die Grundlagen der Ungleichheit unter den Menschen.*

Rousseau tilgt also die Rückbindung der Themenfrage an die Naturrechtslehren („la loi naturelle") und stellt indirekt deren Grundlagen selbst zur Diskussion. Er distanziert sich von der Methodik der neuzeitlichen Naturrechtslehren und ihren Spekulationen über einen Naturzustand, in dem das Wesen des Menschlichen wurzele:

> „Les Philosophes qui ont examiné les fondemens de la société, ont tous senti la nécessité de remonter jusqu'à l'état de Nature, mais aucun d'eux n'y est arrivé. [...] tous, parlant sans cesse de besoin, d'avidité, d'oppression, de désirs, et d'orgueil, ont transporté à l'état de Nature, des idées qu'ils avoient prises dans la société; ils parloient de l'Homme sauvage, et ils peignoient l'homme Civil." („Exorde"; 68)
>
> Die Denker, die die Grundlagen der Gesellschaft untersucht haben, haben alle die Notwendigkeit verspürt, bis zum Naturzustand zurückzusteigen, aber keiner von ihnen ist dort angekommen. Alle haben sie unablässig von Bedürfnis, Habsucht, Unterdrückung, Begierden und Hochmut gesprochen und damit Vorstellungen auf den Naturzustand übertragen, die sie aus der Gesellschaft entnommen hatten. Sie sprachen vom Wilden und schilderten den vergesellschafteten Menschen.

Rousseau hebt den Konstruktionsfehler von Naturrechtslehren wie der von Thomas Hobbes oder John Locke hervor. Diese hatten, um die Natur des Menschen herauszupräparieren, einfach ihre Zeitgenossen im England des 17. Jahrhunderts in einem Gedankenexperiment ihrer sozialen Infrastrukturen beraubt und die chaotischen Verhältnisse, die *dann* eintreten, wenn die staatliche Ordnungsmacht wegfällt, als Naturzustand des Menschen bezeichnet. So machte Hobbes die Menschen im Naturzustand zu aggressiven Leidenschaftswesen, die sich im permanenten (Bürger-)Kriegszustand miteinander befinden, dann aber vernünftigerweise einsehen, dass sie besser einen starken Staat gründen. Für John Locke ist der Mensch „natürlicherweise" friedlicher, legt aber Wert auf Sicherung seines Eigentums.

Rousseau wischt all diese Konstruktionen vom Tisch, indem er darauf hinweist, dass die Naturrechtslehrer den ‚Naturzustand' des Menschen einfach analytisch aus den Verhaltensweisen ihrer Zeitgenossen extrapoliert hatten. Rousseau erkennt, dass viele dieser Verhaltensweisen und Bewusstseinsformen sich erst im Prozess der Zivilisation herausgebildet haben. Dreht man diesen Prozess spekulativ zurück, so muss man gleiches für den Prozess der menschlichen Bewusstseinsbildung tun. Wir ahnen, wo man dann zuletzt ankommt:

> „Les seuls biens, qu'il [l'homme naturel] connoisse dans l'Univers, sont la nouriture, une femelle et le repos [...]. Il avoit dans le seul instinct tout ce qu'il lui falloit pour vivre dans l'état de Nature"(106, 134).

> Die einzigen Güter, die der Naturmann in der Welt kennt, sind Nahrung, ein Weibchen und Ruhe. Im Instinkt allein besaß er alles, was er brauchte, um im Naturzustand zu leben.

Am Ursprung der Menschheit findet Rousseau das Tier. Es gibt überhaupt keine anthropologischen Konstanten, sondern nur biologische. Damit bricht er das wichtigste Tabu der klassischen Anthropologie, die zeitlos-gattungslogische Trennung zwischen Mensch und Tier. Das klassische Paradigma der Anthropologie ist erschöpft. Und mit ihm das metaphysische Denken überhaupt. Metaphysik lässt sich geradezu durch die Bemühungen definieren, den Menschen auf den Begriff einer zeitlos mit sich selbst identischen und von der Tiernatur radikal verschiedenen Wesensnatur zu bringen. Mit anderen Worten ging es darum, Geschichte in Zeitlosigkeit, eben ‚Natur', aufzuheben. Bei Rousseau offenbart die menschliche Natur erstmals ihren Zeitkern. Anstatt die Geschichtlichkeit des Menschen im klassischen Naturbegriff aufzuheben, hebt er die Natur des Menschen im geschichtlichen Prozess auf:

> „le Genre-humain d'un âge n'[est] pas le Genre-humain d'un autre âge; [...] l'ame et les passions humaines s'altérant insensiblement, changent pour ainsi dire de Nature "(264);

> das Menschengeschlecht eines Zeitalters ist nicht das Menschengeschlecht eines anderen Zeitalters; die Seele und die Emotionalität des Menschen verändern sich unmerklich und wechseln sozusagen ihre Natur.

Das menschliche Bewusstsein („l'ame et les passions humaines") „ver-ändert sich" (französisch „s'altérer", „sich an die Alterität verlieren") im Sinne einer Selbstvermittlung mit seinem Anderen. Die traditionelle Gleichsetzung von ‚Anders-Werden' mit ‚Selbstverlust' und ‚Korruption' schwingt dabei im Begriff „s'altérer" noch mit. In den semantischen Vordergrund tritt aber der Prozess des „Wechselns seiner Natur selbst" („changer de Nature"). Durch ein „sozusagen" („pour ainsi dire") hebt Rousseau das Unerhörte der Begriffszusammenstellung noch hervor. Im klassisch-naturrechtlichen Denken wäre die Aussage „changer de nature" völlig unsinnig. Alles Akzidentelle am Wesentlichen kann sich verändern oder verändert werden, aber doch nicht das Wesen selbst. Im *Zweiten Discours* werden Begriffe wie „changemens", „développemens", „successif", „acquérir", „progrès" im Sinne von Strukturwandel zu operativen Leitbegriffen. Die Natur des Menschen verflüchtigt sich in einen Prozess, an dessen Anfang der Nicht-Mensch, das Tier, steht und dessen weiterer Verlauf offen ist. Im klassischen Denken war das Telos im Ursprung aufbewahrt. Der Verlust der Ursprungsgewissheit aber geht einher mit dem Verlust der Orientierung. Der Mensch ist ein Zufall:

> „*la perfectibilité*, les vertus sociales, et les autres facultés, que l'homme Naturel avoit reçues en puissance ne pouvoient jamais se developper d'elles mêmes, [...] elles avoient besoin pour cela du concours fortuit de plusieurs causes étrangeres qui pouvoient ne jamais naître, et sans lesquelles il fut demeuré éternellement dans sa condition primitive"(166);

> die *Perfektibilität,* die sozialen Tugenden und die anderen Eigenschaften, die der Naturmensch potentiell besaß, konnten sich niemals von selbst entfalten, sondern bedurften hierfür des zufälligen Zusammentreffens mehrerer äußerer Ursachen, die auch niemals hätten auftreten können und ohne die der Mensch ewig in seinem Urzustand geblieben wäre.

Alles, was den Menschen ausmacht, ja selbst die Perfektibilität, seine gegenüber Tieren geringere Instinktgebundenheit und erhöhte Entwicklungsfähigkeit, hätte sich nicht unbedingt entwickeln müssen. Natürlich muss die Menschwerdung *möglich* gewesen sein, denn sie ist ja in der Tat eingetreten; und deshalb spricht Rousseau von „potentiellen Eigenschaften / facultés en puissance“. Hegel wird diese in seiner *Logik* „formelle Möglichkeit[en]“ nennen.[8] Aber es gibt auch viele Möglichkeiten, die sich im Laufe der Geschichte zufällig nicht realisieren; das hätte der Menschheit genauso ergehen können. Was das metaphysische Denken immer zu verdrängen gesucht hat, drängt sich nun auf: die radikale Kontingenz des Menschen, kontingent im Sinne von etwas, das da ist, genauso gut aber anders oder überhaupt nicht da sein könnte, etwas, das aus dem Nichts kommt und ins Nichts geht.

Der Mensch im Naturzustand, den die Naturrechtslehrer als Hypothese gesetzt hatten, war in Wirklichkeit der Nicht-Mensch, das Tier. Von Reflexion ungebrochen ruht das Bewusstsein des Urmenschen in ewiger Selbst-Präsenz; es entwirft sich noch nicht in die Zeit:

> „Son ame [...] se livre au seul sentiment de son existence actuelle, sans aucune idée de l'avenir“(110).

> Seine Seele gibt sich dem bloßen Bewusstsein ihrer gegenwärtigen Existenz hin, ohne irgendeine Vorstellung von Zukunft.

Wieder überwindet Rousseau eine Denkfigur der abendländischen Metaphysik, indem er sie zu Ende denkt: die klassische Anthropologie ist vom Bestreben gekennzeichnet, den scheinbaren Verlust einer personalen Mitte, der Selbst-Präsenz, zu kompensieren, sie ist, wie Jacques Derrida gezeigt hat, „Selbstpräsenz-Metaphysik“ , die neuzeitlich-subjektive Version der „Eschatologie der Eigentlichkeit“.[9] Rousseau aber deckt schon lange vor Derrida den illusionären Charakter der Selbstpräsenz-Metaphysik auf. Er legt dar, dass nur der Vormensch immer *ganz bei sich selbst* sei, dass nur er *sich selbst genüge,* seinen *Schwerpunkt in sich selbst* finde.[10] Dieses zeitlose Bei-Sich-Sein ist aber nur ein immer neues Ausgeliefert-Sein an den Augenblick. Ein Bewusstsein, das sich nicht in Vergangenheit oder Zukunft entwirft, sondern nur jeweils im Augenblick lebt, kann kein Kontinuum zwischen den einzelnen Zeit-Punkten konstruieren und hat also überhaupt kein

---

8 Hegel, Georg Wilhelm Friedrich 1978/1981: *Wissenschaft der Logik* [1812-1816], hrsg. v. Friedrich Hogemann; Walter Jaeschke. Hamburg, Bd. 1, 381-389.

9 Derrida, Jacques 1967: *De la grammatologie.* Paris, 145-148: „métaphysique de la présence à soi“; 156s.: „eschatologie du propre“.

10 Rousseau [2]1990, „[...] de se porter, pour ainsi dire, toujours tout entier avec soi“(I., 82); „[...] se suffisant à lui même“ (I., 160); „le Sauvage vit en lui même“(II., 268).

reflexives Selbst. Das Bewusstsein des Augenblickes ist noch nicht mit einem personalen Selbst *unterlegt,* das die Augenblicke untereinander und zu sich selbst in Beziehung setzen könnte. Es kann also noch nicht von *Subjektivität* im etymologischen Sinne eines die menschliche Person tragenden Grundes gesprochen werden. Der Urmensch ist indifferent:

> „L'homme Sauvage [...] ne veut que vivre et rester oisif, et l'ataraxie même du Stoïcien n'approche pas de sa profonde indifférence pour tout autre objet"(266).

> Der Wilde will nichts als leben und Anstrengungen vermeiden, und selbst die Ataraxie des Stoikers reicht nicht heran an seine tiefe Gleichgültigkeit gegenüber allem anderen.

Die stoische Gemütsruhe und Selbst-Präsenz wäre – konsequent zu Ende gedacht – mit der Auflösung des personalen Selbst identisch. Die Gleichgültigkeit („indifférence") gegenüber allem Anderen schlüge um in Gleich-Gültigkeit mit oder Nicht-Verschiedenheit („non-différence") von allem Anderen. Rousseau vollendet und überwindet die Anthropologie der Eigentlichkeit und der Selbst-Präsenz, die seit Plato und der Stoà die abendländische Metaphysik bestimmt hatte. Er zeigt, dass die Suche nach der totalen Selbst-Präsenz ins anthropologische Nichts führt.

2.2. Dialektik des Selbstbewusstseins

Rousseau als erster hat also festgestellt, dass es keine Wesensnatur des Menschen gibt, die ihn immer schon vom Tier unterschieden hätte. Andererseits hat sich im Laufe der Zeit ja dann doch eine spezifische Differenz des Menschlichen gegenüber dem Tierischen entwickelt, und Rousseau muss nun auch zeigen, wie dies möglich war. Zu diesem Zweck muss er die hohen begrifflichen Mauern, die die klassische Metaphysik zwischen Mensch und Tier aufgerichtet hat, einreißen. Kein Begriff eignet sich dafür besser als der metaphysische Höchstwert der „Idee":

> „Tout animal a des idées puisqu'il a des sens, il combine même ses idées jusqu'à un certain point, et l'homme ne différe à cet égard de la Bête que du plus au moins"(100).

> Jedes Lebewesen hat Ideen, weil es Sinne hat, es verknüpft seine Ideen sogar bis zu einem gewissen Punkt, und der Mensch unterscheidet sich in dieser Hinsicht vom Tier nur graduell.

„Jedes Lebewesen hat Ideen": Rousseau führt den Begriff der „idées" zurück auf die Bedeutung von Sinneswahrnehmungen, aus der – zuerst in der griechischen Philosophie – die Bedeutung abstrakterer Denkgebilde hervorgegangen ist. Zwar hatten Cartesianismus, Empirismus und Sensualismus den Begriff der „Idee" um seine platonischen Konnotationen verkürzt und weitgehend auf Bewusstseinsinhalte oder -funktionen eingeschränkt. Aber immer galt doch selbst die ‚einfachste' Idee im Sinne John Lockes schon als Ergebnis einer genuin *menschlichen* Syntheseleistung von Sinnesdaten. „Ideen" waren immer schon potentiell selbstbewusste Inhalte oder Funktionen. Auch diese Voraussetzung des klassisch-aufklärerischen

Denkens klärt Rousseau auf. „Combiner ses idees“ in diesem Zitat bedeutet nichts weiter als die eindimensionale Informationsverarbeitung, die zentral gesteuerte Umweltorientierung oder eben ‚Erkenntnis‘ *aller* lebenden Systeme. Dazu bedarf es keiner zweiten, reflektierenden Dimension. Am historischen Ursprung des Menschlichen, beim Tier, gibt es noch kein reflexives „Ich denke“, das die Vorstellungen des Individuums begleiten und zu personal zurechenbaren Selbstbewusstseinsinhalten machen könnte.

Wie aber kam es dann zur Reflexion? Der Umschlag von der quantitativen zur qualitativen Differenz fand statt, als der Urmensch seine Informationsverarbeitung so weit diversifiziert hatte, dass ihm seine Umwelt schließlich als Objekt entgegentrat, gegen das er sich als zusammenhangstiftendes Subjekt selbst abgrenzen konnte:

> „Ces relations que nous exprimons par les mots de grand, de petit, de fort, de foible, de vîte, de lent, de peureux, de hardi, et d'autres idées pareilles, comparées au besoin, et presque sans y songer, produisirent enfin chez lui [l'homme naturel] quelque sorte de réflexion“(176).
>
> Die Beziehungen, die wir mit Wörtern wie groß, klein, stark, schwach, schnell, langsam, furchtsam, kühn ausdrücken, und andere ähnliche Vorstellungen, die der Naturmensch bei Bedarf und fast ohne Bewusstheit miteinander verglich, brachten in ihm schließlich eine Art von Reflexion hervor.

Selbstreflexion bildet sich aus ab einem bestimmten Grad von Komplexität der Informationsverarbeitung. Schon vor Kant historisiert Rousseau also dessen transzendentale Argumentation und verkehrt sie in ihr Gegenteil. Kant sagt in der *Kritik der reinen Vernunft*:

> „Nämlich diese durchgängige Identität der Apperzeption eines in der Anschauung gegebenen Mannigfaltigen, enthält eine Synthesis der Vorstellungen, und ist nur durch das Bewußtsein dieser Synthesis möglich.“ (Kant, Immanuel ²1787: *Kritik der reinen Vernunft,* §16, B 133)

Historisch gesehen aber entsteht Reflexion, so Rousseau, irgendwann als qualitativer Sprung im kognitiven Sich-Abarbeiten am Objekt. Die Grundstruktur dialektischer Vermittlung ist indes als Subjekt-Objekt-Beziehung noch nicht hinreichend beschrieben. Manche Objekte, auf die sich ein Subjekt bezieht, sind selbst Subjekte. Die Vorstellungen eines Subjekts von der Welt und von sich selbst vermitteln sich immer auch schon in einem intersubjektiven Meinungsbildungsprozess:

> „le Sauvage vit en lui-même; l'homme sociable toûjours hors de lui ne sait vivre que dans l'opinion des autres, et c'est, pour ainsi dire, de leur seul jugement qu'il tire le sentiment de sa propre éxistence“ (268);
>
> der Wilde lebt in sich selbst; der gesellschaftliche Mensch ist immer außer sich und weiß nur in der Meinung anderer zu leben; aus ihrem Urteil allein bezieht er sozusagen das Bewusstsein seiner eigenen Existenz.

Das Existenzbewusstsein des Vormenschen ist in sich zentriert, aber wir haben gesehen, dass Rousseau dieses absolute Bei-Sich-Sein als leeres Selbst, als einfache

Ununterschiedenheit vom Nicht-Selbst enthüllt. Der Vormensch wird zum menschlichen Subjekt, indem er sich an andere Subjekte und durch sie an die Welt der Objekte entäußert und wieder zurücknimmt. Das menschliche Subjekt ist *von vornherein* dezentriert. Die Dialektik von Bei-Sich-Sein und Außer-Sich-Sein im menschlichen Subjekt fasst Rousseau unter den Begriff des „amour-propre":

> „Il ne faut pas confondre l'Amour propre et l'Amour de soi-même; deux passions très différentes par leur nature et par leurs effets. L'Amour de soi-même est un sentiment naturel qui porte tout animal à veiller à sa propre conservation [...]. L'Amour propre n'est qu'un sentiment rélatif, factice, et né dans la société"(n. XV; 368).
>
> Man darf „Amour propre" und „Amour de soi-même" nicht verwechseln; es handelt sich dabei um zwei in ihrem Wesen und ihren Wirkungen sehr unterschiedliche Emotionen. Der „Amour de soi-même" ist ein natürliches Gefühl, das jedes Lebewesen zur Selbsterhaltung drängt. Der „Amour propre" ist nur ein relatives und künstliches, in der Gesellschaft entstandenes Gefühl.

In der theologischen Tradition seit Augustin kann das Begriffspaar „amor sui" und „amor proprius" für die Differenz stehen zwischen einer gottgewollten, sozial verträglichen Selbstliebe und der sündhaften und asozialen Selbstabsolutsetzung des menschlichen Subjekts, das sich selbst statt Gott ins Zentrum der Welt stellt.[11] „Amour-propre" bei Rousseau aber ist nicht etwa Selbstabsolutsetzung, sondern ganz im Gegenteil „un sentiment rélatif" ein „bezügliches Gefühl", d. h., die intersubjektiv dezentrierte Subjektivität. Der Vormensch wird zum menschlichen Wesen, indem er sich an andere Subjekte und an gesellschaftliche Beziehungsgeflechte entäußert und wieder zurücknimmt. Der Mensch ist ein relationales Wesen:

> „l'homme originel s'évanouissant par degrés, la Société n'offre plus aux yeux du sage qu'un assemblage d'hommes artificiels et de passions factices qui sont l'ouvrage de toutes ces nouvelles rélations, et n'ont aucun vrai fondement dans la Nature"(II, 266);
>
> der Urmensch verschwindet nach und nach, und die Gesellschaft stellt in den Augen des Weisen nur mehr eine Ansammlung künstlicher Menschen und gekünstelter Emotionen dar, die das Werk all dieser neuen Beziehungen sind und keinerlei wirkliche Grundlage in der Natur haben.

2.3. Historisch-dialektische Anthropologie

Diese Dezentrierungsdynamik des menschlichen Bewusstseins durchläuft nun verschiedene Stufen im Laufe der Menschheitsgeschichte und der gesamte zweite Teil des *Zweiten Discours* gibt einen ersten spekulativen Abriss dieses Prozesses. Der berühmte erste Satz dieses zweiten Teils lautet:

> „Le premier qui ayant enclos un terrain, s'avisa de dire, *ceci est à moi*, et trouva des gens assés simples pour le croire, fut le vrai fondateur de la société civile."(172)

---

11 Vgl. Fuchs, Hans-Jürgen 1977: *Entfremdung und Narzißmus. Semantische Untersuchungen zur Geschichte der „Selbstbezogenheit" als Vorgeschichte von französisch „amour-propre"*. Stuttgart.

> Der erste, der ein Stück Land einzäunte und darauf kam zu sagen, *das gehört mir*, und Leute fand, die einfältig genug waren, ihm zu glauben, war der wahre Gründer der bürgerlichen Gesellschaft.

Rousseau macht aber gleich im Anschluss klar, dass dies natürlich eine Fiktion ist. Da kommt nicht irgendwann zufällig irgendeiner als erster auf die Idee, sich Land anzueignen, sondern die Ausbildung von Eigentumsverhältnissen ist ein zwar wichtiger, aber relativ später Schritt im Entwicklungsprozess der Menschheit, dem andere Entwicklungsschritte vorangehen. Zum Menschen wird der Hominide durch die Vereinbarung sprachlich arbiträrer Lautzeichen. Weitere wichtige Entwicklungsschritte sind die Sesshaftwerdung der nomadischen Frühmenschen, die beginnende Arbeitsteilung, Ackerbau und Metallbearbeitung, und dann ergibt es sich irgendwann fast zwangsläufig und nicht durch die zufällige Laune eines einzelnen, sondern zur besseren Arbeitsorganisation und aus Gewohnheit, weil eine Familie immer das gleiche Stück Land bearbeitet, dass die Vorstellung entsteht, das bewirtschaftete Land sei Eigentum dieser Familie.

Man sieht, wie ambivalent Rousseau argumentiert. Er gibt im letzten Zitat zu verstehen, dass er der Ausbildung von Eigentumsverhältnissen eigentlich kritisch gegenüber steht, er zeichnet deren Entstehung aber so nach, dass sie von der Entwicklung der Produktivkräfte und der Bewusstseinsverhältnisse her als mehr oder weniger unausweichlich erscheint. Rousseau ist der erste, der darlegt, wie die *a priori* völlig kontingente Geschichte der Menschheit *a posteriori* den Schein des Teleologischen, des zielgerichtet Zwangsläufigen erzeugt.

Mit dem Entstehen von Eigentum einher geht die Verrechtlichung menschlichen Zusammenlebens:

> „le partage des terres a produit une nouvelle sorte de droit. C'est-à-dire le droit de propriété différent de celui qui résulte de la Loi naturelle"(202);

> die Aufteilung des Bodens hat eine neue Art von Recht erzeugt, und zwar das Recht auf Eigentum, das sich nicht aus dem Naturrecht herleiten lässt.

Mit John Locke leitet Rousseau das Recht auf Eigentum an Produkten und an Produktionsmitteln aus der Arbeit her. Rousseau betont aber auch, dass das Recht auf Eigentum dadurch nicht etwa zu einem „Naturrecht" werde, welches für ihn ja sowieso einen Widerspruch in sich darstellt. Das Recht auf Eigentum beruht auf Konvention und ist auf einer bestimmten historischen Entwicklungsstufe der menschlichen Produktivität (Arbeit) und des menschlichen Bewusstseins entstanden. Es ist zugleich der Kernbereich des positiven Privatrechtes und die Keimzelle der allgemeinen Verrechtlichung menschlicher Beziehungen. Die Entstehung von Eigentum bedeutet aber auch eine einschneidende Veränderung der Grundlagen menschlicher Subjektivität. Die *Eigen*heit des besitzenden Subjekts vermittelt sich nun auch über sein *Eigen*tum:

> „leur biens, leurs libertés, et leurs vies [...] sont, pour ainsi dire, les élemens constitutifs de leur être"(228);

ihre Güter, ihre Freiheit und ihr Leben sind [...] sozusagen die konstitutiven Elemente ihres Seins.

Rousseau zieht die subjekttheoretischen Konsequenzen aus der Staatsentstehungstheorie von John Locke und erklärt neben dem Leben und der Freiheit das Eigentum zum konstitutiven Element menschlicher Subjektivität in ihrer positivrechtlich verfassten Phase. Das Subjekt nimmt ein Moment der Verdinglichung in sich auf. Was sich das Subjekt erarbeitet, wird Teil seiner selbst. Das Subjekt erarbeitet sich selbst. Dadurch kommt aber zugleich ein Prozess der Vertiefung der persönlichen und sozialen Ungleichheiten in Gang. Mit der Arbeits- und Landaufteilung zeitigt die individuelle Tüchtigkeit und Geschicklichkeit stärkere Auswirkungen auf das Schicksal des einzelnen als zuvor. Vorher schlummernde Fähigkeiten, „formelle Möglichkeiten", werden geweckt. Mancher erarbeitet sich mehr Eigentum und auch mehr Ansehen und Einfluss in der sozialen Gruppe als ein anderer (II; 204). Das Individuum erarbeitet sich neue Möglichkeiten der Selbstverwirklichung. Dadurch kommen die ursprünglich geringen Unterschiede zwischen den menschlichen Individuen überhaupt erst zum Tragen:

„C'est ainsi que l'inégalité naturelle se déploye insensiblement avec celle de combinaison et que les différences des hommes, developpées par celles des circonstances, se rendent plus sensibles"(204).

So entfaltet sich die natürliche Ungleichheit unmerklich mit der sozialen, die Unterschiede zwischen den Menschen entwickeln sich durch ihre unterschiedlichen Lebensbedingungen und machen sich stärker bemerkbar.

Und die Dynamik der Ungleichheit beschränkt sich nicht auf materielle Werte, sondern sickert in die Bewusstseine ein. Wer sich etwas erarbeitet, entwickelt das Bewusstsein, dass ihm das Erarbeitete zugehöre, ja seine Identität vermittelt sich (auch) über sein erarbeitetes Eigentum. Er gehört seinem Eigentum an, wie dieses ihm. Er ist sein Eigentum. Und mit seinem Eigentum vererbt er diese seine Identität auch an seine Nachkommen. Jean-Paul Sartre wird sagen, dass die Seele des jungen Erben eines der prächtigen französischen Landhäuser etwas vom Kiesweg der Zufahrtsallee und von seiner Veranda annimmt:

„Les champs et la maison renvoient au jeune héritier une image stable de lui-même; il se touche sur *son* gravier, sur les vitres losangées de *sa* veranda et fait de leur inertie la substance immortelle de son âme." (Sartre, Jean-Paul 1964: *Les mots*. Paris, 76)

Die Felder und das Haus vermitteln dem jungen Erben ein stabiles Bild seiner selbst; er fühlt sich auf *seinem* Kiesweg, auf den rautenförmigen Fenstern *seiner* Veranda, und macht aus ihrer Leblosigkeit die unsterbliche Substanz seiner Seele.

Deswegen ist er auch so verzweifelt, wenn er enteignet oder enterbt wird. Er verliert ein Stück seiner selbst. Dies alles gilt andererseits natürlich nur für Subjekte, die über Eigentum verfügen oder in solchem aufgewachsen sind. Wer sich nichts erarbeitet und nichts zu erben erwartet, und damit ja nur der ursprünglicheren Lebensart des Menschen treu bleibt, entwickelt kein Gefühl für das Recht auf Eigentum, ja er entwickelt eine ganz andere Identität. Akkumuliert sich das Erworbene durch Vererbung immer mehr, so verschärft sich die Situation:

> „quand les heritages se furent accrus en nombre et en étendüe au point de couvrir le sol entier […], les surnumeraires que la foiblesse ou l'indolence avoient empêchés d'en acquerir à leur tour, devenus pauvres sans avoir rien perdu, parce que tout changeant autour d'eux, eux seuls n'avoient point changé, furent obligés de recevoir ou de ravir leur subsistance de la main des riches"(210);
>
> als die ererbten Grundstücke an Zahl und Umfang so weit angewachsen waren, dass sie sich schließlich über das ganze Land erstreckten […], waren die Überzähligen, die ihre Schwäche oder Sorglosigkeit davon abgehalten hatte, ihrerseits Land zu erwerben, nun arm geworden, ohne etwas verloren zu haben, weil sie allein sich nicht geändert hatten, während sich um sie herum alles verändert hatte; und so waren diese Überzähligen nun gezwungen, ihren Lebensunterhalt aus der Hand der Reichen zu empfangen oder zu rauben.

Rousseau gesteht den besitzenden Subjekten genauso das Recht auf Eigentum zu wie den besitzlosen das Recht auf Raub. Diese konfliktuelle Situation, in der zwei entgegengesetzte Rechtsauffassungen aufeinanderprallen, erfordert eine Lösung. Da eine einvernehmliche Lösung bei der Verschiedenheit der Interessenlagen nicht mehr möglich scheint, muss sich eine Seite durchsetzen. Ergebnis der Auseinandersetzung ist die Einführung von Gesetzen, deren wichtigste Funktion es ist, das Eigentum zu schützen:

> „il est raisonnable de croire qu'une chose a été inventée par ceux à qui elle est utile plûtôt que par ceux à qui elle fait du tort"(224);
>
> man muss vernünftigerweise annehmen, dass eine Sache eher von denen erfunden wurde, denen sie nützt, als von jenen, welchen sie schadet.

Gesetze spiegeln immer schon den Antagonismus von verschiedenen Rechtsauffassungen und die Durchsetzung des Rechts der Besitzenden. Gesetze werden übertreten, weil nicht alle gleichermaßen von ihnen profitieren. Gesetze fordern Gerechtigkeit, sie definieren Gerechtigkeit aber auf der Basis der herrschenden Ungleichheiten und suchen ein entsprechendes Über-Ich zu erzeugen.

Die Ausdifferenzierung der menschlichen Verhältnisse erreicht dann nach Rousseau einen Punkt, an dem staatliche Macht- und Ordnungsstrukturen notwendig werden, um die zentrifugalen Kräfte zusammenzuhalten, die sonst zum Kriegszustand („état de guerre"; II; 212) aller gegen alle führen würden, den Thomas Hobbes irrtümlicherweise zum Naturzustand des Menschen erklärt hatte. Zur Vermeidung des Bürgerkriegs – insofern schließt sich Rousseau Hobbes an – müssen die Individuen einen Teil ihrer Freiheit an eine überindividuelle Sanktionsgewalt abtreten. Sie organisieren sich in einer Art Gesellschaftsvertrag („Pacte fondamental", „Contract"; II; 242) und begründen staatliche Machtstrukturen.

Im Gegensatz zu Hobbes und den anderen Staatstheoretikern hebt Rousseau deutlich den *fiktiven* und den *ideologischen* Charakter des Gesellschaftsvertrags hervor. *Zum einen* darf man sich die „Verstaatlichung" der Individuen natürlich nicht wirklich als Vertragsabschluss zwischen rechtsfähigen Subjekten vorstellen

(II; 224). Der Gesellschaftsvertrag ist eine nachträgliche Als-Ob-Konstruktion für eine langsam und unsystematisch gewachsene historische Realität. In diesem Prozess der Vergesellschaftung und Verstaatlichung entwickelten sich auch die Individuen überhaupt erst zu Rechtssubjekten. Ihre staatliche Verfasstheit wurde ihnen erst bewusst, als sie schon existierte.

Zum anderen trägt der Gesellschaftsvertrag denselben Geburtsfehler wie die Verrechtlichung menschlichen Zusammenlebens überhaupt: nicht alle profitieren gleichermaßen von ihm. Staatliche Machtstrukturen wachen über die Einhaltung von Gesetzen, deren wichtigste Funktion es ist, allen ihr Eigentum zu garantieren. Die ideologische Funktion der Fiktion des Gesellschaftsvertrags aber besteht darin zu suggerieren, alle profitierten gleichermaßen von ihm. Um dies zu verdeutlichen, lässt Rousseau einen fiktiven Eigentümer im vorstaatlichen Zustand in einer fiktiven Rede vor dem Volk für den Abschluss des fiktiven Gesellschaftsvertrages werben:

> „'Unissons nous', leur dit-il, 'pour garantir de l'oppression les foibles, contenir les ambitieux, et assûrer à chacun la possession de ce qui lui appartient: Instituons des réglemens de Justice et de paix [...] qui réparent en quelque sorte les caprices de la fortune en soûmettant également le puissant et le foible à des devoirs mutuels. En un mot, au lieu de tourner nos forces contre nous mêmes, rassemblons les en un pouvoir suprême qui nous gouverne Selon des sages Loix, qui protége et défende tous les membres de l'association, repousse les ennemis communs, et nous maintienne dans une Concorde éternelle.'"(214/216).

> „Schließen wir uns zusammen", sagte er zu ihnen, „um die Schwachen vor Unterdrückung zu schützen, die Ehrgeizigen in Schranken zu halten und einem jeden den Besitz dessen zu sichern, was ihm gehört: Führen wir gerechte und friedliche Regelungen ein, die in gewisser Weise die Launen des Glücks korrigieren und die Mächtigen wie die Schwachen gleichermaßen wechselseitigen Verpflichtungen unterwerfen. Mit einem Wort: lasst uns unsere Kräfte, statt sie gegen uns selbst zu richten, zu einer höchsten Gewalt vereinen, die uns nach weisen Gesetzen regiere, alle Mitglieder der Gemeinschaft schütze und verteidige, gemeinsame Feinde abwehre und uns in ewiger Eintracht erhalte."

Die wichtigste Funktion der Fiktion vom Gesellschaftsvertrag ist es, ein Wir-Gefühl zu erzeugen, das die wirklichen Interessengegensätze verschleiert. Dies ist nötig, weil der reine Zwang keine ausreichende Bindewirkung erzeugen würde und daher zu aufwändig wäre. Und so erzeugen die Herrschenden und Besitzenden also durch einen raffinierten Trick den Schein von Recht und Gerechtigkeit, an den die meisten Ohnmächtigen und Nicht-Besitzenden auch noch glauben:

> „Telle fut, ou dut être l'origine de la Société et des Loix, qui donnèrent de nouvelles entraves au foible et de nouvelles forces au riche, détruisirent sans retour la liberté naturelle, fixérent pour jamais la Loi de la propriété et de l'inégalité, d'une adroite usurpation firent un droit irrévocable"(218).

> Auf diese Weise entstanden die Gesellschaft und die Gesetze, oder so muss man sich ihren Ursprung jedenfalls denken. Daraus ergaben sich neue Fesseln für den Schwachen und neue Kräfte für den Reichen, die natürliche Freiheit wurde unwiederbringlich zerstört, das Gesetz des Eigentums und der Ungleichheit für immer befestigt, und aus einer geschickten Usurpation wurde ein unwiderrufliches Recht.

Rousseau dekonstruiert in ideologiekritischer Absicht die Begriffsopposition Usurpation/Legitimität, indem er sie im historischen Prozess auflöst. Was Usurpation ist, kann im Laufe der Zeit den Schein von Legitimation erringen. Die Legitimität aller europäischen Herrscherhäuser entstand so. Da es durch Rousseaus Zertrümmerung des metaphysischen Natur- und Wesensbegriffs keine zeitlos abgesicherten obersten Wertkriterien mehr gibt, aus denen sich Legitimationen ableiten ließen, sind so etwas wie Legitimationen oder „unwiderrufliche Rechte", wie es hier heißt, für Rousseau immer nur Machtfragen auf Zeit.

2.4. Medialisierungsprozess des Bewusstseins, Verdinglichung, Vermachtung

Rousseau beschreibt dann den weiteren Entwicklungsprozess der Menschheit als Ausdifferenzierung der gesellschaftlichen Beziehungsstrukturen und der in ihnen lebenden Subjekte. Peu à peu treten immer komplexere Vermittlungsinstanzen zwischen die einzelnen Bewusstseine und *in* die einzelnen Bewusstseine: Sprache, Arbeit, Warentausch, Geld, Eigentum, Recht, Schrift, Macht und Scheinverhältnisse:

> „Etre et paroître devinrent deux choses tout à fait différentes"(206).
>
> Sein und Schein wurden zu zwei völlig verschiedenen Dingen.

Die ursprünglich weitgehende Transparenz zwischen den Einzelbewusstseinen geht immer mehr verloren. Die intersubjektiven Beziehungen werden immer indirekter. Über Eigentum, Geld, Macht und Verstellung zieht der Einzelne seinen materiellen und bewusstseinsmäßigen Schwerpunkt aus der Gemeinschaft mit den anderen heraus. Für das menschliche Individuum wird im Laufe der Zeit die eigene Differenz existenziell immer wichtiger. Was allen gleich ist, ist allen egal. Soziale Ungleichheit und die Privatisierung des Einzelbewusstseins bedingen sich wechselseitig.

Rousseau fokussiert auf die negativen Aspekte des gesellschaftlichen Ausdifferenzierungsprozesses und des damit verbundenen Autonomisierungsprozesses des modern werdenden Subjekts: Er hebt die zentrifugalen Tendenzen in der Gesellschaft hervor und den Verlust der personalen Mitte des Einzelsubjekts, das allerdings, wie er selbst herausgearbeitet hat, seit seiner Subjektwerdung nie ganz bei sich war. Zunächst lag der Schwerpunkt seiner Identität in seiner Gemeinschaft, und wenn das Subjekt seinen Schwerpunkt immer mehr in sich selbst zurücknimmt, erlebt es sich als relationales, mediatisiertes Wesen.

Der Prozess der gesellschaftlichen und bewusstseinsmäßigen Ausdifferenzierung erreicht dann nach Rousseau zu seiner Zeit einen Punkt, an dem die Dezentrierung der Gesellschaft und des Subjekts in Zersetzung und totale Verdinglichung umschlagen. Partielle Verdinglichung durch erarbeitetes Eigentum war zunächst eine der Bedingungen für die Autonomisierung des Subjekts. Das Eigentum kann aber auch zum Identitätsersatz werden:

> „on s'en sert aisément [de la richesse] pour acheter tout le reste [le mérite personnel, la Puissance et le rang]"(254/256);

man bedient sich des Reichtums auf bequeme Art, um alles Übrige zu kaufen: persönliches Verdienst, Macht und Rang.

Die Verdinglichung führt zu einer Art Materialisierung des Bewusstseins, was wir heute als Porsche-Prinzip beschreiben würden:

„[les puissans et les riches] n'estiment les choses dont ils jouissent qu'autant que les autres en sont privés, et [...], sans changer d'état, ils cesseroient d'être heureux, si le Peuple cessoit d'être misérable"(256);

die Reichen und Mächtigen wissen die Dinge, die sie genießen, nur insoweit zu schätzen, wie andere sie entbehren müssen, und sie wären nicht mehr glücklich, wenn das Volk nicht mehr elend wäre, ohne dass sich an ihren eigenen Verhältnissen etwas ändern müsste.

Das Moment der Verdinglichung, das zur Autonomisierung der Subjekte beigetragen hat, verselbständigt sich und tritt an die Stelle relativ freier Intersubjektivität. Die dialektischen Austauschprozesse zwischen den Subjekten werden umgestellt auf Vermachtung. Durch das ideologisch erzeugte Wir-Gefühl erhalten die Beherrschten einen Anteil am Identitätsersatz ‚Macht' – imaginär oder auch faktisch, infolge der Ausbildung sozialer Hierarchien. Durch Identifikation mit den Mächtigen wird ihr innerer Vorbehalt der Freiheit ruhiggestellt, und die Macht als sozialer Kitt durchwirkt die intersubjektiven Beziehungen immer umfassender:

„Il est très difficile de réduire à l'obéissance celui qui ne cherche point à commander"(252/54).

Es ist sehr schwer, jemanden zum Gehorsam zu zwingen, der nicht befehlen will.

Das hierarchische Prinzip von Befehl und Gehorsam strukturiert dann die Gesellschaft und friert die Selbstbewusstseinsdialektik gleichsam ein. Rousseau sieht die Gefahr, dass die Verdinglichung und Vermachtung der intersubjektiven Beziehungsstrukturen in der Gesellschaft bis zum völligen Selbstverlust der Individuen fortwuchert:

„demandant toujours aux autres ce que nous sommes et n'osant jamais nous interroger là-dessus nous mêmes, au milieu de tant de Philosophie, d'humanité, de politesse et de maximes Sublimes, nous n'avons qu'un extérieur trompeur et frivole, de l'honneur sans vertu, de la raison sans sagesse, et du plaisir sans bonheur"(268);

da wir immer die anderen danach fragen, was wir sind, und es niemals wagen, uns selbst darüber zu befragen, haben wir inmitten von so viel Philosophie, Humanität, Höflichkeit und erhabenen Grundsätzen nichts als eine trügerische und hohle Fassade, Ehre ohne Tugend, Vernunft ohne Weisheit und Vergnügen ohne Glück.

Die intersubjektive Dialektik von Dezentrierung und Rezentrierung wird auf Dezentrierung reduziert. Das vielfach mediatisierte Subjekt wird zuletzt selbst zum abstrakten, entkernten Medium für seelenlose Manipulationen durch selbst manipulierte Manipulatoren. Und die entkernten Subjekte bringen die Kraft und den Willen zur Ideologiekritik nicht mehr auf.

Die Zukunft dieses Entwicklungsprozesses bleibt für Rousseau offen und unabsehbar. Klar ist für ihn, der den klassischen Naturbegriff dekonstruiert hat, dass es kein „Zurück zur Natur“, zu irgendwie „natürlicheren“ gesellschaftlichen Verhältnissen mehr gibt. Er sieht die Zukunft der Menschheit zwischen Tendenzen zur totalen Vermachtung der entkernten Individuen und Tendenzen zum Widerstand als permanenten Krisenzustand. Im *Émile* schreibt Rousseau 1762:

> „Nous approchons de l'état de crise et du siècle des révolutions“[12](224).
>
> Wir nähern uns einem Zustand der Krise und der Revolutionen.

Wie Reinhart Koselleck gezeigt hat,[13] ist Rousseau der erste, der den Begriff der *krisis* zum Dauerzustand eines permanenten Strukturwandels umdeutet und auch den Begriff der Revolution nicht mehr als zyklische Umwälzung von einem stabilen Zustand in einen anderen auffasst, sondern mit dem Begriff der permanenten Krise kurzschließt. Kriterien für Kritik an diesem Prozess sind subjektive Setzung. Im Gegensatz zu dialektischen Denkern nach ihm verschließt Rousseau den nunmehr geöffneten Horizont der Geschichte nicht wieder durch die Hoffnung auf irgendwelche Endzustände, in denen der Prozess zur Ruhe käme. Die Geschichte hat kein Telos mehr und erst recht keine Aussicht auf eine reale Utopie an ihrem Ende.

12 Rousseau, Jean-Jacques 1964: *Émile ou de l'éducation* [1762], hg. v. François et Pierre Richard. Paris.

13 Koselleck, Reinhart 1973: *Kritik und Krise. Eine Studie zur Pathogenese der bürgerlichen Welt* [1959]. Frankfurt/M., 132-142.

Die normative Kraft der „religion civile“: Das ungelöste Erbe des „contrat social“

Werner Gephart

Einleitung

Zu den historischen Geschenken, die uns Jean-Jacques Rousseau gemacht hat, so unterschiedlich seine Bewertung auch ausfällt,[1] gehört, neben vielem anderen, die Idee der *„religion civile“*. Zwar denken Philosophen seit Platon und Kritias auch an die soziale Funktion der Religion, doch bei Rousseau findet sich in der *religion civile* eine Art Synthese aus ästhetischem *sentiment*, poetischem Verhältnis zur Welt und dem kalten Verstand der kontraktuellen Vernunft, in der das Verhältnis von Staat und Religion grundlegend und wegweisend bis in die Gegenwart hinein um eine wichtige Dimension bereichert wird, die im Zuge einer Entzauberungsgeschichte verloren schien. Die Rousseau vertrauten Religionen sind dabei gleichermaßen zum Scheitern verurteilt, sobald sie als partikuläre Deutungen der Welt auftreten.

Der Ursprungsmythos der Moderne, dass es, wenn nicht einen historischen Moment, so doch eine logisch notwendige Sekunde der Willensübereinstimmungen gegeben haben muss, aus dem die Gesellschaft der Moderne erwachsen ist, verdichtet sich in der juridischen Gestalt des Vertrages, der von Beginn an den Mythos mit einem schweren Problem belastet, so man ihn wörtlich genommen hat. Wie nämlich ist die Bindung an eine Willensäußerung zu denken, solange es weder Zwangsapparate noch ein die Autonomie des Willens garantierende rechtliche Ordnung überhaupt gibt, die durch den Vertragsschluss doch erst geschaffen werden soll? Dies ist die Frage nach den non-kontraktuellen Momenten des Vertrages, die sich heute in die Frage nach der Geltung einer Verfassungskultur gewandelt hat, die ihre eigenen Voraussetzungen nicht zu garantieren vermag.

Auf diese logisch und empirisch unlösbare Frage gibt es nur eine Antwort, die sich im Mythos findet: im Mythos des in eins zusammenfallenden Gesellschafts- und Herrschaftsvertrages, dessen Versprechungen der Verbindlichkeit unverbindlich bleiben. Es bleibt ein Rätsel, auch im modernen Verfassungsstaat, der nach der berühmten Böckenförde-Formel, seine eigenen Voraussetzungen nicht zu garantieren weiß.[2] Ob uns beim Verständnis dieser schwerwiegenden Problematik Rousseaus *„contrat social“* zu verhelfen mag, möchte ich mir näher anschauen.

Hierzu ist zunächst die Logik des *contrat social* zu entfalten, wie sie sich für den philosophisch interessierten Soziologen darstellt, also mit einer Prise Durkhei-

---

1 „Il n’a rien découvert, mais il a tout enflammé“, so Mme Barone de Staël-Hohenstein (Œuvres complètes, Tome premier 1836. Paris, 285).

2 Vgl. Böckenförde, Ernst-Wolfgang 1976: Staat, Gesellschaft, Freiheit. Studien zur Staatstheorie und zum Verfassungsrecht. Frankfurt/M., 60.

mismus (I), umso dann die *religion civile* als eine normative Kraft einzuspielen, deren Kraftquellen allerdings noch im Dunkeln verbleiben (II).

I. Lire le contrat social avec Durkheim

Emile Durkheim hat in einer frühen Schrift eine prototypische soziologische Deutung der Philosophie Rousseaus geliefert.[3] Ebenso wie Talcott Parsons[4] an Thomas Hobbes die immanente Instabilität einer reinen Machtordnung demonstriert, interessiert Durkheim die Frage, inwiefern aus den Annahmen der Naturrechtslehre Rousseaus eine Ordnung plausibel wird, die aus der normativen Durchdringung des sozialen Lebens erwachsen soll. Die Rousseau-Deutung von Durkheim akzentuiert hierbei drei Momente, die im Übrigen für die Entwicklung seines eigenen Ansatzes von grundlegender Bedeutung sind.

1. Der Naturzustand als Balance von Bedürfnissen und Mitteln der Bedürfnisbefriedigung

Der Naturzustand wird dadurch charakterisiert, dass Bedürfnisse und Mittel in einem ausgeglichenen Verhältnis zueinander stehen: Abundanz und ein karges Bedürfnisniveau garantieren dieses harmonische Paradies, das nur von solitären Individuen bevölkert ist. Diese nicht-soziale Ursprungsnatur des Menschen ist nach Durkheim für die Widersprüche verantwortlich, die sich aus dem Rousseau'schen System ergeben. Dennoch wird die Umwandlung des Naturzustandes in den gesellschaftlichen Zustand aus einer Annahme plausibel, die den Kern der impliziten Persönlichkeitstheorie von Durkheim ausmachen wird: die Unordnung in der Bedürfnislage des Menschen, die eintritt, sobald die begrenzenden und wohlrespektierten Kräfte der äußeren Natur zur unmittelbaren Bedürfnisbefriedigung nicht mehr ausreichen. Dann reagiert die ‚Natur' des Menschen mit einer Anpassung der Intelligenz, die gleichzeitig neue Bedürfnisse weckt:

> „Or une fois l'équilibre rompu, c'en est fait; les désordres s'engendrent les uns les autres. Une fois que la borne naturelle est franchie, il n'est plus rien qui contienne la nature dé-

---

3 Durkheim, Emile 1966: Le ‚contrat social' de Rousseau. In: Durkheim, Emile 1966: Montesquieu et Rousseau. Précurseurs de la sociologie. Paris, 115-198. Sie legt einerseits den Grundstein seiner eigenen Norm- und Wertlehre und macht uns zugleich plausibel, aus welchen inneren Gründen Durkheim auch in Rousseau seinen *‚précurseur'* findet. In der Tradition der Kritischen Theorie – man vergleiche die Einleitung Adornos zu ‚Philosophie und Soziologie' – ist dies eben keineswegs selbstverständlich. Das Pariser Exil hat freilich auf ironische Weise die emigrierten Vertreter der Kritischen Theorie mit den Resten der Durkheimschule in Verbindung gebracht.

4 Vgl. Parsons, Talcott 1968: The Structure of Social Action. A Study in Social Theory with Special Reference to a Group of Recent European Writers. New York.

> voyée. Les passions s'engendrent les unes les autres; elles stimulent l'intelligence, celle-ci vient leur offrir des objectifs nouveaux qui les excitent, les exaspèrent.“[5]

Erst aus dieser Situation der ungehemmten und durch die Intelligenz entfesselten Bedürfniskrisen entsteht ein Gefühl von gegenseitiger Abhängigkeit der Menschen untereinander. Auf diese Weise wird der Naturzustand auf ‚natürliche' Weise verlassen.

2. Die soziale Kohäsion im Gesellschaftszustand der „volonté générale“

Im Gegensatz zur Überzeugung eines Charles de Montesquieu bewirkt die zunehmende Interdependenz, als Folge einer rudimentären Arbeitsteilung, nicht automatisch auch die soziale Kohäsion: „L'harmonie naissait [selon Montesquieu, W.G.] du partage des fonctions et de la réciprocité des services. Les individus étaient directement liés les uns aux autres et la cohésion totale n'était qu'une résultante de toutes ces affinités particulières.“[6] Das einigende Band resultiert vielmehr aus der *volonté générale*, die ganz auffällige Parallelen zu Durkheims Lehre der *„conscience collective“* aufweist.[7] Der Verlust der bedürfnisbegrenzenden äußeren Natur bedarf - so Durkheim - einer neuen Kraft, die sich über das Individuum setzt und ihm den gleichen Respekt wie die *verlorene Natur* einflößt: Dies kann nur die *soziale Welt* sein, die sich in der *volonté générale* zu einer moralischen Kraft verdichtet.

3. Die gesellschaftlichen Grenzen der gelingenden Sozialintegration

Aber die *volonté générale* bedarf ebenso wie der individuelle „Wille“ der Manifestation, um wirksam zu werden. Diese Rolle wird durch die Gesetzgebung erfüllt. *Volonté générale* und Normfindung sind dabei aufs Engste miteinander verschmolzen, so die These Durkheims: „Le seul moyen de remédier au mal [...] est donc d'armer la loi d'une force réelle, supérieure à l'action de toute volonté particulière.“[8] Damit sind zugleich nach Durkheim die immanenten Instabilitäten einer Ordnung bezeichnet, die aus der Generierung allgemein verbindlicher, zwanglos akzeptierter Normen allein nicht entstehen kann.

> „Mais une telle cohésion n'est possible que dans une cité médiocrement étendue où la société est partout présente, où tout le monde est placé dans des conditions d'existence à peu près semblables et vit de la même vie. Chaque individu tend davantage à suivre

[5] Durkheim 1966, 134.
[6] Ebd., 186.
[7] Vgl. die Formulierung ebd., 181, mit derjenigen in: Durkheim, Emile 1973: De la division du travail social. Paris.
[8] Durkheim 1966, 150.

> son sens propre; et par suite l'unité politique ne peut se maintenir que grâce à la constitution d'un gouvernement tellement fort qu'il est nécessité à se substituer à la volonté collective et à dégénérer en despotisme."[9]

Eine nur geringe *Systemgröße*, die Omnipräsenz der *sozialen Kräfte* und die *Gleichheit der Existenzbedingungen* sind also die Voraussetzungen einer normativen Ordnung, in der das Gesetz mit dem Gemeinwillen zusammenfließt, ohne dass die Normkonformität durch Zwang garantiert sein müsste. Sobald diese idealen Bedingungen verlassen sind, schlüge die normative Ordnung in eine Machtordnung um, die den selbstzerstörerischen Mechanismus der Machtentfaltung eben so auslöst, wie er in der Hobbes'schen Lösung angelegt ist. Während in der rechtsphilosophischen Kritik wie etwa bei Hans Welzel die allergrößten Zweifel in die gleichsam automatische Selbsterzeugung einer materialen Wertethik aus dem Geiste der *volonté générale* gesetzt werden,[10] ist dies *nicht* das Problem von Durkheim. Er moniert vielmehr, dass Rousseau die *Integrationsfrage* als Folgeproblem sozialer *Differenzierung* mit dem allzu naiven Denkmittel der *Interdependenz* lösen wolle.[11] Was vor allem in der deutschen Rousseau-Kritik als Totalitarismusverdacht erscheint,[12] liest sich bei Durkheim dahin, dass Rousseau das Problem *sozialer Differenzierung* unterschätzt habe. Die rein normenorientierte Lösung der Ordnungsfrage führt also in ein normativistisches Dilemma, entweder den Tatbestand sozialer Differenzierung zu unterschätzen, oder das Abgleiten in eine reine Machtordnung hinter den Formeln eines Gemeinwillens voluntaristisch zu kaschieren. Damit kristallisiert sich als die grundlegende Fragestellung einer soziologischen Inquirierung Rousseaus heraus: *Wie ist eine soziale Ordnung denkbar, in der „Gesellschaft" nicht allein durch fragwürdig gewordene gemeinsame Zwecke und auch nicht durch eine bloße, in sich selbstdestruktive Machtakkumulation à la Hobbes zusammengehalten wird, aber auch der vermeintlichen Einheit rein normativer Ordnungen misstraut wird?*

Wie geht Rousseau mit konkurrierenden Geltungsansprüchen einer richtigen Ordnung um, und wie wird jener die partikularen Ordnungen überschreitenden Normativität Geltung verschafft, wenn die Gemeinsamkeit einer religiösen Geltungs- und Legitimitätsquelle erodiert und schließlich entfallen ist?

Vielleicht in der Natur? Wie Francesco Petrarca, der Mitbegründer des Humanismus, in seiner Schilderung der Besteigung des Mont Ventoux[13] die Natur als

---

9 Ebd., 187.

10 Vgl. Welzel, Hans 1962: Naturrecht und materiale Gerechtigkeit, Göttingen.

11 Dass Durkheims eigene Lösung der *„Formes élémentaires de la vie religieuse"* Rousseaus, im Übrigen ja auch biographisch bedeutsamer, *„religion civile"* nahe steht, ist eine andere Frage. Allerdings ist zu bezweifeln, ob die Eigenschaften der *religion civile* dazu angetan sind, die Folgeprobleme differenzierter Gesellschaften zu lösen: „Les dogmes de la religion civile doivent êtres simples, en petit nombre, énoncés avec précision, sans explications ni commentaires." (Rousseau, Jean-Jacques 1966: Du contrat social. Paris, 179).

12 Vgl. die Deutung von Fetscher, Iring 1968: Rousseaus politische Philosophie. Zur Geschichte des demokratischen Freiheitsbegriffs. Neuwied, Berlin.

13 Vgl. Petrarca, Francesco 1995: Die Besteigung des Mont Ventoux (Familiarum rerum libri IV 1). Stuttgart.

Reflexionsraum des Ichs erfindet und Antworten auf den Ort des Individuums in einer heterogenen Geltungslandschaft (in den Schriften zur Natur) findet, die den Naturzustand des vorvertraglichen Gesellschaftslebens hinter sich gelassen haben – dieser Frage bin ich vor einigen Jahren in einem kleinen Büchlein[14] nachgegangen. Nunmehr aber möchte ich eine Passage des *contrat social* näher studieren, die in den vergangenen Jahren unter Sozialwissenschaftlern vielleicht die größte Unruhe erzeugt hat: die Idee einer *religion civile.*

II. Lire le huitième chapitre du quatrième livre du contrat social: „De la religion civile“

Rousseau geht es bei der Erfindung der *religion civile* um das Problem der *„force du droit“*, eine intuitive Vermutung findet sich wortwörtlich im vorletzten Kapitel des vierten Buches des *contrat social.*[15] Dort wägt Rousseau die von ihm idealtypisch konstruierten Religionen, nämlich die *„religion de l'homme“*, die *„religion chrétienne“* und die *„religion du citoyen“*, untereinander darauf ab, welche Form der Verknüpfung von Religion, Politik und Recht am ehesten den Erfordernissen des gesellschaftlichen Zusammenhaltes entsprechen würde. So formuliert er kritisch zu einer Menschheitsreligion des frühen Christentums:

> „Mais cette religion n'ayant nulle relation particulière avec le corps politique laisse aux lois la seule force qu'elles tirent d'elles-mêmes sans leur en ajouter aucune autre, et par là un des grands liens de la société particulière reste sans effet.“[16]

Das aber heißt, dass die Suche nach der *religion civile* gerade den *Geltungsverstärkern* gilt, wie sie nur der Bezug auf etwas Übergeordnetes, also Religionsartiges, zumindest vermitteln könnte.

1. Die ‚formalen' Eigenschaften der „religion civile“

Je mehr freilich eine Religion auf Transzendenz geht, umso mehr löst sie die Menschen eben auch von den Dingen dieser Welt ab; nichts stehe einem *„esprit social“* mehr entgegen, behauptet Rousseau (was katholische Kritiker zur Weißglut gebracht hat)! Aber selbst wenn sich eine intern vollkommene Gesellschaft dieser christlichen Gemeinschaft herausbilden sollte, so fehlten ihr doch die von Rousseau beschworenen Bindungskräfte: „A force d'être parfaite, elle manquerait de liaison; son vice destructeur serait dans sa perfection même.“[17] In diesem so knapp formulierten Satz ist eine der Grunderkenntnisse über das Funktionieren

---

14 Vgl. Gephart, Werner 2008: Goethe als Gesellschaftsforscher und andere Essays zum Verhältnis von Soziologie und Literatur. Berlin.

15 Vgl. Rousseau 1966, 170ff.

16 Ebd., 176.

17 Ebd.

normativer Ordnungen komprimiert: Nur die Normalität und Banalität der alltäglichen Normabweichung garantieren gleichzeitig Kohäsion und Wandel normativer Ordnungen, wie es Durkheim einmal in seiner berühmten Normalitätsthese formuliert![18]

Aber halten wir fest: die bloße Trennung von staatlicher Normativität und privatreligiöser Bindung genügt den Anforderungen der Normverstärkung eben nicht. Daher liegt für Rousseau eine Favorisierung der Fusion religiöser und staatlicher Gewalt nahe, die ihre Geltungskräfte wechselseitig verstärken würden. Rousseau spielt gar auf das Titelblatt des Leviathan an, indem die beiden Köpfe des Adlers bei Hobbes wieder vereint würden und er vermag nicht genug die Weisheit Mahomets zu loben,[19] der sein *„système politique"* mit der religiösen Gemeinschaft, der Umma, verknüpft habe. Die *„grande discorde"* habe diese in Rousseaus Augen gesunde Einheit von Politik und Religion im Zuge eines Kultur- und Sittenverfalls der arabischen Völker zerstört.

Mit Hobbes ist Rousseau also daran einig, dass es aus funktionalen Gründen des gesellschaftlichen Zusammenhaltes der Religion bedürfe. Ich darf an dessen Argumentation erinnern. In den *„Elements of Law"* stellt Hobbes darauf ab, dass nur der subjektive Glaube, nicht aber die Religionszugehörigkeit die Selbstbindungskräfte der Vertragschließenden verstärke: „And seeing that men cannot be afraid of the power they believe not, and is to no purpose, without fear of him they swear by; it is necessary that he that sweareth, do it in that form which he himself admitteth in his own religion [...]."[20] Bei Hobbes also tritt die religiöse Toleranz als unbeabsichtigte Nebenfolge der emotiv-religiösen Abstützung der Geltungsgrundlagen des Gesellschaftsvertrages auf.[21] Rousseau überwindet die Hobbes'sche Indifferenz, dem es ja nur darauf ankommt, dass die Bürger überhaupt an etwas glauben, weil man ihnen sonst nicht trauen könne und sie schließlich auch nicht den rechten Vertragsglauben aufzubringen vermöchten.

2. „Religion civile" als Geltungsverstärker

Rousseau fordert vielmehr eine auf Staat und Gesellschaft, auf das Gemeinwesen gerichtete Religion, „une religion qui lui fasse aimer ses devoirs."[22] Hiermit ist bei Rousseau freilich keine allgemeine Attitüde der Gemeinschaftsliebe gemeint, sondern durchaus eine aus Einzeldogmen komponierte zivilreligiöse Dogmatik, die sich in einem Katechismus bündelt, der vom Souverän formuliert wird. Da

18 Für eine systematische Interpretation der Durkheim'schen Normalitätsthese vgl. Gephart, Werner 1990: Strafe und Verbrechen. Die Theorie Emile Durkheims. Opladen, 21ff.; außerdem Gephart, Werner 2006: Recht als Kultur. Zur kultursoziologischen Analyse des Rechts. Frankfurt/M., 191-214.

19 Vgl. Rousseau 1966, 173.

20 Hobbes, Thomas 1969: The Elements of Law. Natural and Politic. New York, 80.

21 Vgl. die ausführlichere Argumentation bei Gephart 2006, 3f.

22 Rousseau 1966, 178.

dem Souverän allerdings die Gestaltungsmacht in Sachen Transzendenz verwehrt ist, die seine Regelungsbefugnis überschreitet, kann sich der Inhalt dieser Anforderungen nur auf die Gestaltung des innerweltlichen Zusammenlebens beziehen, als „sentiments de sociabilité“,[23] ohne die man weder ein guter Bürger zu sein vermöge, noch ein treuer Staatsuntertan. Sollte Rousseau also das Problem der Übereinstimmung des Willens der Beherrschten mit denen des Herrschers im demokratiegenerierenden Gesellschaftsvertrag gelöst haben, so wären auch die Artikel dieses auf die Sozialmoral zielenden Codes nicht von außen oktroyiert, sondern selbst gegebene!

Wer freilich deren Geltung leugnet, ist – so Rousseau – schlimmer als ein gewöhnlicher Verbrecher, denn er ist nicht nur unfromm, sondern „insociable“,[24] vielleicht gar nicht resozialisierbar. Und er verdient nur *eine* Strafe, weil er vor dem Gesetz gelogen hat, dem *„être suprême“* des Jean Jacques Rousseau, „qu'il soit punit de mort.“[25] So die Strafandrohung für den Verfassungsapostaten, dem die rechte Verfassungsgesinnung fehlt. Kein Wunder, dass sich totalitäre Regime auf die *religion civile* zu beziehen wussten. Wie aber sieht der Knigge des guten Staatsbürgers aus?

3. Ein „Knigge“ für den guten Staatsbürger?

„Daß Knigge Rousseau gelesen hat, ja daß die Schriften Jean-Jacques Rousseaus den Freiherrn ‚beeinflußt‘ haben, kann mittlerweile als eine Art Topos innerhalb der Knigge-Forschung gelten.“[26] Knigges literarische und moralphilosophische Schriften stehen auch in qualitativer Hinsicht in einem intensiven Dialog mit Rousseaus Texten, eine Rezeptionsspur, die wir hier nicht weiter vertiefen können. Insofern bleibt auch die Rede vom Knigge für Protagonisten der Zivilreligion metaphorisch, weil ja auch Knigge selbst sich weniger um die rechte Verwendung von Bestecken zur Behandlung von Schalentieren, als den ‚rechten Umgang mit den Menschen' bekümmert hat.

Schauen wir uns den *„catéchisme de la religion civile“* ein wenig näher an.[27] In Rousseaus Andeutungen eines „Katechismus“ gibt es positive und negative Dogmen. Der positive weist zunächst formale Qualitäten auf, die uns nicht unbekannt sind: Diese Grundnormen der *religion civile* sollen einfach sein, gering an

23 Ebd., 179.

24 Ebd.

25 Ebd.

26 Nübel, Brigitte 1999: „...jede Zeile von ihm mit dem wärmsten Interesse“. Aspekte der Rousseau-Rezeption bei Knigge. In: Martin Rector (Hrsg.) 1999: Zwischen Weltklugheit und Moral. Der Aufklärer Adolph Freiherr Knigge. Göttingen, 103-120.

27 An Katechismusfragen ist die französische Ideengeschichte nicht gerade arm, denken wir nur an Auguste Comte, der nicht nur einen *calendrier positiviste*, sondern auch einen *„catéchisme positiviste“* erfunden hat. Vgl. Comte, Auguste 1849: Calendrier positiviste. Paris; vgl. weiterhin Comte, Auguste 1852: Catéchisme positiviste. Paris.

Zahl, präzise und keiner Deutung und Kommentierung bedürfen: „Les dogmes de la religion civile doivent être simples, en petit nombre, énoncés avec précision, sans explications ni commentaires."[28] Der Rest teilt sich in eine Art Gottesgläubigkeit, den Glauben an ein jenseitiges Leben, von konfessionellen Schlacken befreit und den Glauben an die Unterscheidbarkeit von Gut und Böse; also eine „*minima religiosa*" und eine absolute „*minima moralia*". Dann freilich vollzieht sich der selbstreferentielle Salto, der auf den Geltungsgrundlagen des Gesellschaftsvertrages landet, als „sainteté du contrat social et des lois".[29] Verfassung und Recht werden in diesen Formulierungen als „Religion" zelebriert. Gehorsam gegenüber dem Souverän, d.h. Verfassungsgehorsam, ist erwünscht, aber Missionierung nicht erlaubt. Nicht weil es Bedenken gegenüber der Autonomie des Subjekts gäbe, sondern weil es die Menschen von ihren Wurzeln entfremdet und das heiligste Gut des Rousseau, den sozialen Frieden, gefährde.

Damit gewinnen wir ein konzises Bild der *religion civile* nach Rousseau: hier geht es nicht um die Erfindung von Ritualen und Zeremonien, was in der Rezeptionsgeschichte des Konzepts mit Robert N. Bellah in den Vordergrund gerückt ist[30] und vielleicht auch im Émile angedacht ist,[31] sondern im *contrat social* befasst sich Rousseau mit einer Mythologie von Staat und Recht, einer „konstitutiven Mythologie", wie Markus Gabriel sie nennt,[32] in der die Geltung des *contrat social* der Reflexion, der Kritik, der kognitiven und politischen Antastbarkeit entzogen wird, wenn er für „heilig" erklärt wird und an seine eigene, als Heilung der per Zivilisation erkrankten Gesellschaft zu glauben empfohlen wird. Damit aber wird die *religion civile*, in meiner Lesart, einer reinen Funktionalisierung entzogen. Dann wäre sie nicht als eine Art Aggregationsmaschine zur Überbrückung all der Konsenslücken gedacht, die sich bei näherem Besehen für den Vertragsglauben in einer stratifikatorisch, segmentär und funktional differenzierten Gesellschaft zwangsläufig ergeben müssen!

Durkheim hat diese soziologischen Vorbedingungen für die Anwendbarkeit des *contrat social* am Klarsten benannt! Das sentimentale Pathos einer religiösen Attitüde des Erstaunens und Erschreckens vor dem Numinosen, wie Rudolf Otto es bezeichnet,[33] findet sich in den französischen Formulierungen der Erklärung

---

28 Rousseau 1966, 179. Diese Illusion der Nichtinterpretationsbedürftigkeit und gar des Auslegungsverbotes teilte dieser Text mit anderen „heiligen" Texten der Religionsgeschichte und eröffnet umso mehr Spielraum für eine gefährliche, wenn nicht gar tödliche „Deutungsmacht", wie sie Philipp Stoellger treffend nennt.

29 Ebd.

30 Vgl. Bellah, Robert N. 1967: Civil Religion in America. In: Daedalus. Journal of the American Academy of Arts and Sciences, 96. Boston; Massachusetts, 1–21.

31 Vgl. Rousseau, Jean Jacques 1998: Emile oder Über die Erziehung. Stuttgart.

32 Gabriel, Markus 2006: The mythological being of reflection – An essay on Hegel, Schelling, and the contingency of necessity, in: Markus Gabriel; Slavoj Žižek: Mythology, madness and laughter. London; New York 2009, 15-94 (27).

33 Vgl. Otto, Rudolf 2004: Das Heilige. Über das Irrationale in der Idee des Göttlichen und sein Verhältnis zum Rationalen. München.

der Menschenrechte, in einer eigenen Tonart wieder. Lassen Sie mich nur eine Phrase des Jullien de Toulouse zitieren, dem *ministre du culte protestant* im Konvent, der am 17. Brumaire (1793) verkündet: „désormais, je n'aurai d'autre temple que le sanctuaire des lois, d'autre idole que la liberté, d'autre culte que celui de la patrie, d'autre évangile que la Constitution républicaine que vous avez donné à la France libre."[34] Jean-Denis Lanjuinais, der Rousseaus achtem Kapitel eine umfangreiche Arbeit gewidmet hat, leugnet die von Jules Michelet gerühmte Rechtsbildungskraft des Jean-Jacques Rousseau. Nur ein Skelett einer Zivilreligion habe er geliefert, „sans instruction, sans temples et sans culte".[35] Dafür habe er aber, zu ihrer Einhaltung, Richter und Henker bestellen müssen.

Rousseau hat in der Idee der *religion civile* das Kunststück vollbracht, den säkularen Staat zu denken, der seinen Bürgern keine konfessionsgebundenen Glaubensinhalte religiöser Art mehr vorzuschreiben wagt, um dennoch eine soziale Kraft, einen Geltungsverstärker zu mobilisieren, den Georg Simmel später „religioid" nennen wird,[36] den die Bewunderer der *„presidential adresses"* der amerikanischen Verfassungsgeschichte als sozietales Wunder preisen und dem sich auch ein Barack Obama nicht entziehen konnte und wollte – nämlich, die *force du droit*, insbesondere des *contrat social*, nicht nur auf Gewalt, sondern auf eine transzendente Legitimität zu stützen, die sich freilich auf die soziale Welt zurückbiegt, um die Gesellschaft selbst als sakrales Objekt zu adorieren.

Die in Rousseaus Modell angelegte Idee der Toleranz, einer Nichtverschreibbarkeit des religiösen Glaubens, bedarf der Limitierung: „Je les borne à un seul", sagt Rousseau: „c'est l'intolérance".[37] Die Exklusion der Intoleranz, um möglichst viele in die Geltungskraft des *contrat social* zu inkludieren, verbleibt als Problem des Knigge für den Staatsbürger. Religiöser und sozialer Pluralismus findet dort seine vielfach umkämpften Grenzen, in denen konkurrierende Deutungsmächte um ihre jeweilige Hoheit ringen.

Auf der Suche nach dem Verstärker einer Verfassung, die auf nichts als reiner Vernunft aufruhen soll, ohne zur Gewalt Zuflucht zu nehmen, nimmt Rousseau eine Kehre zur Religion vorweg, bevor noch das Ende der Religionen verkündet war. Zu groß ist die Anziehungskraft dieses Opiums eines Geltungsverstärkers, als dass auch vermeintlich säkulare Gesellschaften auf ihre Zauberkräfte verzichten möchten. Wohin die Mobilisierung der symbolischen, rituellen und gemeinschaftlichen Kräfte der staatlichen Kulte führen möge, hat die Geschichte des 20. Jahrhunderts auf grausige Weise demonstriert, nachdem die Kritiker der französischen Revolution schon immer gerade den armen Rousseau für die *„Terreur"* verantwortlich machen wollten. Ihn für all dies haftbar zu machen, wäre zu einfach. Einer Sakralisierung der Gesellschaft mit Skepsis zu begegnen und dennoch den

34 Zit. bei Culoma, Michaël 2010: La religion civile de Rousseau à Robespierre. Paris, 184.

35 Jean-Denis Lanjuinais 1832: Œuvres. Paris, 501.

36 Simmel, Georg 1989: Gesammelte Schriften zur Religionssoziologie. Berlin, 126.

37 Rousseau 1966, 179.

Grundfesten der Verfassung einen aus den Alltagskämpfen des Politischen herausgehobenen Status zu verleihen und dabei den Gebrauch von Symbolen und Ritualen einer Zivilgesellschaft nicht zu scheuen, scheint mir das Anliegen eines Rousseau gewesen zu sein – wenn man einmal die drakonische Zwangsgarantie der Todesstrafe beiseite lässt – der als *„Jean-Jacques juge de Rousseau"* nicht nur über seine Erfindung der Subjektivität, sondern auch über seinen Status als *citoyen* reflektiert hat.[38] Die Metamorphose des *bourgeois* in den *citoyen* gewinnt in all den Gesellschaften eine neue Aktualität, die der *citoyenneté* eine entscheidende Rolle im Transitionsprozess demokratischer Gesellschaften zuschreiben.

Schluss: Die „laicité" als „religion civile" der Franzosen?

Wäre es nicht schön, in der französischen Verfassungskultur Elemente einer *religion civile* gerade dort auszumachen, wo sie sich explizit als nicht-religiös versteht? Der Laizismus scheint diese paradoxe Funktion zu übernehmen, im Namen einer Trennung von Staat und in die Öffentlichkeit getragener Konfessionskultur eine eigene, eben zivilreligiöse Fundierung zu etablieren, die zu den geschriebenen, nämlich in den Gesetzen von 1904 und seiner redaktionellen Anpassung aus dem Jahre 2004 über den *„port des signes religieux"*, und ungeschriebenen Voraussetzungen der französischen Verfassung gehört. Von konkreten religiösen Inhalten durch seinen Normsinn vollständig detachiert, gleichzeitig als Glaubensgrundlage des republikanischen Projekts der Sozialintegration unantastbar, scheint dieses Projekt genau dort gefährdet zu sein, wo die Ethik der Sphärentrennung, der gesellschaftlichen Arbeits- und Gewaltenteilung als Verfassung der durch Differenzierung garantierten Freiheiten nicht geteilt wird, sondern ein anderes Gesellschaftsprojekt, ein solches der Gemeinschaft, diametral entgegengestellt wird.

Während das Prinzip des französischen Laizismus darin besteht, die Trennung der politischen von der religiösen Sphäre so zu gestalten, dass nicht nur wechselseitige Interventionsverbote statuiert werden, sondern die Religion aus dem öffentlichen Raum in die private Sphäre, beziehungsweise hinter die kommunitären Mauern verwiesen wird, setzt das Kooperationsmodell von Kirche und Staat eine wechselseitige Abstimmung der Interessenssphären voraus, zwischen einem Staat, der vielfach schon christlich vorgedacht und durch Präambelgötter fermentiert ist. Der an Rousseau anschlussfähige symbolische Egalitarismus, der als Beseitigung von Inklusionshemmnissen bei den Vertretern republikanischer Ideale gemeint ist, stößt freilich dort an seine Grenzen, wo das Identitätsangebot der französischen Gesellschaft, durch ein individuelles Bekenntnis zu den Werten der französischen Tradition den Status des *citoyen* zu erwerben, keinen Widerhall

[38] Vgl. Rousseau, Jean-Jacques 1999: Dialogues de Rousseau juge de Jean-Jacques. Le Lévite d'Ephraïm. Paris.

findet. So sind die mehrfach „gebrochenen Identitäten“[39] der Einwanderer am ehesten durch partikular kollektive Identitätsfolien zu formulieren, solange der Universalismus der französischen Zivilisation an Eigenschaften gebunden ist, die gerade aufgrund einer religiös-ethnischen Herkunft nur erschwert zugänglich sind. So scheint zwar die Symbolkonkurrenz im öffentlichen Raum domestiziert,[40] doch normative Konflikte wie das Schächten, das Adoptionssubstitut der *kafala* oder der Schwimmbadbesuch treten dort auf und werden manifest, wo kollektive Identitätshüllen den Einzelnen zwar aufnehmen, ihn aber auch umso mehr von der ihn umgebenden Gesellschaft ausschließen. Da helfen auch keine universalistischen Überbrückungsrituale an den Orten kollektiver Erinnerung und kollektiver Identitätsstiftung, solange die ‚Nation' als *volonté générale* an den Orten fabriziert wird, die den Unterschied nicht zulassen: in der Schule, im Militär, den *Grandes Écoles*.

Wie viele konkurrierende Selbstdeutungen lässt eine Gesellschaft der Toleranz zu und wie viel Intoleranz ist hierfür unabdingbar? Wie viele *„volontés générales“* im Plural sind mit der Idee der Einheit des Gesellschaftsvertrages „verträglich“? Wie viel Pluralismus verkraftet das Rousseau'sche Modell, nicht nur in den Grenzen der Genfer Gesellschaft, sondern in den zahllosen Dörfern der Weltgesellschaft, wenn wir uns von Rousseaus Gesellschaftspoesie animieren lassen? Die Dialektik von Toleranz und Intoleranz führt Rousseau in aller Deutlichkeit vor Augen. Und Rousseau hilft uns – so meine ich – all diese Probleme der Welt mit Verstand und Leidenschaft zu denken! An ihrer Lösung freilich müssen wir selbst arbeiten!

39 Eine Kategorie, die ich an anderer Stelle weiter ausgeführt habe. Vgl. Gephart, Werner; Saurwein, Karl-Heinz (Hrsg.) 1999: Gebrochene Identitäten. Zur Kontroverse um kollektive Identitäten in Deutschland, Israel, Südafrika, Europa und im Identitätskampf der Kulturen. Opladen.

40 Die *présidentielles* 2012 haben gezeigt, dass sich keine politische Richtung dieser Selbstverständlichkeit entziehen konnte.

La bourgade suisse rustique, modèle d'un vivre ensemble?

(*La Nouvelle Héloïse*)

Jacques Berchtold

> „Plus vous m'inspirez du respect, et moins mon cœur peut se refuser au plaisir de vous dire les sentiments que vous y avez fait naître. [...] L'âge d'or qui n'exista jamais, cette aimable égalité des hommes que vous nous avez fait désirer et ce temps futur où les imitateurs de Julie et St Preux devront toujours être heureux, commenceront dès cette vie."
>
> Lettre d'un lecteur de *La Nouvelle Héloïse* à Rousseau (J.-L. Le Cointe, seigneur de Marcellac, 5 avril 1761)

Des affinités rattachent *La Nouvelle Héloïse*, un long roman épistolaire en prose, au genre de l'„idylle": le modèle antique de l'églogue demeure, longtemps, l'autorité de référence pour tout discours qui réhabilite la vie campagnarde par rapport aux artifices de l'organisation sociale en ville. En dépit de leur modernité, les auteurs du 18e siècle revendiquent l'héritage de ces miniatures bucoliques. Quels sont les éléments fondamentaux du genre? Des bergers, des chevriers, des pêcheurs ou des agriculteurs occupent la scène. Ils se procurent des satisfactions simples et apprécient des sensations aussi vives qu'élémentaires. La proximité immédiate d'une nature bonne et agréable est un élément indispensable à l'expression de la vie sentimentale des personnages. L'homme „bucolique" fuit la société organisée en classes distinctes et trouve refuge dans un monde simplifié, loin des tensions politiques. La bulle du „refuge pastoral" constitue une enclave soustraite à la corruption: grâce à sa petite dimension et à son étanchéité, elle semble à l'abri des vices. En se démarquant du monde réel tristement familier au lecteur, cette sociabilité à petite échelle offre la virtualité d'un „modèle" de réalité alternatif et enviable.

La description détaillée de la communauté de Clarens que produit Rousseau dans *La Nouvelle Héloïse* s'éloigne de la simple communauté idéale de l'idylle du fait qu'elle se rapproche de considérations réalistes et qu'elle est structurée selon un modèle d'organisation économique rationnel. Wolmar, le maître du domaine, est un patron scrupuleusement comptable, dans le bon sens du terme, car il est soucieux de pourvoir aux besoins matériels de chacun. Le modèle de Clarens emprunte moins au modèle d'organisation politique des petites bourgades suisses du 18e siècle qu'au modèle de vie communautaire de la *domus* italienne de l'Antiquité romaine (dirigée par le couple d'un *dominus*, un maître de maison et un arbitre, et d'une *domina* : idéalement le couple des maîtres est au service non pas de son propre enrichissement, mais du bien-être de tous les membres de la maisonnée: „nec domo dominus, sed domino domus honestanda est“, Cicéron, *Off.* 1, 139: „ce n'est pas la maison qui doit honorer le maître, c'est le maître qui doit honorer la maison.“).

Rousseau décrit Clarens à la fois comme une contre-société et comme une micro-société innocente (le domaine est politiquement marginalisé, il se situe à l'écart de la corruption des esprits qu'auraient nourris l'ambition de carrière et le désir d'accéder au pouvoir). C'est un contre-modèle, dans le sens où l'on sait de quoi on prend soin de se distinguer, en pleine connaissance de cause, à savoir la société monarchique française ou la mondanité urbaine de Paris. Mais c'est aussi en même temps une société innocente, puisque des vertus y sont honorées et des valeurs y sont cultivées qui paraissent s'associer à un état de fraîcheur naïve, antérieur à la disposition d'esprit blasée, vicieuse et cynique des aristocrates français ou des citadins parisiens. D'un certain point de vue, c'est bien le grand État de la France monarchique et c'est bien la communauté des masques déshumanisés et dénaturés des Parisiens qui doivent apparaître comme une proposition aberrante de contre-modèle, abîmé et tombé dans l'artificialité, et non l'inverse. Le modèle de Clarens doit imposer la norme d'un nouveau modèle de référence par rapport auquel les réalités constatées devront apparaître comme des déformations, à l'évidence malencontreuses et malheureuses. Vu l'enjeu philosophique du propos et vu le niveau où Rousseau prétend situer le débat sur l'organisation sociétale, une simple inspiration de la réalité empirique du fonctionnement politique des bourgades suisses existant dans le pays de Vaud n'aurait certes ni convenu ni suffi. Le modèle de Clarens offre en effet les rudiments d'une élaboration fictionnelle revêtant des traits d'„*utopie égalitariste*“. Notons bien que les élégies et les fictions de la tradition pastorale ne s'attardaient jamais sur cet aspect particulier: dans le genre de l'idylle, même s'il était toujours constant de se féliciter de l'éloignement des grandes villes corrompues et de l'éloignement des personnages détenteurs de grands pouvoirs, on *esquissait* seulement la reconstitution d'une sociabilité concurrente. *La Nouvelle Héloïse* innove en refusant le mode allusif de l'idylle champêtre concernant les réalités économiques et en explorant, au contraire, de façon tout à fait systématique et rationnelle, cet aspect qui était apparu jusqu'alors comme peu compatible avec la poésie.

Le poème arcadien de l'Antiquité récusait déjà les subtilités artificieuses. Il privilégiait l'intériorité et l'expression de l'émotion. Rousseau est pleinement moderne et, dans son roman, sa voix du présent authentiquement „naturelle“ conserve en même temps un ancrage dans les modèles littéraires raffinés de l'Antiquité. Cela aurait pu avoir valeur d'indice déterminant d'artifice. On doit souligner que l'églogue virgilienne jouait déjà de la même ambiguïté. Le modèle littéraire grec avait été une source d'émulation chez Virgile, qui montrait sa propre *maîtrise virtuose*. À son tour, s'appuyant sur l'artificialité de la fiction champêtre, le roman épistolaire de Rousseau sert à la fois la bonne cause de la „vérité“

des véritables sentiments vertueux de la nature humaine et participe à une rénovation et à une modernisation d'un propos immémorial.

Dans la perspective de l'enseignement philosophique de Rousseau, l'idylle peut être utilement mobilisée à nouveaux frais. En dépit de ses prémisses artificielles, elle donne à penser un état où l'homme serait encore dans la proximité directe de la nature. La voix simple des Arcadiens se veut plus convaincante que l'ornement sophistiqué des citadins. Mais surtout, l'approche lyrique est plus perspicace qu'un discours cérébral qui accorde le privilège à la rationalité. Le discours poétique permet d'envisager la vérité supérieure de l'émotion. Avec la prévalence de l'*accent* (préféré à l'unité sémantique), on rejoint une pierre de touche de l'anthropologie de Rousseau. Pour lui, une idylle rénovée offre une „image" juste aux Européens de 1760, indûment adeptes du progrès des sciences et des arts et tentés par le matérialisme, le libertinage et l'athéisme. L'autre scène réprouvée est celle des relations sophistiquées et de l'agitation urbaine. *L'idylle (qui était une affirmation positive) complétait la satire (où prévalaient la disposition critique et le persiflage sarcastique)*! Chez Rousseau, l'exposé du fonctionnement de Clarens est en tension entre la tendance du repli sur un modèle régressif-patriarcal et l'exigence d'une recherche proprement moderne de réformes. La fonction de *critique* sociale est indéniablement présente. Dans la perspective d'envisager des *réformes* d'économie politique, la composante idyllique instaure un critère de conformité à la vie naturelle. Le „modèle" exposé à la faveur d'une fiction *illustre et simule* cela même qui invite le lecteur à l'envisager ensuite *dans la réalité*. Le statut de la fiction politique est en effet des plus complexes: si l'invitation à réfléchir à partir de l'exemplum politique se distingue d'une évasion imaginaire stérilement nostalgique, la fiction présentée équivaut encore moins à un éloge inconditionnel de la réalité économico-politique observable en 1760 dans les bourgades helvétiques.

La véritable tension dialectique se joue ailleurs. À un mouvement rétrograde (la propension à se réfugier dans un rêve passéiste) répond le projet de se servir du „modèle" de façon concrète et de le réaliser au mieux. L'inspiration puisée dans des petites villes situées dans un paysage pittoresque doux et ensoleillé (Vevey, La-Tour-de-Peilz, Clarens ou Chillon) vaut pour refléter l'enrichissement de l'état d'âme. Par leur statut politique, ces bourgades protestantes francophones se trouvent éclairées par le fait qu'elles sont affranchies de la tutelle des royaumes de Piémont-Sardaigne ou de France. De l'autre côté du lac, sur la rive sud du Léman, les villages plus pauvres du Chablais savoyard, Thonon, Evian, Meillerie, Saint-Gingolphe ne reçoivent en revanche que peu de soleil et sont au pied de pentes âpres, raides et escarpées, où poussent des sapins sauvages. Ce contraste géographique entre les deux rives du Léman joue un grand rôle structurel dans le roman et la symétrie vaut aussi pour définir un clivage politique. Rousseau profite des données objectives du cadastre politico-climatique. Mais à Clarens, il s'agit d'une communauté proposée comme une expérience, à titre d'hypothèse.

Or un discours poétique, à ce titre, ne jouit pas immédiatement du même crédit ni de la même légitimité qu'une constitution d'un législateur. Si la communauté de Clarens retrouve grâce à Wolmar, son idéologue et maître, une sociabilité „naturelle", il faut noter que les lettres de Saint-Preux ne sont jamais de pures dissertations et restent toujours proches du ton élégiaque. Et la même question se posait déjà à propos de la communauté des bergers d'Arcadie de Virgile: peut-on comprendre comme une expérience appelant à être vérifiée dans la réalité l'exposé d'une sociabilité au sein d'un „état de nature" présenté comme tel alors que, du point de vue de la tradition générique (le registre pastoral), celui-ci n'emprunte cet état qu'à une voie littéraire (fruit de l'art), qu'à un „modèle" qui n'offre guère plus que *l'illusion* d'un dépaysement?

Mais la fiction de la communauté de Clarens, dans la seconde moitié du roman de Rousseau *La Nouvelle Héloïse*, offre une renaturalisation des signes et appelle une évaluation rénovée en ce sens. La qualité d'idylle ne s'applique que lointainement à la description de l'expérience rurale observée par Saint-Preux au bord du Léman: les aspects régressifs de l'imagination de cet „ours mal léché", misanthrope, qu'est Rousseau au sein du cercle de Mme d'Épinay à Montmorency, durant la période où il compose, étaient en réalité des propositions de *réformisme* proprement modernes. À quel niveau de réalité la cellule familiale campagnarde décrite présente-t-elle un modèle d'avenir crédible?

Dans *La Nouvelle Héloïse*, le „naturel" relève de la critique sociale (regard vers la vie campagnarde réelle), en dépit du souvenir vivifiant du genre bucolique antique. En créant un monde fictionnel rustique, Rousseau réalise un acte politique (*l'enjeu n'est pas récréatif*). Il *agit* sur ses semblables. *La Nouvelle Héloïse* cherche à „éloigner toutes les choses d'institution; [à] ramener tout à la nature; [à] donner aux hommes l'amour d'une vie égale et simple [...]", résume [l'éditeur] „N" dans la Seconde Préface.[1] Le roman *agit* utilement sur la sensibilité des lecteurs pour inverser l'appréciation du progrès civilisateur.

Rousseau transpose dans l'actualité une image d'une époque heureuse de l'histoire humaine. Le portrait dépréciatif de soi en adepte passif de „chimères"[2]

---

1 „*N.* [...] Il est clair, selon votre raisonnement, que pour donner aux ouvrages d'imagination, la seule utilité qu'ils puissent avoir, il faudroit les diriger vers un but opposé à celui que leurs Auteurs se proposent ; éloigner toutes les choses d'institution; ramener tout à la nature; donner aux hommes l'amour d'une vie égale et simple; les guérir des fantaisies de l'opinion; leur rendre le goût des vrais plaisirs; leur faire aimer la solitude et la paix; les tenir à quelques distances les uns des autres; et au lieu de les exciter à s'entasser les Villes, les porter à s'étendre également sur le territoire pour le vivifier de toutes parts. Je comprends encore qu'il ne s'agit pas de faire des Daphnis, des Sylvandres, des Pasteurs d'Arcadie, des Bergers du Lignon, d'illustres Paysans cultivant leurs champs de leurs propres mains, et philosophant sur la nature, ni d'autres pareils êtres romanesques qui ne peuvent exister que dans les livres [...]". *Préface de La Nouvelle Héloïse: ou Entretien sur les romans entre l'éditeur et un homme de lettres*; *OC* II, Pléiade, p.21.

2 „Mon sang s'allume et petille, la tête me tourne malgré mes cheveux deja grisonnans, et voilà le grave Citoyen de Genève, voila l'austére Jean-Jaques, à près de quarante cinq ans,

(s'évadant stérilement dans un *imaginaire* qui n'offre qu'une consolation *illusoire*), se trouve compensé par une force créative permettant à Rousseau d'élaborer des ouvrages de fiction d'inspiration pastorale authentique (l'imagination passive se trouve complétée par l'effet productif de *l'imagination active* chez Malebranche): le *Devin du village* (1752), *Daphnis et Chloé* (inachevé; 1774–1776). À mi-parcours entre ces deux pastorales atemporelles, l'univers fictionnel de *La Nouvelle Héloïse* (1760), dont l'intrigue est concrètement située à la fin de la première moitié du 18e siècle, constitue un *réaménagement* de la matière pastorale.

En premier lieu à l'occasion d'un épisode situé dans la 1ère moitié du roman, en amont de l'établissement de la communauté de Clarens, le protagoniste de Rousseau, Saint-Preux, rédige une lettre (I, 23) qui décrit la société reculée du Haut-Valais, peu développée: son économie politique simple est restée proche de la nature et présente des traits d'archaïsme.[3]

Au contraire de Saint-Preux, personnage cultivé et déjà muni d'images *avant* sa visite aux montagnards heureux, Wolmar, l'idéologue de Clarens, *ne* sera *pas* encombré ni d'images arcadiennes, ni de visites aux villages suisses heureux. Cet entrepreneur de *notre* temps élaborera son modèle social en se fondant sur des concepts rationnels. Mais c'est à Saint-Preux, le précepteur *lettré*, qu'il incombe de *décrire* dans ses lettres les différentes communautés.

En Valais, il n'y a ni distinction de classes ni spécialisation d'activité professionnelle et l'oppression de l'homme par l'homme y est inconnue. Y est sensible l'état d'innocence. Les excès passionnels sont absents, ce qui interdit leurs effets nuisibles. L'*égalité* des individus caractérise la société montagnarde heureuse. Des affinités secrètes s'imposent, pour l'homme de la plaine, entre la qualité de son amour pour Julie *et* l'expérience valaisanne. Saint-Preux révèle une prédisposition favorable à l'accueil d'idylles sublimes et jamais il ne cite autant de poèmes que dans les lettres du Valais. Saint-Preux reste toutefois aussi un citoyen éclairé du

---

redevenu tout à coup le berger extravagant. [...] L'impossibilité d'atteindre aux êtres réels me jetta dans le pays des chimères, et ne voyant rien d'existant qui fut digne de mon delire, je le nourris dans un monde idéal que mon imagination créatrice eut bientôt peuplé d'êtres selon mon cœur. [...] Oubliant tout à fait la race humaine, je me fis des sociétés de créatures parfaites aussi celestes par leurs vertus que par leurs beautés, d'amis sûrs, tendres, fidelles, tels que je n'en trouvai jamais ici bas. [...] Cela ne fit qu'augmenter ma réputation de misanthropie, par tout ce qui m'en eut acquis une bien contraire, si l'on eut mieux lu dans mon cœur.“ *Les Confessions*, livre IX [1756-1757], *OC* I, Pléiade, p.427-428.

3 „J'aurois passé tout le tems de mon voyage dans le seul enchantement du paysage, si je n'en eusse éprouvé un plus doux encore dans le commerce des habitans. Vous trouverez dans ma description un léger crayon de leurs mœurs, de leur simplicité, de leur égalité d'ame, et de cette paisible tranquillité qui les rend heureux par l'exemption des peines plutôt que par le goût des plaisirs. Mais ce que je n'ai pu vous peindre et qu'on ne peut guere imaginer, c'est leur humanité desintéressée, et leur zele hospitalier pour tous les étrangers que le hazard ou la curiosité conduisent chez [variante: parmi] eux.“ *Lettres de deux amans, habitans d'une petite ville au pied des Alpes (Julie, ou La Nouvelle Héloïse), Lettre I,23 À Julie [de Saint Preux; „lettre du Valais“*, *OC* II, Pléiade, p.79.

18e siècle qui explique son expérience de dépaysement montagnard à partir de la théorie rationnelle des „climats".

Le *personnage* Saint-Preux, au sein de la fiction, affronte une *réalité ethnographique* éclairante (en Valais, on n'a plus *besoin ni de bibliothèque, ni d'images de rivages méditerranéens grecs ou italiens, déjà trop chargés de références littéraires*). La rencontre des paramètres favorables à l'idylle change de niveau de réalité. Saint-Preux témoigne de sa disposition à s'accorder à ce cadre de sociabilité qui lui convient.[4]

Par opposition, Saint-Preux formulera bientôt, à propos de *Clarens*, l'axiome complémentaire selon lequel les Parisiens, même lorsqu'ils se déplacent, restent incapables de faire autre chose que d'„*emporter partout Paris avec eux*".[5] Rousseau écrit son ouvrage afin qu'il *agisse* en *corrigeant* le lectorat parisien. Une première fois, à propos du village du Valais, le roman fait l'exposé des affinités naturelles entre la vocation de bonheur des hommes et la dimension de *petites communautés*. La conception sociale de Rousseau est pleinement engagée dans ces descriptions. Converti à la morale simple des idylles et nourri de tableaux de vertu naturelle, Rousseau fait de la vie communautaire du Valais un analogon helvète et moderne des représentations des rivages méditerranéens, souvent insulaires, que découvrait, au début du siècle, *Télémaque* dans le roman antiquisant de Fénelon. Dans le pays *reculé*, protégé par son isolement, une enclave de vie communautaire hétérogène a pu subsister où le processus civilisateur n'a pas encore pénétré et dont l'amour-propre est absent: Salente, la Bétique et la Crète avaient revêtu cette fonction d'enclave insulaire et de modèle politique. La situation naturelle *retirée* favorise une *résistance* (positive) aux effets corrupteurs du Progrès.

Mais, alors que la communauté du Valais apparaissait comme un résidu heureux du passé, celle de Clarens, dans la seconde moitié du roman, est le fruit d'une intervention *volontaire*. Il ne s'agit plus, en s'élevant géographiquement, de reculer dans le temps et de trouver un refuge préservé et anachronique. Il s'agit cette fois d'*instaurer* un état de communauté idéal en plaine, à l'intérieur du siècle des Lumières – mais en marge des grandes villes et de leur corruption. À nouveau, la distance recherchée n'est pas sans rappeler la retraite campagnarde

4 „Au reste, ajouta-t-il en souriant, cette hospitalité n'est pas coûteuse, et peu de gens s'avisent d'en profiter. Ah, je le crois! lui répondis-je. Que feroit-on chez un peuple qui vit pour vivre, non pour gagner ni pour briller? Hommes heureux et dignes de l'être, j'aime à croire qu'il faut vous ressembler en quelque chose pour se plaire au milieu de vous." *La Nouvelle Héloïse, Lettre I,23 À Julie [de Saint Preux; „lettre du Valais"*, *OC* II, Pléiade, p.80.

5 „Je ne conçois pas quel séjour pourroit me déplaire avec la société que je trouve dans celui-ci: mais savez-vous en quoi Clarens me plait pour lui-même? C'est que je m'y sens vraiment à la campagne, et que c'est presque la premiere fois que j'en ai pu dire autant. Les gens de ville ne savent point aimer la Campagne; ils ne savent pas même y être: à peine, quand ils y sont, savent-ils ce qu'on y fait. Ils en dédaignent les travaux, les plaisirs; ils les ignorent; ils sont chez eux comme en pays étranger, je ne m'étonne pas qu'ils s'y déplaisent. Il faut être villageois au village, ou n'y point aller; car qu'y va-t-on faire? Les habitans de Paris qui croyent aller à la campagne, n'y vont point; ils portent Paris avec eux." *La Nouvelle Héloïse, V,7 À Milord Édouard [de Saint Preux; „lettre sur les vendanges à Clarens"]*, *OC* II, Pléiade, p.602.

du „je lyrique" vis-à-vis de la cité romaine, qui s'exprimait de façon topique dans les bucoliques de Virgile ou dans les odes d'Horace!

L'étymologie latine de Vevey est „bivius vicus", „la bourgade à la rencontre de deux chemins"; mais c'est le cours d'eau qui a probablement donné ce nom, la Veveyse, qui, elle aussi du latin „vivisco / vivesco" (prendre vie, commencer à vivre), est nommée littéralement „la rivière à deux sources".

La thèse selon laquelle Clarens peut être assimilé à une idylle mérite d'être examinée. Celle, selon laquelle le *petit modèle* de Clarens est inspiré de la réalité des bourgades helvétiques le mérite autant. Pour militer en faveur de la première hypothèse, un point culminant est représenté par les descriptions des vendanges et de la fête des vendanges (*NH* V, 7). Lors de la fête rustique, l'idéal des relations sociales, en deçà de la division inégalitaire du travail, se révèle très proche de l'existence arcadienne. Il s'agit d'un moment où la vie en société concrètement vécue raffermit la vertu. Grâce à une *lucidité* dont la communauté villageoise valaisanne n'avait pas besoin, l'intérêt individuel (l'amour propre de chacun) a pu être pris en compte et intelligemment canalisé par Wolmar vers un dessein collectif positif. Grâce à un cœur prédisposé, Saint-Preux *éprouve* les charmes de l'Âge d'or.[6] Le tableau heureux conjugue trois éléments : le travail joyeux de ceux qui récoltent le raisin, leur activité *en plein air* et le cadre naturel du *vignoble*. La vie harmonieuse se place sous le signe de la familiarité et de l'*égalité*:

> „Vous ne sauriez concevoir avec quel zèle, avec quelle gaîté tout cela se fait. On chante, on rit toute la journée, et le travail n'en va que mieux. Tout vit dans la plus grande familiarité; tout le monde est *égal*, et personne ne s'oublie. [...] la douce *égalité* qui règne ici rétablit l'ordre de la *nature*, forme une instruction pour les uns, une consolation pour les autres et un lien d'*amitié* pour tous."[7]

Cette *égalité* justifie l'allusion à l'„Âge d'or" qui s'impose à l'esprit de Saint-Preux. Elle rétablit un état d'origine qui prévalait lorsque régnait „l'ordre de la nature", *avant* l'instauration de la propriété et des hiérarchies sociales qui s'ensuivirent. Rousseau, dans la défense vigoureuse de son „système", avait rapidement protesté qu'il faisait plus que chercher refuge dans les chimères" des *images* de bonheur „arcadien" de l'„Antiquité". Dans une réponse aux critiques adressées à son premier *Discours* de 1750, il avait écrit: „On m'assure qu'on est depuis longtemps

6 „Le travail de la campagne est agréable à considérer, et n'a rien d'assés pénible en lui-même pour émouvoir à compassion. L'objet de l'utilité publique et privée le rend intéressant; et puis, c'est la premiere vocation de l'homme: il rappelle à l'esprit une idée agréable, et au cœur tous les charmes de l'âge d'or. L'imagination ne reste point froide à l'aspect du labourage et des moissons. La simplicité de la vie pastorale et champêtre a toujours quelque chose qui touche. Qu'on regarde les prés couverts de gens qui fanent et chantent, et des troupeaux épars dans l'éloignement: insensiblement on se sent attendrir sans savoir pourquoi. Ainsi quelquefois encore la voix de la nature amollit nos cœurs farouches, et quoi-qu'on l'entende avec un regret inutile, elle est si douce qu'on ne l'entend jamais sans plaisir." *La Nouvelle Héloïse, V,7 À Milord Édouard, OC* II, Pléiade, p.603.

7 *La Nouvelle Héloïse, V,7 À Milord Édouard, OC* II, Pléiade, p.607-608.

désabusé de la chimère de l'Âge d'or. Que n'ajoutait-on encore qu'il y a longtemps qu'on est désabusé de la chimère de la vertu?"[8]

Certes, le siècle d'or n'est plus. Cet état se situe dans un passé hypothétique. Parce qu'il était perfectible, l'homme était destiné à rendre complexes ses modes de socialisation et à causer, ce faisant, à rebours de ce qu'il poursuivait, son propre malheur. En s'éloignant du second „état de nature" et de son mode embryonnaire de sociabilité, l'homme s'est en même temps écarté de la „vertu". L'effort de Rousseau, à travers le système rationnel proprement moderne de Wolmar, consiste donc à *recomposer*:

> „Je transportais dans les asiles de la nature des hommes dignes de les habiter. Je m'en formais une société charmante dont je ne me sentais pas indigne. Je me faisais un siècle d'or à ma fantaisie [...]."[9]

La reconquête de la proximité de l'innocence est permise grâce à l'élaboration d'un monde dont l'horizon reste une image de l'Âge d'or. Le caractère pénible du travail est supprimé. Ni oppression, ni hiérarchie. Le *travail* est une fête collective. Les caractères de l'idylle s'intègrent dans un processus moderne de vie en société (*La moderne Héloïse* était le titre initialement prévu). De cette description se dégage une impression de plénitude heureuse qui rappelle *à la fois* l'aube des temps *et la vie collective d'une Helvétie du présent.* Ainsi la description ne s'en tient pas au seul „passé reculé" suscitant la „nostalgie".

On *rejoint* le temps anhistorique de l'idylle – mais en plantant un décor romanesque inédit, non factice, non théâtral, qui invite à venir se bonifier au contact éthiquement thérapeutique de réalités helvètes contemporaines plausibles. Au soir des vendanges, après le souper convivial, chacun *„va se coucher, content d'une journée passée dans le travail, la gaîté, l'innocence, et qu'on ne serait pas fâché de recommencer le lendemain, le surlendemain et toute sa vie.*"[10] La stabilité est caractéristique. Il s'agit d'un temps hors de l'histoire: les petites communautés heureuses sont sans histoire. À Clarens comme en Valais, la menace du désastre promis au développement de l'homme industrieux et civilisé paraît conjurée. Au terme de la „requalification" de l'idylle, désormais réorientée à la fois vers la réhabilitation du monde rural et vers l'utopie, des *motifs* caractéristiques subsistent: l'occupation aux travaux manuels *en pleine nature*, le *chant* et la *danse*, l'idéal d'*aurea mediocritas* (moyen terme doré), la quiétude et la bonne moralité régnant partout.

On connaît les difficultés, la déconfiture et finalement la ruine qu'avait connues Madame de Warens à Vevey en investissant de l'argent et de l'énergie dans une

---

8 „Dernière Réponse" à Charles Bordes [publiée dans le *Mercure de France* en 1752] pour défendre le *Discours sur les sciences et les arts*; *OC* III, Pléiade, p.80. Rousseau, malin et stratège, adresse ce discours adapté à son destinataire: le responsable suprême de la censure, ayant droit de décider d'autoriser la diffusion de *La nouvelle Héloïse*, ou de l'interdire! De façon significative, il passe sous silence la composante de programme de réformes sociales et politiques...

9 *Troisième lettre à M. de Malesherbes* (Montmorency, 26 janvier 1762),*OC* I, Pléiade, p.1140.

10 *La Nouvelle Héloïse*, Phrase conclusive de *V,7 À Milord Édouard*, *OC* II, Pléiade, p.610-611.

manufacture de bas et de galettes, en cachette de son mari (1724-1726). Ruinée, Madame de Warens dut fuir Vevey et chercher refuge sur le rivage salvateur adverse, à Evian, puis à Annecy, trahissant son mari, reniant sa confession protestante et trahissant politiquement la ville de Vevey au profit des Savoyards catholiques. Rousseau sait à qui s'en tenir sur le fonctionnement concret de la vie au village en Suisse romande. Il lui plaît davantage d'idéaliser les lointains Zurichois vertueux, Salomon Gessner, le pasteur Usteri ou encore l'auteur du *Socrate rustique.*[11]

Parons donc au risque de conclusions trop simples. Le souci de construire un modèle rationnel de société, selon des prémisses propres au siècle des Lumières, reste prédominant. Clarens *s'éloigne* de la description idéalisée de l'"état de nature" du second *Discours,* qui précède l'instauration de la propriété, parce que la figure d'un maître des lieux s'y impose. Alors que, au premier aspect, Clarens *ressemble* à une société pastorale rendue à l'"Âge d'or", son idéologue, Wolmar, se révèle frappé de carences qui le rendent incompatible avec ce registre: c'est un *propriétaire*, un philosophe *froid* que caractérisent en premier lieu sa cérébralité et sa rigueur d'économiste (*non* pas sa sensibilité). Par sa volonté „de fer", ce maître reconquiert intellectuellement un état artificiel *ressemblant* au modèle d'origine, alors que, dans les temps primitifs, l'homme n'y était conduit que par ses sentiments simples, l'amour de soi et la pitié.

L'homme en son histoire ne rétrograde jamais. Pour Rousseau, il ne s'agit plus de cacher sous un voile cet *éloignement irrémédiable* par rapport au „modèle" de l'„Âge d'or". Ce que propose la description de Clarens est seulement, avec la place centrale réservée à Wolmar, *une „image" offerte comme horizon* à l'homme civilisé du 18e siècle pour l'aider à se représenter le moins mauvais pansement applicable sur une blessure désormais inguérissable. Rousseau propose *un idéal* de vie communautaire à la campagne, organisé par l'intelligence et la volonté „de fer" d'un seul. Si dans les *Bucoliques* pouvait s'imposer l'idée que l'avenir, – au-delà des désastres apportés par le déclin des Âges „de fer" et „d'airain" –, promettait un *„retour* vers l'Âge d'or", c'est qu'une théorie des *cycles*, des *retours* suivant

11 Dans la réalité, Rousseau se fait une image positive des paysans philosophes sensibles et vertueux de Zurich – sans vérifier s'il aurait été désillusionné ou non en se rendant sur place: „J'ai résolu [...] d'aller l'année prochaine faire un pèlerinage au séjour de la raison, des mœurs, du zèle patriotique, de tout ce qui peut intéresser un ami de l'humanité, afin d'affermir [...] pour moi la persuasion où j'ai toujours été [...] que l'homme est né bon [...]. Je me croirai dédommagé des misères de ma vie si je puis la finir au milieu de vous [...]. Tel est l'effet de l'impression que votre vue, vos discours, vos lettres, l'*Abel*, les *Idylles* [de Gessner], le *Socrate rustique* [de Hirzel] [...] ont fait en moi." (Lettre de Rousseau au Zurichois Usteri, 2 sept. 1762 in: *Correspondance complète de J.-J. Rousseau* n 2129); Le projet de Rousseau de se rendre à pied à Zurich fut abandonné à cause du mauvais temps (1763). Voir encore le témoignage de Meister du 6 juin 1764: „[Gessner, dit Rousseau dans la conversation] a l'esprit si pénétré de ses peintures champêtres qu'il doit ennuyer et s'ennuyer dans tous nos cercles d'aujourd'hui. Que le monde d'aujourd'hui doit lui paraître hideux! [...] Je voudrais qu'il écrivît toutes les années 365 pièces [d'idylles], et que je pûs en lire tous les jours une nouvelle", *ibid.*, n 3326. Pour les éloges de Rousseau adressés à Gessner, voir les nombreuses lettres échangées avec Usteri et *Les Confessions*, livre XI, *OC* I, p.586-587.

une vision *circulaire* de l'histoire, était présupposée chez Virgile. Or, dans sa vision politique de l'histoire, Rousseau tourne le dos au „paradis pastoral" conçu comme *horizon situé dans un futur consolateur.* Le cours de l'histoire correspond à une vision *linéaire* ; elle est irrémédiablement orientée vers la *„nouveauté"* (*Nouvelle Héloïse*) – même si cette avancée est menaçante, parce que le progrès, aux yeux de Rousseau, est toujours plus grand dans la dénaturation des vertus que dans l'amélioration des conditions de vie.

Dans le but de décentrer, à des fins de salubrité et de thérapie, le regard altéré des Français, contraignons-les à détourner les yeux de Paris et à porter leur attention sur des réalités de substitution – mais *recomposons* au préalable une Clarens fictionnelle qui soit à la hauteur de la leçon morale prodiguée.

„L'expérience de Clarens" est résolument située par Rousseau *en marge* de toute réflexion politique qui concernerait la réforme de l'État monarchique français. Mais elle représente en même temps un pas décisif pour *s'évader de la pure convention récréative de „l'idylle" poétique.* Vevey et Clarens ont un référent géographique. Pour l'avenir, il faut penser rationnellement un *ersatz*, un état ressemblant au „modèle" par approximation et conquis par la raison. Concession modernisante décisive, Clarens réserve une place importante à Wolmar, c'est-à-dire à ce qui est à l'opposé d'un syndic protestant ou d'un Président de Consistoire calviniste: à un représentant des „philosophes" des Lumières.[12]

La communauté de „l'idylle" a été *modernisée* de façon à établir une „image" normative se situant *à l'horizon des entreprises rationnelles des réformes humaines.* C'est ainsi que Rousseau contribue autrement qu'en „rêveur stérile" à réfléchir à l'amélioration de la condition de l'homme en société – sur le plan réel: il est pleinement un philosophe des Lumières.

Rousseau s'écarte de la voie de son contemporain Salomon Gessner qu'il admire pour être un „Théocrite suisse" vertueux. Comme Gessner, il s'agit de viser à *l'édification morale* des lecteurs. Mais il ne s'agit pas de reprendre comme lui la tradition idyllique pour réactualiser les sujets bucoliques antiques. Aux yeux de Rousseau, le bel objet esthétique auréolé de bonne moralité ne suffit pas. *Il faut affronter la pensée rationnelle de ses contemporains de façon plus directe.* Le domaine campagnard fermé est l'occasion de décrire systématiquement un modèle socio-économique en réadaptant à la réalité et au monde d'aujourd'hui la disposition d'esprit vertueuse des origines dont la littérature idyllique offre la meilleure image et dont les bourgades helvétiques donnent une approximation dans le temps présent. Par la présence de traits „résiduels", un hommage est encore rendu à ce dont on se sépare. La fonction de *conservation* d'image qui est reconnue à l'idylle est décisive ; de même le cœur de Rousseau détient heureusement la *vision* de la première sociabilité primitive. Si la tradition poétique était jusqu'alors

12 Voir Nicola Graap, „Das Gemeinwesen von Clarens. Zum Verhältnis zwischen Utopie, ‚Vertu' und ‚Amour' in J.-J. Rousseaus *Julie ou la Nouvelle Héloïse*", *Literaturwissenschaftliches Jahrbuch*, Berlin 1995, n 36, p.63-81.

la seule apte à *conserver une telle image*, elle permet à présent à Rousseau de recevoir l'intuition juste du monde politique dont il s'agit *de transmettre la figure*.

Lorsque Rousseau se convainc que la vertu ne s'épanouit *que dans les micro-communautés*, il retrouve un principe ancré dans les valeurs de la pastorale: cette conviction est commune à Virgile, aux villageois du Haut-Valais et aux habitants de Clarens. À partir du moment où le mal issu de la sociabilité peut être contenu, une micro-communauté d'individus désintéressés peut être envisagée aussi bien dans l'état hypothétique du „second état de nature“ qu'à Clarens. Clarens procède de la confluence d'une image antique et trop parfaite et de la réalité des bourgades rustiques de Suisse romande, imparfaites mais présentant l'avantage d'être bien réelles.

La leçon s'adresse aujourd'hui à un lectorat français, civilisé et urbain dont la disposition d'esprit est gravement déformée, en un siècle où les progrès des sciences et des arts sont avancés. Grâce au „poème campagnard“, Rousseau trouve la meilleure forme pour évoquer, en pleine modernité du siècle des Lumières, une cellule communautaire crédible sur le plan moral dans la mesure où elle est *à nouveau* proche du mode de vie élémentaire et naturel.

Die Koinzidenz von Vernunft und Gefühl.

Für einen revidierten Kritizismus in der Rousseau-Rezeption

Anke Redecker

Ist es sinnvoll, die Gefühlsethik Rousseaus hinter den transzendentaltheoretischen Ansatz Kants mit seiner Prinzipienmoral zurücktreten zu lassen? Hat sich Rousseau dem Irrationalismus verschrieben, Kant jedoch dem gegenüber einer durchrationaliserten Gesetzestreue? Und war es nicht Rousseau, der Kant „zurecht gebracht“ hat, ihm überhaupt erst verständlich machen konnte, dass Moral keiner intellektuellen Veredlung und Höchstleistung bedarf und ihm damit „die Ursprünglichkeit und Unabhängigkeit der Moral“[1] erschließen konnte? Ist es nicht Rousseau, der letztlich als „Wegbereiter und Gipfelpunkt des modernen Denkens“[2] gelten kann?

Interessant bleibt nicht nur zu schauen, wo Kant auf Rousseau zurückgegriffen hat, sondern wo dieser bereits vermeintlich genuin Kantische Grundlagen der Transzendentalphilosophie in Anspruch nehmen konnte. So bleibt fraglich, ob Kant Rousseau „letztlich vom Boden seiner transzendentalphilosophischen Grundlegung aus zurechtweisen müßte“[3] – und überdenkenswert, ob entscheidende Wurzeln transzendentaltheoretischen Denkens nicht bei Rousseau zu suchen sind. Sollte Rousseau dann lediglich als ein Vorläufer Kants betrachtet werden – oder eher als ein – oft verkannter – Vordenker, der Entscheidendes zur Sprache brachte, das Kant zum Nachdenken anregte?

Und wie verträgt sich das mit dem Rousseau der Gefühlsethik, die herangezogen werden kann, um Rousseau zum Antipoden Kants zu stilisieren? Ist es nur der prinzipienorientierte Rousseau des *Contrat social*, der seine immer wieder geforderte und geprüfte „Kant-Tauglichkeit“ erweisen kann? Muss die Gefühlsethik des *Emile* dabei auf der Strecke bleiben? Und was ist das für eine Gefühlsethik? Ist sie frei von prinzipienethischen Erwägungen? Jörg Bockow weist darauf hin, dass eine neukantianisch-rationalistische Verortung der zentralen ethischen Aussagen Rousseaus in dessen *Contrat social* „zwangsläufig zu einem Mißverständnis des ‚Emile' [führte], der sich einer solchen rationalistischen Interpretation widersetzt oder dazu, daß die ethischen Überlegungen, die Rousseau in der Erziehungstheorie formuliert hat, unterschlagen wurden.“[4]

---

1 Bockow, Jörg 1984: Erziehung zur Sittlichkeit. Zum Verhältnis von praktischer Philosophie und Pädagogik bei Jean-Jacques Rousseau und Immanuel Kant. Frankfurt/M., 105.

2 Hufnagel, Erwin 2010: Der Logos des Konkreten. Philosophisch-pädagogische Annäherungen an Wilhelm Dilthey und Max Scheler. Remscheid, 355.

3 Bockow 1984, 6.

4 Ebd., 94.

Extremer Gegenpart einer solchen im Sinne der Kantischen Gesetzesethik vereinnahmten Rousseau-Deutung wäre eine sich primär auf den *Emile* stützende reine Gefühlsethik – ebenfalls eine „unzulängliche Verkürzung",[5] so dass eine praktikable Interpretationslösung darin liegen könnte, „die beiden Ansätze unter vereinenden Begriffen miteinander zu verbinden", hat doch Rousseau selbst bereits „eine eigenartige Kombination und Verbindung von Vernunfts- und Gefühlsethik"[6] vorgelegt. Hier stellt sich die Frage, wie Vernunft und Gefühl zueinander stehen, wie sie sich mit einander vereinbaren, wenn nicht gar zu einer Synthese führen lassen. Bedarf es einer „Versöhnung" zwischen Vernunft und Gefühl oder gilt es nicht eher, auf der Grundlage des Rousseau'schen Denkens einer einseitigen Parteinahme von vornherein vorzubeugen?

Rousseau, der Vordenker – Grundlegendes zur Philosophie der Freiheit

Vergleicht man die Kantische Ethik mit Rousseaus Gedanken über die Freiheit, so zeigen sich bereits bei Rousseau entscheidende transzendentaltheoretische Grundlagen. Es ist Rousseaus politische Philosophie – so Lewis White Beck – die Kant den Autonomiegedanken nahe bringt: „Vor Kant hat nur Rousseau die Lehre von der Autonomie formuliert. Während die anderen Autoren des 18. Jahrhunderts das Gesetz nur als eine Beschränkung der Freiheit verstehen konnten, sah Rousseau den wesentlichen Zusammenhang zwischen Gesetz und Freiheit."[7] Ist das nicht ausreichend, um Rousseau zum Prinzipienethiker zu erheben und eine bruchlose Entwicklungslinie von Rousseau zu Kant nachzuzeichnen? Schließlich ist es nicht nur die politische Philosophie, die den Freiheitsgedanken aufgreift. Gibt man sich zum Beispiel im *Emile* oder im 2. Diskurs (*Abhandlung über den Ursprung und die Grundlagen der Ungleichheit unter den Menschen*) auf Spurensuche, so lässt sich Grundlegendes zu Rousseaus Philosophie der Freiheit finden. Der Mensch erscheint als ein „frei Handelnder";[8] „es gibt keinen wirklichen Willen ohne Freiheit",[9] und „wahrhaft frei" bedeutet sein „eigener Herr"[10] zu sein und das „Gesetz der Pflicht"[11] zu achten.

Freiheit als Selbstgesetzgebung ist darum nicht eine genuin Kantische, sondern bereits eine Rousseau'sche Bestimmung. So lässt sich Rousseau, der „das

5 Ebd.

6 Ebd.

7 Beck, Lewis White 1974: Kants ‚Kritik der praktischen Vernunft'. Ein Kommentar. München, 189.

8 Rousseau, Jean-Jacques 2010 (1755): Abhandlung über den Ursprung und die Grundlagen der Ungleichheit unter den Menschen. Aus dem Französischen übersetzt und herausgegeben von Philipp Rippel. Stuttgart, 44.

9 Rousseau, Jean-Jacques 2006 (1762): Emile oder Über die Erziehung. Herausgegeben, eingeleitet und mit Anmerkungen versehen von Martin Rang, Stuttgart, 574.

10 Ebd., 887.

11 Ebd., 889. Vgl. Bockow 1984, 85.

Wesen des Menschen in dessen Freiheit erkannt“ hat, als „Urheber der ‚Philosophie der Freiheit'“[12] bezeichnen. Bockow kennzeichnet die auf Freiheit basierende Moralerziehung als „Höhepunkt des gesamten Erziehungskonzeptes“.[13] Denn Erziehung im Sinne Rousseaus ist die Begleitung des Zöglings, der sich auf seinen individuellen Weg zur Mündigkeit begibt. „Es liegt in der Erziehung ein eigener Auftrag, eine Eigengesetzlichkeit oder Eigenstruktur, die an der Mündigkeit des zu erziehenden Subjekts orientiert ist“.[14] Voraussetzung dieser Mündigkeit ist die Freiheit des Heranwachsenden als Selbstbestimmung. „Die These von der Eigenstruktur der Erziehung meint, daß Erziehung an der Freiheit des Zöglings ihren unbedingten Maßstab hat.“[15]

Bei Rousseau erscheint Sittlichkeit als das Werk des je individuellen Selbst, worauf Volker Ladenthin nachdrücklich hinweist: „Jeder einzelne Mensch erzeugt die Sittlichkeit aus sich selbst – nicht nur selbsttätig, sondern selbstursprünglich. [...] Sittlichkeit ist nicht etwas, was dem Menschen vorausgeht und er sich aneignet, sondern mit seinem Vermögen hervorbringt.“[16] Moralische Erziehung kann dann als Begleitung auf dem Weg zum selbstverantwortlichen Umgang mit sich selbst sowie mit anderen und anderem verstanden werden.

> „In Übereinstimmung mit vielen Traditionen pädagogischer Argumentation bestimmt Rousseau die Menschwerdung des Menschen als Ziel pädagogischen Handelns: Weder die Affirmation an das Bestehende (‚Sozialisation'), noch die Ignoranz gegenüber Natur und Gesellschaft (‚Heil'), sondern die Befähigung zum autonomen, d.h. verstehenden und gestaltenden Umgang mit dem, was an Welt vorgefunden ist, ist Ziel pädagogischen Handelns.“[17]

Jeder ist aufgerufen, sich in seiner Einzigartigkeit zu bilden. „Im Zentrum der Erziehung steht das Individuum, der konkrete Zögling Emile, vor dessen besonderen und einzigartigen Anlagen, Eigenarten und vor dessen persönlichem Ausdruck alle erzieherischen Maßnahmen zu legitimieren sind.“[18] Ziel der Erziehung ist nicht die vorfindbare Sitte, sondern das autonom erkennende und wertende Individuum, wobei „das Kind als Kind um des Kindes Willen wertgeschätzt wird“.[19] Es soll dem Erzieher darum gehen, „den Menschen als selbständiges, d.h. selbstdenkendes und selbsthandelndes Wesen an[zu]streben“.[20] Die negative Erziehung im

12 Bockow 1984, 47.

13 Ebd., 86.

14 Ebd., 83.

15 Ebd., 85.

16 Ladenthin, Volker 2012a: Jean Jacques Rousseau. Die Geschichte vom letzten Buch. Aufgeschrieben und mit einem Nachwort über das Sprachdenken Rousseaus ergänzt von Volker Ladenthin. Würzburg, 20.

17 Ladenthin, Volker 2012b: J.-J. Rousseaus sprachtheoretische Begründung moderner pädagogischer Interaktion. In: Pädagogische Rundschau 66 (2012), 339-354, hier 344.

18 Bockow 1984, 83.

19 Pulmer, Gyde 2012: Anthropologie und Kindheitskonzeption bei Rousseau und deren Rezeption durch die deutschen Philanthropen. Hamburg, 291.

20 Ebd., 260.

Sinne Rousseaus setzt dabei auf die Zurückhaltung des Erziehers, auf einen Prozess „von Innen heraus“, wobei das Kind „nicht gestört oder verführt“[21] werden darf.

Mit Rousseau lässt sich ein erziehender Unterricht propagieren, ist ihm doch der „Unterschied zwischen Lehrer und Erzieher“ bloßer „Unfug“, für ihn gibt es „nur eine Wissenschaft, die den Kindern beigebracht werden muß: die der menschlichen Pflichten“, wobei der Erzieher den Heranwachsenden nicht bevormunden und „keine Vorschriften geben“ soll, „er soll bewirken, daß sie gefunden werden.“[22] Schließlich geht es darum, Vorschriften nicht zu verinnerlichen, sondern entscheiden zu können, in welcher Situation sie sinnvoll sind, denn „um aus einem jungen Menschen einen urteilsfähigen Menschen zu machen, muß man ihn zum Urteilen erziehen, statt ihm die eigenen Urteile zu diktieren.“[23] Den Menschen so zu erziehen, dass er frei sei, unabhängig von den Dingen und frei von der Herrschaft anderer, bedeutet, dass er sich anderen und anderem gegenüberstellen, ein Wissen und eine Haltung gewinnen kann, um sich aus eigenem Entschluss heraus an das selbst Gewählte zu binden. Bezüglich der von Rousseau hervorgehobenen Aufgabe des Menschen, sich aus Freiheit selbst zu bestimmen, spielen Böhm und Soëtard auf Pestalozzi an: „Die sittliche Autonomie – das will der ‚Emil‘ am Beispiel der erfundenen Figur des Emil zeigen – besteht allein in der Aufgabe und in der Bestimmung des Menschen, sich zu einem Werk seiner selbst zu machen“,[24] denn – so betont Pestalozzi – „ich werde gänzlich nur durch mich selbst, durch meine eigene Kraft sittlich“.[25]

Die Beschäftigung mit Rousseaus *Emile* kann faszinierend und schwierig zugleich sein, ist er doch „nicht nur eines der erfolgreichsten Bücher der pädagogischen Weltliteratur, wenn nicht gar das erfolgreichste überhaupt, gleichwohl jedoch eines der am häufigsten missverstandenen, wenn nicht gar das am meisten missverstandene überhaupt.“[26] Rousseaus *Emile* ist dann auch nicht in Gefolgschaft eines doktrinären Rousseauismus als ein konkrete Handlungsempfehlungen gebender Erziehungsratgeber zu lesen. Vielmehr zeigt er die Bedingungen der Möglichkeit von Selbstbestimmung durch Erziehung auf. Er ist „ein durch und durch philosophisches Buch und kein Erziehungstraktat in dem Sinne, dass er praktische Anwesungen geben wollte oder könnte, wie man richtig erzieht.“[27] Das *Glaubensbekenntnis des savoyischen Vikars* im 4. Buch des *Emile* ist für Rousseaus Erziehungstheorie wesentlich. Stellt man es „in die Gesamtarchitektur von Rousseaus Programm einer Erziehung zur Freiheit, dann nimmt es zunächst den

---

21 Ebd., 278. Vgl. Rousseau 2006, 214.

22 Rousseau 2006, 136.

23 Ebd., 395.

24 Böhm, Winfried; Soëtard, Michel 2012: Jean Jacques Rousseau, der Pädagoge. Paderborn, 17.

25 Pestalozzi, Johann Heinrich 2002: Meine Nachforschungen über den Gang der Natur in der Entwicklung des Menschengeschlechts. Hrsg. v. Dieter-Jürgen Löwisch. Darmstadt, 81. Vgl. 90.

26 Böhm; Soëtard 2012, 59.

27 Ebd., 16f.

Rang einer philosophischen Begründung der Willensfreiheit ein, an welche im zweiten Schritt eine Form moralischer und religiöser Bildung anschließt."[28]

Hier wird nicht nur das wertende, sondern auch das erkennende Subjekt als Vernunftgrund thematisiert. Im *Glaubensbekenntnis des savoyischen Vikars* zeigt sich, was Kant als kopernikanische Wende bezeichnet, wenn das erkennende und moralisch urteilende Selbst zum begründungstheoretischen Ursprung des Wissens und Wertens erklärt wird. Dies hebt auch Guido Kreis hervor:

> „Das ‚Glaubensbekenntnis des savoyischen Vikars' entdeckt die Subjektivität als den Grund der Objektivität der Urteile, in denen die Gegenstände der Natur gedacht werden, und als den Grund der streng allgemeinen Geltung der Handlungsmaximen, auf die die Erforschung des eigenen Gewissens führt.",[29]

wobei die vermeintlich „streng allgemeine Geltung der Handlungsmaximen" in den Hintergrund rückt, wenn das situativ herausgeforderte, wertende Subjekt konsequent zur moralischen Grundlage erklärt werden soll. Hier geht es letztlich nicht um generell umzusetzende Maximen, sondern um individuelle Wertentscheidungen auf der Grundlage moralischer Urteilskraft[30] – um das heranwachsende Subjekt, das nicht Urteile übernehmen, sondern eigenständig urteilen lernen soll.

Das Bewusstsein seiner selbst und die Schätzung der eigenen Person – Rousseau spricht vom ‚amour de soi' – sind Voraussetzung der Selbstbestimmung des Menschen. „Im amour de soi gewinnt die Vernünftigkeit resp. Menschlichkeit des Menschen eine im tiefsten Sinne originäre Gestalt."[31] Was der Mensch hingegen durch „die Grausamkeit seiner Eigenliebe [amour-propre]"[32] anrichten kann, verweist geradezu auf die Notwendigkeit verantwortlicher Selbstbestimmung. Im Gegensatz zur „Selbstliebe, die nur uns selbst genügen will", wird die „Eigenliebe, die im Sichvergleichen besteht", zum Ursprung der „gehässigen und jähzornigen"[33] Leidenschaften. Rousseau warnt vor der Hybris einer irregeführten und irreführenden Aufklärung, die in der Übersteigerung des Selbst Perfektibilität mit Perfektion verwechselt und in der Überbetonung des Rationalen und scheinbar kulturell Verfeinerten die in ihr lauernde Gefahr eines Zivilisationsabsturzes nicht wahr haben will.

> „Rousseau entdeckt die Dialektik der Aufklärung. Öffentlichkeit ist ein Korrektiv für Ungerechtigkeit und Unbegründetheit; aber sie ist zugleich ein Medium, das die feinsten, edelsten Regungen des Menschen pervertiert, verflacht dem Gelächter der unverständigen Barbaren preisgibt und prinzipiell gegen ihn wenden kann."[34]

---

28 Hansmann, Otto 2012: Vom Menschen – Über Erziehung – Zum Bürger. Vorlesungen zu Rousseaus Anthropologie, Pädagogik und Staatsphilosophie. Würzburg, 156.

29 Kreis, Guido 2012: Cassirer und Rousseau; das Problem eines universellen Gerechtigkeitsproblems. In: Kreis, Guido 2012 (Hrsg.): Ernst Cassirer über Rousseau. Berlin, 151-174, 161.

30 Vgl. Ladenthin, Volker 2013: Wert Erziehung. Ein Konzept in sechs Perspektiven. Hrsg. v. Anke Redecker. Baltmannsweiler.

31 Hufnagel 2010, 238.

32 Rousseau 2010, 61.

33 Rousseau 2006, 443.

34 Hufnagel 2010, 57f.

Auch die Gefahren einer aufklärerischen Machtübersteigrung des handelnden Selbst sieht Rousseau. „Die aufklärerische Euphorie des Handelns erscheint bei Rousseau als Kompensation, als krankhafte Selbsttäuschung."[35]

Dass die Aufgabe des Menschen hingegen darin besteht, sich verantwortlich selbst zu bestimmen, setzt voraus, dass er seiner selbst bewusst ist, sich selbst zu schätzen lernt und die Freiheit hat, sich an seine Entscheidungen zu binden. Er ist bildsam, kann sich zu sich selbst, anderen Menschen und der Welt in ein begründetes Verhältnis setzen. Hat der Mensch „die Fähigkeit, sich zu vervollkommnen",[36] so zeigt sich hierin seine unbestimmte Bildsamkeit. Böhm und Soëtard bezeichnen den 2. Rousseau'schen Diskurs als die „vielleicht am meisten ‚grundlegende' Schrift Rousseaus",[37] wird hier doch unter anderem die Perfektibilité des Menschen thematisiert. Die Plastizität personaler Selbstgestaltung zeigt das menschliche Subjekt als ein unbestimmtes, das sich in seiner Bestimmbarkeit auf einen nicht vorher bestimmbaren Weg der Auseinandersetzung mit anderen und anderem begibt. „Was der Mensch werden soll, das muß er aus sich hervorbringen."[38]

> „Das Grundkonzept der Perfektibilität [...] legt den Begriff des Menschen dynamisch aus, aber nicht in der vielzitierten Weise der Vervollkommnungsfähigkeit, sondern in ihrer prinzipiellen Unbestimmtheit als Möglichkeit, sich dazu zu befähigen, Fähigkeiten hervorzubringen".[39]

Dabei ist der Begriff der Perfektibilität „nicht nur als anthropologischer Grundbegriff zu verstehen, sondern als pädagogisch-professioneller Prozessbegriff, der die Lehr-Lernarrangements in individualisierender und differenzierender Hinsicht strukturiert. Rousseaus Erziehungskonzept ist also auch schulpädagogisch anschlussfähig."[40] Die Bildsamkeit jedes einzelnen Schülers zu achten, bedeutet dann, ihn als unverfügbare Persönlichkeit auf dem Weg seines stets individuellen und unvorhersehbaren Bildungsganges zu begleiten. „Wenn man die Kategorie der menschlichen Bildsamkeit mit ihren spezifischen Bedingungen nicht mehr verbindlich annimmt", so ist bei Marian Heitger zu lesen, „dann sollte man in der Redlichkeit von Sprache auch den Unterschied zwischen Dressur und Pädagogik aufheben".[41]

Der Pädagoge hat die „Natur" des Kindes zu achten, seine stets auf einen offenen Prozess verweisende Perfektibilität, was sich mit Böhm und Soëtard betonen lässt:

---

35 Ebd., 63.
36 Rousseau 2010, 45.
37 Böhm; Soëtard 2012, 91.
38 Bockow 1984, 48.
39 Hansmann 2012, 72.
40 Ebd., 116f.
41 Heitger, Marian 1981: Die Wiedergewinnung des Pädagogischen. In: Heitger, Marian; Breinbauer, Ines M. (Hrsg.) 1981: Innere Schulreform. Reform für das Kind und seine Bildung. Wien, 9-24, hier 12.

> „Der natürliche Mensch als pädagogischer Inbegriff Rousseaus ist für ihn eben nicht eine konkrete Wirklichkeit, auch nicht nur ein romantisches Idealbild, noch gar eine idealistische Chimäre, sondern ein Prinzip, von dem alle Erziehung auszugehen (und das auch im wörtlichen Sinne!) und nach dem sie sich auf allen Stufen und Etappen ihres Fortgangs zu richten hat." [Dem entsprechend werde man in Anlehnung an reformpädagogische Bestrebungen im Sinne Maria Montessoris] [...] „in dem Maße zum Lehrer und Erzieher, in dem man bereit und fähig wird, sich demutsvoll als Gehilfe der Natur und als Diener der natürlichen Entwicklung des Kindes zu verstehen".[42]

Doch diese „natürliche Entwicklung" ist nicht als Entfaltung teleologisch vorbestimmter Anlagen zu verstehen, nicht als quasi-biologische Entwicklung eines im Kind angelegten Bildungskeimes. Die „Natur" des Kindes ist vielmehr seine Perfektibilität, seine unbestimmte Bestimmbarkeit.

Rousseaus Aufforderung „Zurück zur Natur" wird so verständlich als ein „Zurück zu den Bedingungen der Möglichkeit von Bildung". Es ist ein „Zurück zu den (Ur-)Gründen der menschlichen Bestimmung", zur Freiheit des sich selbst zur Bestimmung aufgegebenen denkenden und handelnden Subjekts, so wie es Kant in seiner ethischen Rousseau-Interpretation beschrieben hat. Er sah – wie Cassirer darlegt – in Rousseaus Lehre vom Naturzustand, „von dem angemessene Begriffe zu haben [...] nötig ist",[43] „kein konstitutives, sondern ein regulatives Prinzip. Er betrachtete Rousseaus Theorie nicht als eine Theorie des Seins, sondern des Sollens, nicht als eine Schilderung des Gewesenen, sondern als einen Ausdruck des Geforderten".[44] Und dieser Kantischen Rousseau-Interpretation schließt sich auch Cassirer an:

> „Rousseaus Naturbegriff ist von dem Pathos seiner abstrakten Freiheitsidee bedingt und durchdrungen. Die Natur wird angerufen, um den Gegensatz zu jeder Form der willkürlichen Konvention, zu jeder Art der äußerlichen gesellschaftlichen Bindung zu bezeichnen. [...] Sie [die Natur, A.R.] ist ihm weder ein bloßer Gegenstand der Anschauung, noch ein Gegenstand des reinen Gefühls, sondern der Ausdruck der sittlichen Grundforderung, die ihn beherrscht."[45]

Winfried Böhm geht sogar noch einen Schritt weiter, wenn er das Rousseau'sche „Zurück zur Natur" gleichsam im Blick auf die Ethik aufzulösen strebt: „Nicht ‚Zurück zur Natur', sondern ‚Vorwärts zur Moral' müsste es im Hinblick auf Rousseau viel besser heißen, wenn man denn schon meint, unbedingt einen gelenkigen Slogan zu brauchen."[46]

---

42 Böhm; Soëtard 2012, 30f.

43 Rousseau 2010, 23.

44 Cassirer, Ernst 1991a (1939): Kant und Rousseau. In: Cassirer, Ernst: Rousseau, Kant, Goethe. Hamburg, 3-61, hier 12. Vgl. Cassirer, Ernst 1995 (1932): Das Problem Jean-Jacques Rousseau. In: Drei Vorschläge, Rousseau zu lesen. Hamburg 1995, 7-78, hier 18.

45 Cassirer, Ernst 1961: Freiheit und Form. Studien zur deutschen Geistesgeschichte. Darmstadt, 174.

46 Böhm, Winfried 2012: Die Reformpädagogik. Montessori, Waldorf und andere Lehren. München, 48.

Doch lässt sich Rousseaus Rückbesinnung auf die Natur im Rekurs auf einen ethischen Sollensanspruch (sich selbst auf der Grundlage der eigenen unbestimmten Bildsamkeit als ein moralisch verantwortlich handelndes Subjekt zu bestimmen) erschöpfend aufgreifen oder unter diesem Blickwinkel sogar zum Verschwinden bringen? Kann der Naturbegriff nicht viel umfassender verstanden werden? Mit der Metapher des Naturzustandes – so Volker Ladenthin in seiner über Cassirer hinausweisenden Argumentation – sind nicht nur regulative Ideen angesprochen („die zentrale Interpretationshypothese Cassirers"),[47] sondern auch konstitutive Prinzipien:

> „Die ‚Natur der Dinge' bezeichnet ihre Beschaffenheit unabhängig von ihrem geschichtlichen Befinden. Es bietet sich die Formel an, daß die ‚Natur der Dinge' nicht die Genese als Entstehung einer Sache, sondern daß ‚Natur der Dinge' die Konstruktion der Bedingung ihrer Möglichkeit meint".[48]

Die nicht ausschließlich ethische, sondern geltungstheoretische Bedeutung des Naturbegriffs wird von Ladenthin im Sinne einer sprachkritischen Pädagogik gedeutet. Dass „der Zögling nicht Schüler des Lehrers – sondern Schüler der ‚Natur'" – ist, verweist auf den „Modus, in dem Geltung erhoben wird", den „Modus der jeweils gemeinsamen Sprache als Artikulation von Vernunft",[49] die für Erzieher und Zögling in gleicher Weise bindend ist. Hier zeigt sich der Vordenker Rousseau als ein Transzendentaltheoretiker, der nicht lediglich Kantische Bahnen ebnet, sondern neue Wege aufzeigt und gangbar macht.

Der kantianisierte Rousseau – ein Blick auf Ernst Cassirer

Auch Cassirer sieht grundlegende Gemeinsamkeiten zwischen Kant und Rousseau – jedoch mit dem entscheidenden Unterschied, dass für ihn als Neukantianer nicht die Originalität des Vordenkers Rousseau, sondern das Kantische Denken im Vordergrund steht, das durch Rousseau lediglich vorbereitet worden sei. Cassirer widerspricht „der traditionellen Ansicht [...], die in Rousseau nichts anderes als den Apostel des Individualismus und Irrationalismus sieht."[50] Rousseau erscheint dabei als ein Wegbereiter des Kantischen Kritizismus, wodurch der Gefühlsethik der Kampf angesagt wird, denn es ist „nicht Reiz oder Rührung, was Kant in den Schriften Rousseaus sucht, sondern es ist eine intellektuelle und sittliche Entscheidung, zu der er sich durch sie aufgefordert und aufgerufen fühlt."[51]

47 Ladenthin, Volker 1996: Sprachkritische Pädagogik. Beispiele in systematischer Absicht. Bd. 1: Rousseau – mit Ausblick auf Thomasius, Sailer und Humboldt. Weinheim, 326, Fußn. 3.

48 Ebd., 327.

49 Ebd., 176. Vgl. Rousseau 2006, 545f.

50 Cassirer, Ernst 1991b (1939): Rousseau. In: Cassirer, Ernst; Rousseau, Kant, Goethe. Hamburg, 107ff., hier 108.

51 Cassirer 1991a, 8.

So wird gleichsam ein „gefühlsbereinigter" Rousseau zum Vorläufer Kants: „Rousseau gehört für Cassirer zu den zentralen ideengeschichtlichen Zeugen auf dem Weg zu Kant, der für Cassirer eine Epochenschwelle markiert."[52] Er liefert jedoch in den Augen Cassirers nur gedankliches Rohmaterial, das erst durch Kantische Bearbeitung an Glanz zu gewinnen scheint, denn „freilich standen einem Denker wie Kant für die Durchführung seiner Aufgabe ganz andere Begriffsmittel zur Verfügung, als sie Rousseau besaß."[53] Dieser bewegt sich scheinbar unwissenschaftlich schwankend in einem Gelände, das erst Kant zu erschließen vermag, „fehlt Rousseau" doch auch „das sichere methodische Rüstzeug", das ihm wohl nicht entgangen wäre, „wenn ihm eine ‚Kritik der Vernunft' zu Gebote gestanden hätte; wenn er sich auf jene klare und sichere Grenzbestimmung hätte berufen können, die Kant, nicht ohne seinen Einfluß, zwischen theoretischer und praktischer Vernunft, zwischen dogmatischer und moralischer Gewißheit festgestellt hat."[54]

Hier tritt nun nicht mehr der Vordenker Rousseau als Philosoph der Freiheit in den Vordergrund, sondern ein heroisierter Kant, dem Rousseau den Weg bereiten durfte. Die „Grenze der Rousseau-Interpretation von Cassirer" kann mit Ladenthin darin gesehen werden, dass Cassirer Rousseau „ausschließlich […] als Antizipation Kants verstehen" kann. „Allerdings kann er Rousseau nur als Vorläufer, als ein ‚Noch-nicht' deuten und muß damit die Kantische Philosophie radikal als Telos nehmen, um Rousseau zu rechtfertigen".[55] Indem Rousseau als Vorläufer eines Cassirer'schen Kantianismus gedeutet wird, erfährt er eine radikale Kantianisierung. Zwar habe er den hier propagierten Kantianismus lediglich vorbereitet, doch wird er gleichsam als dessen Vorstufe in das kantianische Konzept, das Sinn und Ziel seiner Philosophie beinhalten soll, integriert. In ähnlicher Weise bezeichnet auch Hermann Cohen Rousseau als einen Vorläufer Kants – und nicht zuletzt auch des Marburger Neukantianismus – denn was Rousseau als Natur kennzeichnete, seien letztlich die frei von Erfahrung anzusetzenden Grundlagen des Moralischen gewesen. Gegen eine die Sitten verderbende Kultur setzte er die Natur und meinte damit – so Cohen – „die Reinheit. Was er gemeint hat, das hat Kant gelehrt."[56] Rousseau als der lediglich Meinende und noch nicht Wissende scheint also auf die Kantische Gedankenwelt angewiesen zu sein, die – mit neukantianischen Weihen ausgestattet – in die Lage versetzt wird, das kohärent und schlüssig Mitteilbare überhaupt erst „lehren" zu können. Folgt man Cassirer und Cohen, so bietet sich Rousseau als ein (neu-)kantianisch vereinnahmter Denker dar, der jegliche Originalität eingebüßt zu haben scheint.

---

52 Bast, Rainer A. 1991: Einleitung. In: Cassirer, Ernst; Rousseau, Kant, Goethe. Hamburg, VII-XX, hier XI.

53 Cassirer 1991a, 23.

54 Ebd., 51.

55 Ladenthin 1996, 267, Fußn. 5.

56 Cohen, Hermann 1904: Ethik des reinen Willens. Berlin, 89.

Rousseau wird nicht als Urheber, sondern als Wegbereiter einer vernunftbasierten Prinzipienethik anerkannt, der Vordenker lediglich zum Vorläufer degradiert, was der zuvor geschilderten Rousseau'schen Philosophie der Freiheit entgegensteht, stellte doch bereits Lewis White Beck fest, dass Rousseau *vor* Kant „die Lehre von der Autonomie formuliert“ habe. Und auch Cassirer kann das letztlich nicht abstreiten.

> „Das ‚Grundgesetz der reinen praktischen Vernunft‘: ‚Handle so, daß die Maxime deines Willens jederzeit zugleich als Prinzip einer allgemeinen Gesetzgebung gelten kann‘, fällt mit dem zusammen, was Rousseau als das eigentliche Fundamentalprinzip jeder ‚legitimen‘ gesellschaftlichen Ordnung betrachtet. Und es läßt sich verfolgen, daß Rousseau hier nicht nur inhaltlich und systematisch auf Kants Grundlegung der Ethik eingewirkt hat, sondern daß er auch ihre Sprache und ihren Stil geformt hat.“[57]

In der Gesetzesformel des Kategorischen Imperativ könne man „den Staatsphilosophen Rousseau, den Philosophen der volonté générale wiedererkennen“,[58] während die Zweckformel, nach der jeder Mensch als Zweck an sich zu achten ist, in Beziehung zu Rousseaus Erziehungstheorie betrachtet wird, gehe es diesem doch darum, „den Zögling für sich selbst, nicht für andere zu erziehen“.[59]

Obwohl der *Emile* nicht unerwähnt bleibt, ist die Freiheitsthematik Rousseaus für Cassirer in erster Linie diejenige des *Contrat social*, denn „die Frage, die der ‚Contrat social‘ sich stellt“, richtet sich auf den „Weg zur Freiheit“.[60] In Bezug auf die in der Rousseau-Rezeption gängige Prävalenz der politischen Philosophie kann eine „aus der Teilperspektive resultierende Marginalisierung des Gesamtwerks Rousseaus“[61] festgestellt werden, die sich hier auch bei Cassirer findet. So ist es schließlich die politische Philosophie, die Rousseau in den Augen Cassirers zum reinen Gesetzesethiker macht: „Rousseaus Ethik ist keine Gefühls-Ethik, sondern sie ist die entschiedenste Form der reinen Gesetzes-Ethik, die vor Kant ausgebildet worden ist. In der ersten Skizze des ‚Contrat social‘ wird das Gesetz die erhabenste von allen menschlichen Einrichtungen genannt.“[62] Was also Kant in seiner Ethik auf den Begriff gebracht, verfeinert und „ausgebildet“ hat, wird in erster Linie auf den *Contrat social* zurückgeführt.

Der *Emile* findet dann auch gar keine Erwähnung, wenn Cassirer kurz umreißt, welche Werke Rousseaus Kant vor allem beeinflusst haben. Kant habe in Rousseau „den Autor des ‚Discours surl'inégalité‘, des ‚Contrat social‘, der ‚Nouvelle Héloise‘“[63] gesehen. Und diese Werke scheinen zu genügen, um zu der Rous-

57 Cassirer 1991a, 33.
58 Ebd., 34.
59 Ebd.
60 Cassirer 1998: Die Einheit des Werkes von Jean-Jacques Rousseau. Hrsg. u. eingel. v. Rainer A. Bast. Köln, 24. Vgl. Cassirer 1995, 22, 25, 29.
61 Reitemeyer, Ursula 2007: Umbruch in Permanenz. Eine Theorie der Moderne zwischen Junghegelianisms und Frankfurter Schule. Münster, 42.
62 Cassirer 1995, 54.
63 Cassirer 1991a, 58.

seau-Interpretation zu gelangen, die Cassirer im Blick hat. Sie stellen für ihn nicht eine überdenkenswerte Teilgrundlage, sondern geradezu die Essenz des Rousseau'schen Denkens dar, die es nicht durch unseren heutigen Quellenreichtum zu verfälschen gilt: „Kant besaß ein viel einfacheres, in sich geschlossenes Rousseau-Bild, das aber in eben dieser Einfachheit nicht weniger wahr, sondern wahrer gewesen ist, als dasjenige, das die moderne Interpretation und Kritik uns oft gezeichnet hat."[64]

Wenn Cassirer den *Emile* erwähnt, betont er zugleich dessen Verworrenheit und Widersprüchlichkeiten. Zwar sollte „nicht unterschätzt werden", was „Kant in Rousseaus Emile" hinsichtlich „der dortigen Bestimmung des Menschen als Handlungswesen, vorgezeichnet fand",[65] doch

> „von allen an Paradoxien so reichen Schriften Rousseaus ist der ‚Emile' vielleicht sein paradoxestes Werk. Mehr als in jedem anderen Werk scheint er sich hier dem freien Lauf seiner Phantasie und seiner Vorliebe für Konstruktionen zu überlassen, scheint er so alles Gefühl für die nüchterne ‚Wirklichkeit' der Dinge verloren zu haben."[66]

Während Rousseau also in Phantasie und Irrationalismus geschwelgt habe, sei es Kant gelungen, die Vernunftgrundlagen des Denkens und Handelns auf den Begriff zu bringen. Doch der Rousseau Kants sei „nicht in erster Linie der Wiederhersteller der Rechte des Gefühls, der Apostel der ‚Empfindsamkeit'"[67] gewesen. Und Cassirer stützt sein Urteil mit einem Verweis auf Kants Rezeption der *Nouvelle Héloise*: „Für ihn lag der Schwerpunkt des Ganzen nicht in der romantischern Liebesgeschichte, sondern in dem zweiten ‚moralischen' Teil des Werkes."[68] Kant habe nicht Rousseaus emotionale Herangehensweise an philosophische Fragen, sondern dessen Hochachtung der Selbstbestimmung fasziniert, weshalb er „ihn als philosophischen Befreier begrüßen" konnte. „Was ihm mit allem Paradoxen und Schwärmerischen bei Rousseau immer wieder versöhnte, war die Unerschrockenheit, die Selbständigkeit des Denkens und Fühlens, der Wille zum ‚Unbedingten', der ihm hier entgegentrat."[69]

Obwohl hier nicht nur von der „Selbständigkeit des Denkens", sondern auch des „Fühlens" die Rede ist, wird quasi nur der „halbe" Rousseau anerkannt – ein vermeintlicher Moralphilosoph des reinen Denkens, der jeglicher Gefühlsethik abgeschworen zu haben scheint. Cassirer geht davon aus, dass Rousseau „das Gefühl aus der Grundlegung der Ethik verweist".[70] Die Einseitigkeit dieser Rousseau-Rezeption, die dessen Gesetzesethik durch Ausblendung des vermeintlich irrationalen, schwärmerischen und irreführenden Gefühls zu etablieren versucht, er-

64 Ebd.,59.
65 Hufnagel 2010, 230.
66 Cassirer 1998, 41. Vgl. Cassirer 1995, 72.
67 Cassirer 1991a, 15.
68 Ebd., 16.
69 Ebd., 19.
70 Cassirer 1995, 56.

scheint verkürzend und verengend – vor allem dann, wenn man berücksichtigt, dass Cassirer sich mit Rousseau „lange und intensiv"[71] beschäftigt hat. Ist doch davon auszugehen, dass seine Rousseau-Interpretation nicht einer vordergründigen Kant-Begeisterung geschuldet war, sondern auf einer differenzierten Auseinandersetzung mit Rousseau'schen Kerngedanken beruht. Den – doch in mehrfacher Hinsicht von Kant so verschiedenen – Rousseau im Gefolge Cassirers der Kantischen Vernunftarchitektonik gefügig zu machen, erscheint auf den ersten Blick abwegig, da doch „weder in bezug auf Charakter und Lebensführung, noch in bezug auf die Art und Form des Denkens irgend eine unmittelbare Verwandtschaft zwischen Kant und Rousseau"[72] auffindbar ist, was Cassirer eingehend darlegt.

Statt jedoch den „Zauber" der Rousseau'schen Darstellungen, deren rätselhafte Paradoxien und vermeintliche Unstimmigkeiten auf ihre Interpretationshintergründe zu befragen, plädiert Cassirer dafür, dem scheinbar in begrifflichen Angelegenheiten Unbeholfenen und impulsiv Daherformulierenden[73] Schonung und Nachsicht angedeihen zu lassen, denn „eins" dürfe

> „man […] von Rousseau nicht erwarten und nicht verlangen. Er ist kein strenger Begriffsanalytiker, und er bewegt sich niemals innerhalb der Schranken einer festen philosophischen Terminologie. […] Er legte seine Worte nicht auf die Waagschale; er folgt, auch als Schriftsteller, dem augenblicklichen Impuls und greift nach dem Ausdruck, den ihm dieser Impuls eingibt. Wir dürfen daher keinen der Ausdrücke Rousseaus allzu streng nehmen, und wir dürfen diese Ausdrücke nicht pressen, wenn wir seinen Gedanken gerecht werden wollen."[74]

Was der ungestüme Rousseau nicht fassen konnte, soll schließlich dem besonnenen und strukturierten Denker Kant vorbehalten gewesen sein. Bei Rousseau

> „finden wir den ersten Ausbruch, der sich nur mühsam zu bändigen vermag: die Sprache der ‚klaren und deutlichen Begriffe' hat Rousseau niemals zu sprechen gelernt. Kants Denken aber war an diese Sprache gebunden […] Er hatte Rousseaus Gedanken weiter zu denken, und er hatte sie vollständig auszubauen und systematisch zu begründen."[75]

Kant hatte „jenen weiteren und tieferen Begriff der ‚Vernunft' zu schaffen, der der Ideenwelt Rousseaus gerecht werden und sie in sich aufnehmen konnte."[76] Die Rousseau'sche Gedankenwelt wird also „in" den kantischen Vernunftbegriff „aufgenommen" – und soll damit gleichsam für das einzig zulässige begriffliche Denken gerettet werden.

Die vermeintlich mystische und damit überwindungsbedürftige Rätselhaftigkeit des Rousseau'schen Werkes versucht Cassirer durch die vorausgesetzte Beipflichtung bisheriger Rousseau-Interpreten zu unterstreichen: Viele Experten ha-

---

71 Bast 1998, 3.
72 Cassirer 1991a, 7.
73 Vgl. Cassirer 1995, 8.
74 Cassirer 1991a, 46.
75 Ebd., 59f.
76 Ebd., 60.

ben sich – so lautet Cassirers Urteil – an Rousseau versucht und sich vergeblich an ihm abgearbeitet:

> „Die Persönlichkeit und das Werk Rousseaus sind für uns auch heute noch ebenso fremd, ebenso komplex und paradox wie seinen Zeitgenossen. Schier unermeßliche Arbeit und Mühe wurden diesem Problem gewidmet. [...] Aber kaum schien eine Lösung greifbar nahe, kamen neue Fragen und neue Zweifel auf. Mehr denn je hegen wir heute solche Zweifel."[77]

So setzt Cassirer mit seiner Thematisierung des Rousseau'schen Freiheitsbegriffes in Bezug auf den *Contrat social* dort an, wo ihm das Rousseau'sche Rätselwerk zumindest streckenweise Überschaubarkeiten bietet, habe Rousseau doch „den spezifischen Sinn und die eigentliche Grundbedeutung seiner Idee der Freiheit klar und sicher bestimmt".[78] Und diese Grundbedeutung ist eine in kantianischer Reinform interpretierte: Freiheit „besagt die Bindung an ein strenges und unverletzbares Gesetz, das jeder einzelne sich selbst gibt. [...] Und eben dieser eigentliche Charakter der Freiheit ist es, der im Allgemeinwillen, im Staatswillen, verwirklicht werden muß."[79] Rousseaus politische Philosophie scheint über alle Fragwürdigkeiten und Ungereimtheiten des restlichen Werkes hinwegzutrösten:

> „So endet dieser angebliche ‚Irrationalist' in dem entschiedensten Vernunftglauben; denn der Glaube an den Sieg der Vernunft fällt für ihn mit dem Glauben an den Sieg einer echten ‚weltbürgerlichen Verfassung' zusammen. Auch diesen Glauben hat er an Kant weitergegeben."[80]

Doch der hier aus seiner Rousseau-Interpretation scheinbar jegliches Gefühl verbannende Cassirer wird letztlich selbst emotional, wenn er seinen kantianisierten Rousseau in einer pathetischen Hymne, die selbst Kants emotionale Saiten zum Klingen bringt, hervorhebt und anpreist, denn „ein Gedanke, ein Gefühl, von Rousseau inspiriert, haben Kant zu der Aussage veranlaßt, daß die Existenz der Menschen auf Erden ohne jeden Wert wäre, wenn der Gerechtigkeit nicht zum Siege verholfen werden könne."[81] Versteht man jedoch die Freiheit des selbstverantwortlich auf der Grundlage seines Gewissens entscheidenden Subjekts, das ja nicht Urteile, sondern urteilen lernen soll, als eine Selbstbestimmung, die je situationsrelevant seine Urteilskraft ins Spiel bringen muss, so erscheint die auch von Guido Kreis favorisierte Hervorhebung eines einzelnen Wertes wie desjenigen der Gerechtigkeit fragwürdig. „Im letztlich entscheidenden Sinn" sei „das Problem Jean Jacques Rousseau [...] diejenige philosophische Sache, um die es in seinem Leben und Werk, verborgen oder sichtbar, am Ende geht. Cassirer zufolge ist diese Sache [...] die Idee einer universalen moralischen und sozialen

77 Cassirer 1998, 18f.
78 Ebd., 25. Vgl. Cassirer 1995, 22.
79 Cassirer 1998, 25. Vgl. Cassirer 1995, 22, 25, 29.
80 Cassirer 1998, 34. Vgl. Cassirer 1995, 43.
81 Cassirer 1998, 30. Vgl. Cassirer 1995, 34.

Gerechtigkeit."[82] Dem entsprechend wird „der zentrale Punkt von Cassirers Rousseau-Studien" von Kreis fixiert: „Das Problem Jean Jacques Rousseau ist kein anderes als das Problem eines universalen Prinzips der Gerechtigkeit."[83] Die in Cassirers Rousseau-Interpretation manifeste „Idee der Gerechtigkeit" wird von Kreis im „normativen Gehalt der Moral"[84] festgemacht. Die Grundlegung des Moralischen scheint sich im Wert der Gerechtigkeit zu erschöpfen, was jedoch auch letztlich Cassirers Sicht auf Rousseaus Erziehungstheorie widerspricht: „Denn in der Welt des Willens gilt das Wort, daß jeder nur das ist, zu dem er sich selbständig gemacht hat."[85]

Wird als „grundlegender Sinn" des Rousseau'schen Freiheitsbegriffes „der von moralischer Freiheit" aufgefasst, „die als Autonomie, als eigenverantwortliche Selbstbestimmung auf der Grundalge einer rationalen Reflexion auf die Gründe des Handelns, verstanden werden muss",[86] so kann diese Freiheit als eine die jeweiligen Gründe einer moralischen Entscheidung prüfende nicht den Wert der Gerechtigkeit als grundsätzlich zu bevorzugenden herausstellen. Mit einem konsequent neuzeitlich verstandenen Rousseau – und Kant – ist die Prävalenz eines einzelnen Wertes in der Ethik nicht vertretbar, geht es doch um das freie Subjekt, das nicht zu Werten, sondern zum Werten zu erziehen ist, denn – so betont schließlich auch Cassirer – „in den Gedanken der ‚Persönlichkeit' […] laufen alle Fäden seiner [Rousseaus, A.R.] Philosophie zusammen."[87] Dringt man „in die eigentliche Sphäre des Ichbewußtseins, in das Reich der ‚Persönlichkeit'" vor, so gewinnt der „Grundsatz des Selbst-Sehens und Selbst-Findens"[88] eine entscheidende Bedeutung. Demnach kann es nicht darum gehen, einen als allgemein hochrangig anerkannten Wert in jeder Entscheidungssituation als handlungsleitend zu übernehmen, sondern situationsrelevant auf der Grundlage der eigenen Urteilskraft selbst zu „sehen" und selbst zu „finden", welcher Wert hier konkret den Vorzug haben soll.

Den vielschichtig interpretierbaren Erzählungen Rousseaus scheint sich hier jedoch die verknappende Konzentration auf den Wert der Gerechtigkeit entgegenzustellen. Dabei ist es durchaus lohnend, auch die vordergründig kryptischen Aussagen Rousseaus und seine vermeintlich theoriefernen Erzählungen näher zu untersuchen. Seine Autobiografien zum Beispiel „schildern individuelle Erfahrungen in anthropologischer Absicht: Sie verweisen auf das Allgemeine des Menschen, das aber nie (ohne beliebig oder totalitär zu werden) dargestellt, ausgedrückt, allgemein formuliert werden kann."[89] Dass das „Problem Rousseau" mit

82 Kreis 2012, 151.
83 Ebd., 159.
84 Ebd., 161.
85 Cassirer 1998, 46.
86 Kreis 2012, 153. Vgl. Pulmer 2012, 85.
87 Cassirer 1998, 39. Vgl. Cassirer 1995, 69.
88 Cassirer 1998, 40. Vgl. Cassirer 1995, 71.
89 Ladenthin 2012b, 350.

all seinen Ungereimtheiten und Heterogenitäten seine Interpreten vor diffizile Aufgaben stellt, sollte nicht mit Cassirer beklagt oder im Verweis auf den Wert der Gerechtigkeit einer Scheinlösung zugeführt, sondern als Herausforderung verstanden werden. So lässt sich das „Problem Rousseau" mit Volker Ladenthin als „Aufforderung" werten, „Rousseau immer wieder und immer wieder neu zu lesen, um ihn besser zu verstehen".[90] Auf diese Weise wird das „Problem Rousseau" zu einem „Abenteuer Rousseau", das uns in der Frage nach dem Menschlichen des Menschen stetig herausfordert.

Wenn Cassirer hingegen Kants klares Begriffsdenken gegenüber dem Rousseau attestierten Manko rühmend hervorhebt, bleibt mit Ladenthin zu fragen, ob „Rousseau dies je intendiert hätte und intendiert haben müßte".[91] Rousseau geht es nicht darum, „die Wissenschaft" zu vermitteln. Es geht ihm „um das geeignete Werkzeug, sie zu erlangen".[92] Es geht nicht um die Präsentation von Begrifflichkeiten, sondern um die Frage, wie der Rezipient selbst zu seinem eigenen begrifflichen Denken kommt. Was der savoyische Vikar darbietet sind „eben nicht die Prinzipien einer Erkenntnistheorie, sondern die Vorführung, wie jemand Erkenntnistheorie betreibt."[93] Das Rousseau'sche Erzählen leistet hier das, was die Begriffssprache schuldig bleibt. Die „spezifische Denkleistung" Rousseaus wird von Cassirer übergangen, „während das, was Cassirer als Qualität in seiner kantischen Begriffssprache zu retten versucht, genau jenes ist, was Rousseau der Unzulänglichkeit zu überführen suchte."[94] Erst im Erzählen kann (re)konstruiert werden, wie das begriffliche Denken zu seinen Grundlagen kommt. „Das begriffliche Denken ist nicht die Veredlung des Erzählens (Sehens, Träumens), sondern das begriffliche Denken (das die Wirklichkeit Begriffen subsumiert, also einem Telos unterstellt) muß sich vor dem erzählenden Denken (dem idyllischen Sehen, dem Träumen) bewähren."[95] Es ist also auch nicht die von Cassirer Kant gegenüber gerühmte klare Begrifflichkeit, die hier als Belehrungsgegenstand zu vermitteln ist. Denn: „Nicht die Dinge (Sachen, Begriffe usw.) werden gelehrt, sondern das Vermögen, sie überhaupt zu denken, macht Lehre möglich."[96] Ebenso lässt sich der Weg zum moralischen Urteil beschreiben. Nicht die zur Verinnerlichung bestimmten moralischen Werte (darunter der Wert der Gerechtigkeit) stehen hier im Vordergrund, sondern das stets neu herausgeforderte, eigenständige Werten.

In der Verkennung der – das eigene Denken des Rezipienten anregen und nicht begrifflich vorprägen wollenden – Sprache Rousseaus, die Cassirer als problematisch ablehnt, läst sich das „Problem Cassirer"[97] verorten: „Die Verabsolutierung

90 Ladenthin 1996, 75.
91 Ebd., 267, Fußn. 2.
92 Rousseau 2006, 276f.
93 Ladenthin 1996, 281.
94 Ebd., 361.
95 Ebd., 360.
96 Ebd., 295.
97 Ebd., 267, Fußn. 2.

Kants (und der Begriffslogik), die sich hier zeigt, verstellt Cassirer“ nicht nur „die Interpretation, daß Rousseau eben diese Sprache (und damit dieses Denken) als defizitär jenem Denken gegenüber gesehen hat, das er in seinen Schriften aus sprachtheoretischen Gründen artikuliert.“[98] Diese Verabsolutierung stellt sich auch einer Aufklärung des Verhältnisses von Vernunft und Gefühl in den Weg, indem sie im Namen der Begriffslogik eine Emotionalität ausklammern zu können glaubt, die für Rousseaus Grundlegung der Ethik entscheidend ist.

Gefühl und Gewissen – die Rehabilitierung des Emotionalen

Der Blick auf den Vordenker Rousseau einerseits und die Interpretation Cassirers andererseits sollte offen legen, dass Rousseau als Philosoph der Freiheit und der Natur (zurück zu den Bedingungen der Möglichkeit von Wissen und Werten) entscheidende transzendentaltheoretische Grundlagen aufzeigt, die Cassirer Kant zuspricht, indem er den gleichsam durch Emotionen verblendeten Rousseau lediglich zum Vertreter einer Vorstufe des Kritizismus degradiert. Schaut man sich jedoch die emotionale Grundlage der Rousseau'schen Ethik näher an, so zeigt sich das Konzept einer wahrhaft menschlichen Bestimmung des moralischen Subjekts. Diese hat nicht nur Kant „zurecht gebracht“, sondern in letzter Zeit auch einer Kant-Interpretation Vorschub geleistet, die der ethischen Bedeutung des Gefühls ihren lange verkannten Anspruch zurückerobern konnte.[99] So bleibt zu fragen, ob Rousseaus Weg tatsächlich „auf Kant voraus“[100] weist, oder dieser – gerade in seiner frühen Ästhetik – nicht eher die von Rousseau gelegten Spuren nutzt.

Selbstliebe und Mitleid erscheinen bei Rousseau als Grundlagen der Moral, die der Reflexion auf Prinzipien der Willensbestimmung vorangestellt werden.

> „Indem ich [...] über die ersten und einfachsten Regungen der menschlichen Seele nachdenke, glaube ich, in ihr zwei Prinzipien zu vermuten, die der Vernunft vorausgehen, von denen das eine uns leidenschaftlich auf unser Wohlbefinden und unsere Selbsterhaltung bedacht sein läßt, während das andere uns einen natürlichen Widerwillen einflößt, irgendein fühlendes Wesen, und hauptsächlich unseresgleichen, sterben oder leiden zu sehen.“[101]

Hier zeigt sich die Selbstachtung als Voraussetzung des Wohlwollens gegenüber anderen, denen sich das moralische Subjekt empathisch verbunden weiß. Es ist sich bei jeder Entscheidung selbst präsent, mit sich selbst vertraut; und es knüpft an eigene Erlebnisse an, wenn es entscheidet. Es erinnert Scham, Gewissensbisse oder Zufriedenheit. Dabei „geht Rousseau nun erstmals systematisch von einer

[98] Ebd.

[99] Vgl. Recki, Birgit 2001: Ästhetik der Sitten. Die Affinität von ästhetischem Gefühl und praktischer Vernunft bei Kant. Frankfurt/M. Vgl. ebenfalls Redecker, Anke: Werten. Können – Ein Nachwort auf den Spuren Kants. In: Ladenthin 2013, 99-117, hier 107.

[100] Cassirer 1991b, 109.

[101] Rousseau 2010, 26, vgl. zum Mitleid ebd., 61, 64.

ursprünglichen Vertrautheit des Selbst mit sich aus. Als sensibles Wesen affiziert es sich selbst – auf eine Weise, die sich der äußeren Beobachtung der Lebewesen entzieht".[102] Das Gewissen, von Rousseau als „die Stimme der Seele"[103] bezeichnet, kann als eine gefühlte Selbstgewissheit aufgefasst werden. Es ist „ein Wissen um uns selbst, um Verrat und Erfüllung, ein Wissen um unsere Neigungen, um unsere unvergleichliche Natur."[104] Dieses Wissen ist ein Empfinden. „Die Akte des Gewissens sind keine Urteile, sondern Gefühle."[105]

Appelliert Rousseau an eine Sensibilität für das eigene Gewissen des Menschen, „an die Besinnung auf seine Innerlichkeit, an seine ‚innere Stimme'", so hat Erziehung darauf einzustimmen.

> „Die richtige Erziehung muss die Übereinstimmung des Menschen mit sich selbst gewährleisten; der richtig Erzogene handelt wie er spricht. Er ist ein Mensch der klaren Entscheidungen; diese bekennt er und diese hält er im wirklichen Wortsinne durch. Nur dadurch kann er frei sein."[106]

Die emotionale Selbstgewissheit wird zur Grundlage des redlichen Denkens und Handelns, das in der Bindung an selbst gewählte und verantwortete Entscheidungen ein selbstbestimmtes Leben ermöglicht. Das Moralische erscheint als eine gefühlte Gewissheit auf dem „Grund meines Herzens", die keiner ausgefeilten Klugheit bedarf, welche „den Grundsätzen einer hohen Philosophie" ergeben ist:

> „Über das, was ich tun will, brauche ich nur mich selbst zu befragen: alles, was ich als gut empfinde, ist gut, alles, was ich als schlecht empfinde, ist schlecht: der beste aller Kasuisten ist das Gewissen; erst wenn man anfängt, mit ihm zu handeln, greift man zu geistigen Spitzfindigkeiten. [...] Zu oft trügt uns die Vernunft, wir sind nur allzu berechtigt, sie abzuweisen; aber das Gewissen täuscht nie; es ist der wahre Führer des Menschen".[107]

Trügerisch ist das, was Rousseau hier Vernunft nennt, dann, wenn sich der Denkende in Grübeleien oder moralisch unhaltbare Gedankenspielereien verliert. Wer mit dem Gewissen „handelt", indem er „geistige Spitzfindigkeiten" gegen das intuitiv Erfasste anführt, erklügelt sophistische Gedankenspiele, denen es nicht um die moralische Rechtfertigung geht, nicht darum, Recht zu haben, sondern Recht zu bekommen. Ein vom Gefühl für das Rechte gelöstes, „reines" Denken erscheint verdächtig und irreführend, ist es doch für Rousseau „einer der größten Fehler unseres Zeitalters, zuviel mit der nackten Vernunft zu arbeiten, so als wären die Menschen schierer Geist."[108] Dass sie dies nicht sind, ist dann auch gerade in der Erziehung zu berücksichtigen. Philipp Rippel sieht die

---

102 Liebsch, Burkhard 2012: Prekäre Selbst-Beziehung. Die erschütterte Wer-Frage im Horizont der Moderne. Weilerswist, 92.

103 Rousseau 2006, 585.

104 Hufnagel 2010, 59.

105 Rousseau 2006, 592.

106 Böhm; Soëtard 2012, 88.

107 Rousseau 2006, 584f.

108 Ebd., 653.

„moderne Wende der Rousseau'schen Pädagogik [...] darin, daß Kinder nicht mehr als kleine Erwachsene betrachtet werden, die es früh an die Forderungen und Regeln der Gesellschaft anzupassen gilt, sondern daß ihnen eine kindgemäße Erziehung zuteil wird, die ihre Fähigkeiten entwickelt, ohne ihre Emotionalität zu vernachlässigen und ihren Spieltrieb zu verleugnen."[109]

Hier gilt es, nicht ausschließlich rational vorzugehen. „Die Erziehung betrifft die ganze Person, die denkende, die fühlende und die tätige."[110] Rousseaus Würdigung des konkret erlebenden, sensitiven Menschen bewahrt ihn zugleich vor der Anmaßung eines idealisierten Selbst.

Doch Armin Adam, der „die maßlose Seite der Aufklärung"[111] in ihrer Übersteigerung des Ideellen beleuchten und dabei auch Rousseau in die Verantwortung nehmen möchte, bezeichnet „das Pathos der Freiheit" als „Erbschaft Rousseaus",[112] die Kant angetreten sei, um die von Rousseau angebahnte Ausschaltung des empirischen Subjekts aus der praktischen und politischen Philosophie zu betreiben. Berücksichtigt man jedoch Rousseaus ausgiebige Thematisierung des empfindsamen Leibsubjekts, das gerade in seiner faktischen Begrenztheit auch der Hybris des amour propre mit all seinen Gefahren und Gefährdungen unterliegen kann, so lässt sich Rousseau kaum zur Schreckensfigur einer den Menschen überhöhenden und damit missachtenden Aufklärung stilisieren, deren transzendentaltheoretische Grundalgen wohlmöglich noch durch postmoderne Keulenschläge nieder- oder zurechtgeschlagen werden müssten. Dass weder Kant noch Rousseau einer solchen Zurechtstutzung bedürfen, lässt sich auch im Anschluss an Friederike Werschkull aufzeigen, die „Parallelen zwischen Rousseaus Natur- und Kants Ideenbegriff" aufzeigt: „Beide verweisen auf die unbestimmte Bestimmung des Menschen."[113] Und dieser ist in seiner Endlichkeit und Begrenztheit nicht nur als ein denkender, sondern auch als ein fühlender zu achten.

Vernunft erleben – emotional und reflexiv

Als Philosoph der Freiheit wurde Rousseau zum Vernunftethiker erklärt, dem es darum geht, dass Kinder nicht Urteile, sondern Urteilen lernen. Gleichzeitig warnt er vor den Gefahren der Vernunft und plädiert für die vor aller Begründung zu vernehmende Stimme des Gewissens. Wie passt das zusammen? Dass diese Frage nicht neu, sondern von rezeptionsgeschichtlicher Bedeutung ist und manches Urteil über einen „zurechtinterpretierten" Rousseau revidieren kann,

---

[109] Rippel, Philipp 2010: Nachwort. In: Rousseau 2010, 174-214, hier 200.

[110] Böhm; Soëtard 2012, 81.

[111] Adam, Armin 1999: Despotie der Vernunft? Hobbes, Rousseau, Kant, Hegel. München, 289.

[112] Ebd., 168.

[113] Werschkull, Friederike 1994: Ästhetische Bildung und reflektierende Urteilskraft. Zur Diskussion ästhetischer Erfahrung bei Rousseau und ihrer Weiterführung bei Kant. Weinheim, 152.

zeigt wiederum Cassirer. Im Anschluss an seinen Vortrag *Die Einheit des Werkes von Jean-Jacques Rousseau*, den er am 27. Februar 1932 vor der ‚Société française de Philosophie' hielt, erfolgte eine kontroverse Diskussion über die Frage, wie letztlich der Kerngehalt des Rousseau'schen Denkens zu charakterisieren sei. Der Diskussionsteilnehmer V. Basch äußerte hier Zweifel an der Haltbarkeit der Rousseau-Darstellung Cassirers:

> „Als Zentrum und Quelle des Geistes bei Rousseau [...] [sieht Basch] nicht etwa jenen moralischen Willen, nicht etwa jenen freien Willen, nicht jene metaphysische Freiheit, die Kant entworfen hat und deren Kern der sensiblen und sinnlichen Natur Rousseaus vollkommen fremd ist, sondern vielmehr das dem Verstand entgegengesetzte Gefühl – das Gegenteil des rationalen Willens."[114]

Dadurch wurde Cassirer direkt mit einer Interpretation konfrontiert, die seiner scheinbar unvereinbar gegenüber steht – hier rationale Selbstbestimmung, dort gefühlsgesättigte Irrationalität. Doch müssen das Gefühl und die vernünftige Entscheidung des Gewissens tatsächlich im Gegensatz zu einander stehen? Cassirer zeigt selbst, dass eine grundsätzliche Gefühlsbestimmung, die sich im Irrationalen erschöpft, zu kurz gegriffen ist, wenn er – nun aufgefordert, sich auch mit dem „anderen", gefühlsethischen Rousseau auseinanderzusetzen – in der Diskussion das Wort ergreift. Rousseau – so Cassirer – sei

> „nicht nur der leidenschaftliche Vorkämpfer, Verteidiger und Verkünder des Gefühls; eines der wichtigsten und unreigensten Ergebnisse seiner Bemühungen liegt philosophisch gesehen darin, dem Ausdruck ‚Gefühl', den man ziemlich vage und ungenau gebrauchte, um die unterschiedlichsten seelischen Regungen zu bezeichnen – von den feinsten Reaktionen des ‚Geschmacks' bis hin zu den tiefsten ethisch-religiösen Kräften – einen genau bestimmten Gehalt und dadurch eine ganz neue Kraft gegeben zu haben."[115]

Hier geht es also nicht mehr ausschließlich um die Gefahren des Schwärmerischen und Irrationalen, sondern um ein gleichsam „höherwertiges" Gefühl. So sehe Rousseau im Gefühl nicht nur ein passives Sich-Hingeben an Empfindungen, sondern auch „eine Kraft schöpferischer Aktivität", eine Kraft, „durch die die Seele [..] sich selbst auf unabhängige und ursprüngliche Art und Weise bestimmt. Das Gefühl drückt die reine Rezeptivität ebenso wie die reine Spontaneität aus."[116] Im zweiten Fall ist das Gefühl

> „autonom, es ist ein reines Gefühl der Freiheit. In diesem Bereich bedeutet die Kraft des Gefühls die Kraft zur reinen Selbstbestimmung durch das Ich. [...] Wer sie nicht in sich spürt, kann sie auch durch keinerlei Argumentation gewinnen. Sie ist urwüchsig und unmittelbar. Aber in ihr verkörpert sich die unmittelbare und ursprüngliche Spontaneität des Ich, das den tiefsten Antrieb zu seinen Taten nicht von außen erhalten kann, sondern in sich selbst finden muß."[117]

---

114 Vortragsdiskussion. In: Cassirer 1998, 50-82, hier 53f.
115 Ebd., 75f.
116 Ebd., 76.
117 Ebd., 77. Vgl. Cassirer 1995, 63.

Hier „ist das Gefühl über den passiven ‚Eindruck' und über das bloße Empfinden erhoben; es hat die reine Aktivität des Urteilens, des Wertens und Auswählens in sich aufgenommen.",[118] soll jedoch zugleich „urwüchsig" und „unmittelbar" sein. Damit habe es als „eigentümlicher Quellgrund" des Ich „seine zentrale Stellung im Ganzen der Seelenkräfte erlangt".[119]

Es ist nun eine „unmittelbare und ursprüngliche Spontaneität des Ich" am Werk. Kann das noch der Cassirer sein, der das Gefühl aus der Grundlegung der Rousseau'schen Ethik verbannt hat? Die „wahren Prinzipien des Sittlichen" sind schließlich in Cassirers Rousseau-Interpretation:

> „Wahrheiten, die sich nicht anders denn intuitiv erfassen lassen; aber eben diese Intuition ist es, die Niemandem versagt ist, weil sie die Grundkraft und das Wesen des Menschen selbst ausmacht. Wir brauchen diese ‚eingeborene' Erkenntnis nicht auf dem Wege der abstrakten Analyse oder auf dem Wege der Erziehung und des Unterrichts mühsam zu finden; – es genügt, wenn wir die Hemmnisse wegräumen, die zwischen ihr und uns liegen, um sie in ihrer vollen Kraft und in ihrer unmittelbar-überzeugenden Gewissheit zu erfassen."[120]

Cassirer zeigt nun, dass Gefühl und Vernunft nicht im Widerspruch zu einander stehen, sondern dass die Vernunft bereits im Gefühl präsent sein kann. In den Worten Rousseaus: „Die Sinne üben heißt [...] lernen, durch sie alles wohl abwägen, beurteilen, es heißt sozusagen fühlen zu lernen, denn wir können nicht anders fühlen, sehen oder hören, als wir es gelernt haben."[121] Wir lernen durch die Sinne, wägen empfindend ab, urteilen fühlend. „Wenn uns auch alle unsere Vorstellungen von außen kommen, so sind doch die Gefühle, die sie werten, im unserem Innern".[122] Es geht also nicht um erklügelte Urteile, sondern um Gefühle, die jedoch nicht wirr und impulsiv auftreten, sondern selbst „werten". Tugend basiert auf Vernunft und Gewissen: „Was ist nun der tugendhafte Mensch? Derjenige, der sein Verlangen zu besiegen weiß; denn damit folgt er seiner Vernunft, seinem Gewissen; er tut seine Pflicht".[123] Erkennen und Werten, Denken und Gefühl, Vernunft und Gewissen, bilden keine unüberwindbaren Gegensätze, sondern kennzeichnen – wie auch Guido Kreis in seiner problemgeschichtlichen Darstellung der Rousseau-Rezeption Cassirers hervorhebt – gemeinsam die Natur des Menschen. „Im Kern der wahren Natur des Menschen tauchen rationale Überlegungen und ihr letzter Grund auf, und im Kern des wahren Gefühls des Menschen, im Gewissen, seine moralische Verfassung mitsamt dem normativen Gehalt der Moral".[124] Hier „bedeutet ‚Natur' so viel wie ‚geistige' oder ‚moralische Natur', und ‚Gefühl' so viel wie ‚durch rationale Überlegung beeinflußtes' oder ‚rational-

[118] Vortragsdiskussion 1998, 81. Vgl. Cassirer 1995, 66.
[119] Cassirer 1995, 66.
[120] Ebd., 63.
[121] Rousseau 2006, 289.
[122] Ebd., 592.
[123] Ebd., 887.
[124] Kreis 2012, 161.

moralisches Gefühl'."[125] So können durch das urteilende Gewissen Emotionen zum Ausdruck kommen, in denen sich rationale Momente artikulieren, denn „zwischen Gesetz und Gefühl besteht kein unvermittelbarer Gegensatz mehr".[126]

Spricht Rousseau von der „Stimme des Gewissens, die für sich selber zeugt",[127] so lässt sich nicht nur mit Guido Kreis das „durch rationale Überlegung beeinflusste" Gefühl als vernünftig kennzeichnen. Bereits vor aller Überlegung können im Gefühl Vernunftmomente präsent sein, die sich in einer anschließenden Reflexion bestätigen lassen. Das Gewissen wird eben nicht nur als „göttlicher Instinkt", sondern auch als vernünftig wertend und urteilend gekennzeichnet, als „sicherer Führer eines unwissenden und beschränkten, aber vernünftigen und freien Wesens" als ein abwägender und „unbestechlicher Richter über das Gute und das Böse".[128] Geht man mit Rousseau davon aus, dass auch das Gewissen der Vernunft bedarf, um erkennen zu können, was einem moralisch guten Handeln entspricht, so können zugleich „unterschiedliche Modi der Vernunft" in Anspruch genommen werden, „Variationen gewissermaßen, die aber Variationen des Gleichen und nicht unterschiedliche Qualitätsstufen sind".[129]

Rousseau differenziert zugleich zwischen einer erklügelten Vernunft und einer natürlichen Vernunft des Gefühls. Die Gefahr der Irreführung und des Schwelgerischen, die Cassirer dem Gefühl bei Rousseau zuschreibt, sieht Rousseau gerade im reinen Denken. Ein grüblerisches oder selbstgefälliges Denken, das nicht dem Gewissen folgt, kann in unheilvolle Abgründe führen, während das „Gewissen [...] der aufgeklärteste der Philosophen" ist, doch „oft findet man sich nach langem Nachdenken über sie mit seinen Pflichten ab und setzt zuletzt hohle Worte anstelle der Dinge."[130] Das lediglich Erklügelte ist nichts weiter als Meinung; „wir dürfen Menschen sein, ohne gelehrt zu sein; der Verpflichtung enthoben, unser Leben mit dem Studium der Moral hinzubringen, haben wir zu geringerem Preis einen sichereren Führer inmitten dieses ungeheuren Labyrinths menschlicher Meinungen."[131]

Doch das Erklügelte kann nicht nur überflüssig, sondern sogar gefährlich sein.

> „Wenn die ersten Lichter der Erkenntnis uns blenden und zunächst alles in unsren Blicken verwirren, so warten wir doch, daß unsre schwachen Augen wieder sehend werden, wieder klarer blicken, und bald werden wir alles wieder im Licht der Vernunft sehen, so wie die Natur es uns von Anbeginn zeigte [...]; beschränken wir uns auf die ersten Gefühle, die wir in uns selber finden, denn zu ihnen führt uns unsre Forschung immer wieder zurück, wenn sie uns nicht in die Irre geführt hat."[132]

---

125 Ebd., 162.
126 Ebd.
127 Rousseau 2006, 593.
128 Ebd.
129 Ladenthin 1996, 170.
130 Rousseau 2006, 818.
131 Ebd., 594.
132 Ebd., 593.

Der „sichtbarem" bzw. fühlbaren Vernunft gilt es zu vertrauen, bevor uns das Räsonnieren verwirrt. In einem zweiten Schritt kann das intuitiv Erfasste reflektierend überprüft werden. Es sind „die ersten [, grundlegenden, A.R.] Gefühle", die Vernunftgrundlagen offenbaren können. Doch das „Licht der Vernunft [...], so wie die Natur es uns von Anbeginn zeigte" muss nicht zwangsläufig intuitiv vernehmbar sein. Es führt uns „zurück zur Natur", zu den Bedingungen der Möglichkeit des Wissens und Wertens. Irrtum bringt nicht dieses Denken oder das Denken schlechthin, sondern das methodenferne Umherschweifen der Gedanken sowie ein Denken, das sich nicht moralisch verpflichtet weiß. Hier zeigt sich die Gefahr, „durch ein ungeordnetes Erkenntnisvermögen und eine grundsatzlose Vernunft von einem Irrtum in den anderen zu fallen".[133] Die gefährliche Vernunft führt in dunkle Irrtümer (Dialektik der Aufklärung), während das „Licht der Vernunft [...], so wie die Natur es uns von Anbeginn zeigte", das Erkennen und Handeln sinnvoll und verantwortlich begründen kann.

Auch die Stimme des Gewissens muss letztlich erfasst und beachtet werden, denn „es genügt nicht, daß dieser Führer existiert, man muß ihn erkennen können und ihm folgen."; und „er spricht zu uns in der Sprache der Natur", wo die „lärmende Stimme" der „Vorurteile" und des „Fanatismus"[134] keine Macht über den Menschen hat. Es gilt, sich über sein eigenes Gewissen zu verständigen, das „Gewissen so weit [zu bereiten], daß es nach Aufklärung verlangt".[135] So dient „das Gewissen, um das Rechte zu lieben, die Vernunft, es zu erkennen, und die Freiheit, es zu wählen".[136] Der gute Wille auf der Grundlage der Vernunft widerstrebt jeglicher intellektualistischen Hybris, denn „sobald man sich beim Disputieren erhitzt, sobald Eitelkeit und Starrsinn hinzukommen, ist der gute Wille verloren."[137] Darum ist es letztlich erforderlich, das Gute ergründen zu können, um der Verantwortungslosigkeit einer die Moralität missachtenden Erkenntnis zu entgehen. „Sprecht also den jungen Leuten niemals von Vernunft, nicht einmal im Alter der Vernunft, wenn ihr sie nicht zunächst befähigt habt, sie zu begreifen."[138] Dieses Begreifen aber sollte nicht ausbleiben. Und es sollte zugleich ein Begreifen der eigenen Grenzen sein. Denn ein Wissen, das nicht um seine eigenen Beschränkungen weiß, dient nicht der Vernunft, sondern wirkt ihr entgegen; „das Schlimmste für die Weisheit ist Halbwissen."[139]

Die von Rousseau geforderte Vernunft ist darum kein dem Selbstzweck überlassenes Denken. „Immer zu räsonieren ist die Manie der kleinen Geister. Starke Seelen sprechen eine ganz andere Sprache – durch diese überzeugt man und regt

[133] Ebd., 594.
[134] Ebd.
[135] Ebd., 633.
[136] Ebd., 600.
[137] Ebd., 633. Vgl. 637.
[138] Ebd., 650.
[139] Ebd., 678.

zum Handeln an."[140] Auch die Motivation zum Guten wird nicht erklügelt. „Kommt der Jugend niemals mit trockenen Vernunftschlüssen. Kleidet die Vernunft in einen Leib, wenn ihr sie ihr fühlbar machen wollt. Laßt die Sprache des Verstandes durch das Herz gehen, damit sie sich verständlich machen kann. Kalte Argumente, ich wiederhol es, können unsere Ansicht bestimmen, nicht unsre Handlungen".[141] Es gibt verschiedene Möglichkeiten, in denen sich Vernunft äußert, wobei „es bei jedem Alter darauf ankommt, die Vernunft in die Formen zu kleiden, die sie liebenswert machen".[142]

Die Form, in die Rousseau die Vernunft zu kleiden pflegte, erschien und erscheint nicht jedem – auf den ersten Blick – liebens- und ergründenswert. Doch es ist gerade Rousseau, der auch zu einer immer wieder neuen und differenzierten Kant- und Cassirer-Lektüre anregen kann. „Die Interpretation Rousseaus als Antizipation Kants lässt übersehen, daß er bereits dessen Kritiker war."[143] Und so bleibt bedenkenswert, ob nicht Kant über Entscheidendes *nach*dachte, was dem *Vor*denker Rousseau bereits im Gefühl selbstverständlich präsent war.

Schließlich ist es das konkrete, endliche, denkende *und* fühlende Ich, das es als relevantes moralisches Subjekt zu betrachten gilt. Vernunft und Gefühl bestimmen das Menschliche schlechthin; „sei ein empfindsamer, aber auch ein vernünftiger Mensch. Bist du nur eines von beiden, bist du gar nichts",[144] heißt es bei Rousseau. Gerade die Empfindsamkeit kann vor der Selbstüberschätzung des Denkens schützen. „Mit Rousseau wird Kant wirklich zum Aufklärer, der Humanität nicht länger für ein Vorrecht der humanistisch Gebildeten hält".[145] Hier entscheidet sich auch die Aufgabe der Pädagogik. Wissen als Selbstzweck wird zum Spiel der Eitelkeiten, das es zu verhindern gilt, indem es seine Orientierung an der Moral findet.

---

140 Ebd., 654.
141 Ebd., 657.
142 Ebd., 661.
143 Ladenthin 1996, 268, Fußn. 5.
144 Rousseau 2006, 698.
145 Bockow 1984, 111.

BIBLIOTHECA ACADEMICA
REIHE PÄDAGOGIK

ISSN 1866-5063

1 | Kiel, Ewald
Erklären als didaktisches Handeln
1999. 458 S. Kt. € 58,00
ISBN 978-3-933563-10-1

2 | Harth-Peter, Waltraud – Wehner, Ulrich – Grell, Frithjof (Hrsg.)
Prinzip Person. Über den Grund der Bildung. Winfried Böhm zum 22. März 2002
(vergriffen) ISBN 978-3-89913-236-6

3 | Koch, Lutz (Hrsg.)
Bayreuther Pädagogen
2003. 98 S. Kt. € 18,00
ISBN 978-3-89913-305-9

4 | Saalfrank, Wolf-Torsten
Schule zwischen staatlicher Aufsicht und Autonomie. Konzeptionen und bildungspolitische Diskussion in Deutschland und Österreich im Vergleich
2005. 386 S. Kt. € 49,00
ISBN 978-3-89913-428-5

5 | Erdmann, Regina I.
Wissenschaftsorientierte Bildungsarbeit unter den Bedingungen der Deutschen Teilung. Ziele, Möglichkeiten und Bedeutung einer katholischen Laieninitiative
2007. 284 S. Kt. € 39,00
ISBN 978-3-89913-571-8

6 | Müller-Ruckwitt, Anne
„Kompetenz" – Bildungstheoretische Untersuchungen zu einem aktuellen Begriff
2008. 291 S. Kt. € 37,00
ISBN 978-3-89913-615-9

7 | Raufuß, Dietmar
Einführung in die Theorie des Unterrichts in konstruktiver Sicht
2008. 128 S. 16 Abb. Kt. € 28,00
ISBN 978-3-89913-653-1

8 | Lischewski, Andreas
Funktion und Wesen der platonischen Akademie. Zur Topographie akademischer Bildung
2009. 71 S. 10 S/w-Abb. Kt. € 12,00
ISBN 978-3-89913-740-8

9 | Köpcke-Duttler, Arnold
Die Behindertenrechtskonvention der Vereinten Nationen. Gesammelte Aufsätze zu rechtlichen und pädagogischen Fragen
2014. 234 S. Kt. € 32,00
ISBN 978-3-95650-080-0

10 | Geyer, Paul – Ladenthin, Volker – Redecker, Anke (Hrsg.)
Rousseau über Rousseau. Beiträge zum 300. Geburtstag
2016. 177 S. Kt. € 28,00
ISBN 978-3-95650-151-7

ERGON VERLAG · WÜRZBURG

Zeitfracht Medien GmbH
Ferdinand-Jühlke-Straße 7
99095 Erfurt, Deutschland
produktsicherheit@kolibri360.de